Sección de Obras de Lengua y Estudios Literarios

LAS RAÍCES Y LAS RAMAS

ANGELINA MUÑIZ-HUBERMAN

LAS RAÍCES Y LAS RAMAS

Fuentes y derivaciones
de la Cábala hispanohebrea

FONDO DE CULTURA ECONÓMICA
MÉXICO

Primera edición, 1993

D. R. © 1993, FONDO DE CULTURA ECONÓMICA, S. A. DE C. V.
Carretera Picacho-Ajusco, 227; 14200 México, D. F.

ISBN 968-16-3910-3

Impreso en México

A
ALBERTO.

A
MÍRIAM. RAFAEL y TAMARA

PRÓLOGO

Puede ocurrir que, por no encontrar el libro que resuelva las dudas y las inquietudes que nos aquejan, decidamos inventarlo. Decidamos reunir toda la información que hemos acumulado a lo largo de los años, las notas, las lecturas, los apuntes, los pensamientos dispersos y, pacientemente, los vayamos ordenando. Que llegue un momento en que queramos tener los hilos en la mano, porque el tejido se nos escapa. Y, entonces, sacando datos de aquí y de allá, empecemos a vislumbrar cierto sentido en la historia que nos hemos propuesto.

Los estudios de la Cábala, campo de reciente preocupación entre los investigadores del lenguaje, de la filosofía y del misticismo, es un campo complejo y difícil. Un campo que, aparentemente, escapa a la comprobación científica, que encierra prejuicios y que se considera oscuro. Que de no haber sido por obras contemporáneas iluminadoras aún seguiría en entredicho. Como el fenómeno místico se acerca tanto al poético y coincide en utilizar la misma vía —el lenguaje— y los mismos procedimientos —imagen, símil, metáfora, paradoja—, además de la base común —el mito y el mundo del simbolismo—, de ahí la tentación de unir ambos fenómenos. La fascinación del mundo del espíritu, sobre todo en una época como la nuestra en que se nota su pérdida, es otro importante puntal para el desarrollo de esta investigación.

He dividido este estudio en dos partes: la primera es un acercamiento a los principios y orígenes que fundamentan el amplio concepto de la Cábala judía; y la segunda es una exposición del proceso de cristianización y de incorporación literaria en determinados autores. Me baso en el sistema de búsqueda de fuentes y derivaciones para centrarme únicamente en aquellas que considero más relevantes. Es, por lo tanto, un estudio selectivo y no exhaustivo. He preferido dividir la temática de acuerdo con ensayos que provean un aspecto parcial de esta inconmensurable disciplina del quehacer humano. Restrinjo la bibliografía, dada su inmensidad, a la que he utilizado exclusivamente para mi propósito. Mi aportación ha consistido en señalar apenas unas sendas en estos estudios, dentro de la

literatura medieval y renacentista española. Más que nada he tratado de aclararme algunos conceptos como iniciación a un tema que
exige constante estudio y que, dadas sus características, nunca termi-
na de ser interpretado. La clave de la Cábala es una clave que se
rehace constantemente y en la cual no puede ponerse punto final.

PRIMERA PARTE

FUENTES

I. LOS PRINCIPIOS DE LA CÁBALA*

EL DESARROLLO del pensamiento cabalista propiamente dicho tiene lugar entre los siglos XII y XIII, en la región de Provenza y posteriormente en España. Su influencia, sin embargo, habrá de llegar hasta el Renacimiento. Convive con movimientos tan inquietantes como puedan ser los de los albigenses y recibe influencias de los gnósticos. Dentro del judaísmo representa una recuperación de elementos míticos y un aire fresco que ventila las puertas de la exégesis bíblica.

El erudito moderno que inició los estudios de la Cábala fue Gershom Scholem, quien escribió las obras básicas sobre este tema desde un punto de vista académico. Actualmente son muchos los que estudian los caminos que abrió Scholem. Como el procedimiento interpretativo de los cabalistas acerca de los textos se relaciona con la teoría del lenguaje, los críticos contemporáneos (entre ellos Derrida, Ricoeur, Bloom y otros) se han sentido atraídos por este terreno de investigación. Gershom Scholem nos relata en su correspondencia con Walter Benjamin de qué modo fue avanzando en sus descubrimientos y análisis, y las discusiones que establecían entre los dos. Hasta cierto punto, Scholem consideraba a Benjamin como una especie de místico moderno y, ante su trágica muerte, le dedicó una de sus obras monumentales, *Las corrientes principales del misticismo judío.*

Este libro se publicó en inglés en 1941 y reveló al mundo la extraordinaria riqueza textual y la importancia de la Cábala para la historia del misticismo, de la cultura y del pensamiento.

DEFINICIONES

La palabra *Cábala* significa *tradición* o *recepción*. Según ésta, se creía que cuando Dios entregó la Ley al profeta Moisés en el Sinaí, hizo una segunda revelación sobre su significado secreto, de cómo de-

---

* La traducción de los textos del inglés y del francés, así como de los vocablos hebreos, es de la autora.

bería ser leída la Torá (Pentateuco) y transmitida oralmente a lo largo de los tiempos por los iniciados. Esta última tarea es la que le está destinada a los cabalistas, dedicados a analizar el texto de las Escrituras en hebreo. La lectura textual es la más sencilla, pero no la verdadera, que se encuentra oculta en los espacios blancos entre letra y letra, o en una nueva ordenación de las palabras, o en una lectura de corrido sin interrupción entre palabra y palabra. El uso de la palabra *Cábala* con esta acepción se origina en el círculo de Isaac *el Ciego* en Provenza, en 1200.

La Cábala es un método de contemplación religiosa y de análisis semántico. Es un sistema teosófico que aspira a conocer a la Divinidad directamente (prescindiendo de la revelación) por medios lingüísticos. Se basa en la comprensión de las emanaciones de Dios o intermediarios divinos, para lo cual emplea ciertas técnicas que le permiten interpretar las letras del alfabeto hebreo, con fines de contemplación mística.

En cambio, la Cábala cristiana, según Frances A. Yates, "se diferencia básicamente de la judía en que emplea en forma cristiana la técnica cabalística y en que amalgama dentro del sistema la filosofía y la magia herméticas".[1] Estas últimas con influencia del gnosticismo hebreo y del neoplatonismo.

La doctrina de la Cábala parte de la teoría de las emanaciones divinas o *sefirot* que unen a un Dios trascendente con el mundo. Recurre a símbolos, mitos y misterios de interpretación. Su preocupación fundamental es: *1)* la búsqueda del nombre de Dios, que aun en el caso de ser hallado sería impronunciable; *2)* el principio de la Torá como un organismo, con cuerpo y alma; y *3)* el principio del infinito significado del mundo divino. Enseña a leer no sólo lo escrito, sino aquello que está en los espacios en blanco: de ahí que abra el camino a la imaginación, al misticismo y al simbolismo.[2]

Al combinar las diez *sefirot* con las veintidós letras del alfabeto hebreo, se inicia el camino cabalístico. Las *sefirot* son los nombres más comunes de Dios, que en su conjunto forman un gran Nombre único. Las *sefirot* o emanaciones divinas son: Gloria, Sabiduría,

[1] Frances A. Yates, *La filosofía oculta en la época isabelina*, tr. Roberto Gómez Ciriza, Fondo de Cultura Económica, México, 1982, 331 pp. (Popular, 232). V. p. 14.
[2] Angelina Muñiz-Huberman, *La lengua florida. Antología sefardí*, Universidad Nacional Autónoma de México y Fondo de Cultura Económica, México, 1989, 302 pp. (Lengua y Estudios Literarios). V. p. 17.

Verdad, Bondad, Poder, Virtud, Eternidad, Esplendor, Fundamento y una letra A (*álef*) impronunciable, que sería el verdadero nombre de Dios. Las veintidós letras, que poseen carácter sagrado, contienen en sí el concepto de Dios. Poder hallarlo depende de las múltiples maneras en que se combinen.

Los cabalistas no parten de la idea de que el significado pueda ser comunicado, sino de que hay que saber encontrarlo. La enseñanza es por implicación y no por aseveración. Por eso, las técnicas se transmiten de boca a oído, y es la palabra la que debe ser interpretada. Expresiones frecuentes, como "No puedo decir más"; "Ya lo he explicado por palabra de la boca"; "Esto es sólo para quienes están familiarizados con la 'sabiduría secreta'", no son figuras retóricas, sino afirmaciones reales. Por eso, muchos pasajes son oscuros y hay muchas diferencias entre las escuelas cabalistas. Entre los temas preferidos están: el éxtasis religioso (nunca se escribió la técnica del éxtasis); la unión del alma y Dios; la sabiduría profética; la ascensión del alma hacia el trono celestial; la meditación y la contemplación. El éxtasis sólo ocurre en contados casos; en general, se mantiene una distancia entre el Creador y la criatura.

A pesar de fundamentarse en la tradición, la Cábala procede como la hermenéutica y está abierta a la ampliación. La Torá está plena de significados: algunos se nos comunican en lenguaje humano, pero éstos no son sino los más simples. Su verdadera naturaleza está oculta y para hallarla deben seguirse los tres pasos mencionados.[3]

1) *La búsqueda del nombre de Dios.* Se considera que el nombre de Dios es la más alta concentración de poder divino. Su origen proviene de dos fuentes: una mágico-primitiva y otra místico-especulativa. La idea de una estructura mágica en la Torá aparece mucho antes de la Cábala. En el Libro de Job 28:13 se afirma, refiriéndose a la sabiduría: "No conoce su valor el hombre, ni se halla en la tierra de los vivientes." Y más adelante, se agrega: "Porque encubierta está a los ojos de todo viviente, y a toda ave del cielo es oculta" (Job 28:21). Según la interpretación del rabino Eleazar (siglo III), se alude a la Torá como fuente de sabiduría y, al mismo tiempo, en clave difícil de descifrar. La Torá no fue dada en el orden correcto. Si lo hubiera sido, cualquiera que la leyera podría hacer milagros. La repetición de las historias con variantes y su peculiar orden, que no obedece a modelos cronológicos, es la prueba de que hay un sentido que debe ser encontrado. El orden

---

[3] Expongo las ideas de Gershom Scholem en *On the Kabbalah and its Symbolism*, tr. Ralph Manheim, Schocken, Nueva York, 5ª ed., 1974, 216 pp. (SB, 235). *Cf.* pp. 37-65.

está oculto y sólo lo conoce Dios: "Dios entiende el camino de ella, y él conoce su lugar" (Job 28:23). Nada es casual en la Torá y, quien la lee o quien la copia, lleva a cabo la más elevada de las tareas. El escribano debe ser absolutamente cuidadoso, pues un error en la copia corre pareja con la destrucción del Universo.

Según un texto antiguo que circulaba en Provenza y en España hacia 1200, y que fue comentado por Najmánides, la Torá en su totalidad no es sino los nombres de Dios, por lo cual debe leerse de manera especial para formar dichos nombres. Si la Torá se escribió originalmente con fuego negro sobre fuego blanco, quiere decir que su escritura era continua, sin que hubiera división entre las palabras. Moisés recibió una Torá escrita que debe ser leída como los mandamientos divinos y otra Torá oral que debe ser leída como una secuencia de nombres. Este pasaje de Najmánides muestra la influencia de la tradición mágica aplicada a la lectura. De ahí a la idea de que la Torá no es sólo los nombres de Dios, sino el único gran nombre de Dios, hay sólo un paso. El cambio, entonces, es de mágico a místico. Esta concepción es propia de los cabalistas y aparece, por primera vez, entre los hispanohebreos del siglo XIII.

Ezra ben Salomón, cabalista del círculo de Gerona, escribió: "Los cinco libros de la Torá son el *Nombre del Sagrado,* bendito sea Él."[4] La luz mística que emana de estos libros o Pentateuco es, por lo tanto, el gran Nombre de Dios. Esta misma idea fue retomada por el autor del *Zóhar,* el libro clásico del cabalismo español. La idea siguiente es que la Torá es el instrumento de la Creación, porque el Nombre tiene poder y emite las leyes y la armonía que gobiernan la existencia.

La Torá no está separada de la esencia divina, no fue creada, en sentido estricto o literal, sino que representa la vida secreta de Dios. Para otros cabalistas, la Torá no es sólo el Nombre de Dios, sino la explicación del Nombre de Dios. Se identifica con la sabiduría o *hojmá (sofía)* de Dios, que es una de las emanaciones divinas o *sefirot.* La posición más extrema es la de los cabalistas que llegaron a afirmar que Dios mismo *es* la Torá: las letras serían el cuerpo místico de Dios, y Dios, el alma de las letras.

Yosef Gikatila, importante cabalista que escribió su obra a finales del siglo XIII, deriva algunas ideas del *Zóhar.* Parte de la idea de que la Torá es la explicación del Nombre de Dios: "La Torá entera es una explicación y un comentario del tetragrámaton YHVH (Yavé o

---

[4] *Ibid.,* p. 39.

Jehová). Y éste es el verdadero significado del término bíblico 'La Torá de Dios' (*torat* YHVH)."[5] En otras palabras, la frase *torat* YHVH no significa la Torá que Dios emitió, sino la Torá que explica a YHVH, el Nombre de Dios. En varios pasajes más, Gikatila menciona que la Torá está *tejida* con el nombre de Dios, convirtiéndose en el primero que aplica la noción de *tejido* o *textura* (*arigá*) para ilustrar la recurrencia del Nombre de Dios en la Torá.[6]

2) *El principio de la Torá como un organismo vivo.* La idea de que Dios es la Torá y de que la Torá tiene cuerpo y alma, deriva, naturalmente, en el concepto de que la Torá es un organismo vivo. Yosef Gikatila, al crear esta imagen, desarrolla el pensamiento de que la Torá es una tela viva urdida con los nombres de Dios. La metáfora se extiende rápidamente entre los cabalistas hispanohebreos. Ezra ben Salomón, de Gerona, escribe que la Torá no contiene ni una sola letra ni un solo punto superfluo, "porque en su totalidad divina es un edificio esculpido del Nombre del Sagrado, bendito sea Él".[7] Igual que el cuerpo del hombre está compuesto de varias partes y órganos, así está integrada la Torá. La única diferencia con un ser vivo es que cada parte no sólo es importante, sino que tiene un sentido oculto que debe ser hallado.

La Torá, considerada como un organismo vivo, aparece en algunas sectas judías de Egipto, según testimonio de Filón de Alejandría. En efecto, el grupo judío de los Terapeutas se refería al Pentateuco como un ser vivo, comparando el cuerpo con el sentido literal y el alma con el sentido figurado.

Otra comparación es con el Árbol de la Vida, por la unidad entre raíces, tronco, ramas, hojas, flores, y la Torá, compuesta de tantos elementos internos y externos que forman un todo.

También la Torá y el pueblo de Israel forman una unidad paralela, siendo la primera el alma y el segundo el cuerpo. Así, el pueblo de Israel se convierte en un *corpus mysticum*, no sólo con un cometido histórico sino con la carga de la *Shejiná*, que es la morada de Dios o su "sombra".

Existe, además, una antigua tradición de distinguir entre la Torá

---

[5] *Ibid.,* p. 42.
[6] Según un cálculo llevado a cabo por las computadoras de la Universidad Hebrea de Jerusalén, la palabra Yavé (YHVH) aparece mencionada en la Torá 6 823 veces. Si se suman los números individualmente, se obtiene el resultado de diecinueve. A su vez, la suma de estos dos números da diez que, para los cabalistas, se interpreta como las nueve *sefirot* o emanaciones divinas más la letra *álef*, impronunciable.
[7] Gershom Scholem, *On the Kabbalah and its Symbolism,* p. 44.

escrita y la Torá oral. La primera es la que recoge el texto del Pentateuco, y la segunda todos los comentarios de sabios y estudiosos sobre el texto. Según los talmudistas y la tradición rabínica, ambas le fueron reveladas a Moisés, tanto la escrita como los comentarios que iban a hacerse posteriormente. Así, las dos tradiciones se complementan y llega un momento en que las dos son una. El simbolismo místico es tan sutil que, en última instancia, se llega a la conclusión de que sólo hay una Torá: *la oral*. La escrita no es sino las interpretaciones de lo oculto que toman forma a través del poder de la oral. Es decir, la Torá escrita es el blanco místico de las letras, mas no el negro de la tinta. Por eso se dice que la Torá está escrita con fuego negro sobre fuego blanco.[8] Esta teoría es el fundamento de los tratados cabalísticos de Jacobo ben Jacobo Cohen de Soria.

3) *El principio del infinito significado del mundo divino.* Este principio está íntimamente ligado con el anterior. Se establece un dualismo entre el significado *oculto* y el *manifiesto* o entre lo esotérico y lo exotérico. La terminología dualista proviene de autores árabes y fue adoptada por los filósofos hispanohebreos. La interpretación mística surgió cuando dicha terminología fue plasmada definitivamente en el *Zóhar*. Allí, el dualismo se refiere no sólo a la Torá, sino a cualquier esfera de la existencia, desde Dios hasta la Creación. En la España medieval, estas ideas fluían entre los tres grupos religiosos (judíos, musulmanes y cristianos) de manera a veces difícil de rastrear. Ya fuera por semejanza, ya por oposición, las mismas ideas eran interpretadas con peculiares variantes.

La interpretación bíblica de los cabalistas era teosófica (conocer a la Divinidad directamente). No buscaban las ideas filosóficas primordialmente, sino la *descripción simbólica del proceso oculto de la vida divina*, es decir, el infinito significado del mundo divino. A los tres niveles de interpretación: literal, agádico o narrativo, filosófico-alegórico, agregaron un cuarto: el teosófico-misterioso. Este último nivel ejerció una gran influencia en la historia del misticismo judío, gracias a las definiciones de Moisés de León, autor de la mayor parte del *Zóhar*. De este autor es la cita que compara las palabras de la Torá con una nuez a la que hay que ir pelando y quitándole las capas hasta llegar al meollo que responde a la fórmula medieval: *cortex-nucleus,* tan bellamente rimada por Gonzalo de Berceo (siglo XIII):

---

[8] Podría compararse con lo que ocurre en pintura con los espacios negativos. Si se concentra la mirada en las partes blancas es un dibujo, y si se concentra en las partes negras, es otro.

> Sennores e amigos, lo que dicho avemos
> palabra es oscura, exponerla queremos:
> tolgamos la corteza, al meollo entremos,
> prendamos lo de dentro, lo de fuera dessemos.[9]

Una metaforización clásica de la revelación de los significados de la Torá, con influencia de la literatura caballeresca medieval, es la siguiente:

En verdad, la Torá muestra una palabra y emerge un poco de su estuche, para volver a ocultarse de nuevo. Pero esto lo hace sólo para quienes la conocen y la obedecen. Porque la Torá semeja una doncella hermosa y majestuosa, oculta en una cámara recluida de su palacio, que tiene un amante secreto sólo por ella conocido. Por su amor, él se pasea ante la puerta de su casa, mirando a un lado y a otro, en su busca. Ella lo sabe y entonces abre la puerta de su habitación, tan sólo lo suficiente para mostrarle su cara al amante, y de inmediato la cierra. Si alguien hubiera acompañado al amante, de seguro no habría visto nada ni tampoco habría comprendido. El amante es el único que la ve y se siente atraído por ella con todo su corazón y su alma y su ser entero. Sabe que ha sido por amor a él que ella se le ha mostrado brevemente, inflamada en amor.

Así es con la palabra de la Torá, que nada más se revela a quien la ama. La Torá sabe que el místico ronda la puerta de su casa. ¿Qué hace ella? Desde su palacio oculto, le muestra su cara y le hace una seña, para retirarse de inmediato y no ser vista. Quienes están allí, ni la ven ni comprenden, únicamente el amante místico, atraído por ella con todo su corazón y su alma y su ser entero. Es así como la Torá se revela y se oculta, sale en amor al encuentro de su amado y provoca amor en él. Ven y mira: este es el camino de la Torá. Al principio, cuando quiere revelársele a un hombre, le hace una leve seña. Si comprende, todo va bien. Si no, lo manda llamar y le dice que es un simple. Al mensajero que envía la Torá le dice: dile al simple que venga aquí, que quiero hablar con él. Como está escrito: "Cualquiera simple, venga acá. A los faltos de cordura dijo." [Proverbios 9,4.] Cuando él se aparece, ella le habla tras de una cortina, con palabras de acuerdo con su entender, hasta que poco a poco el discernimiento le penetra, y esto se llama *derashá*. Después, tras de un ligero velo le habla con palabras alegóricas y esto es lo que se llama *agadá*. Cuando él va avanzando en la comprensión, ella se le muestra cara a cara y le revela sus secretos y caminos ocultos que habían estado en ella desde el principio. Tal hombre es considerado perfecto, un maestro, es decir, un prometido de la Torá en el sentido estricto de la palabra, el

[9] Gonzalo de Berceo, *Milagros de Nuestra Señora*, ed. y notas de A. G. Solalinde, Espasa-Calpe, Madrid, 4a. ed., 1952, 211 pp. (Clásicos Castellanos, 44). V. p. 5.

dueño de la casa, a quien ella le entrega todos sus secretos, sin ocultarle nada. Ella le dice: ¿Comprendes ahora cuántos misterios estaban contenidos en aquella seña con la que te llamé el primer día y cuál es su verdadero significado? Entonces, él comprende que a esas palabras ni se les puede agregar ni quitar nada. Por primera vez, entiende el verdadero significado de las palabras de la Torá, tal y como se encuentran en ella, palabras a las que no se les puede agregar ni quitar una sílaba o una letra. Por lo que los hombres deben perseverar en la Torá, para convertirse en sus amantes, según ha sido relatado.[10]

Sobre los infinitos significados del mundo divino, Moisés de León se basó en la palabra hebrea *pardés*, que significa *paraíso*. Según un relato talmúdico, hubo cuatro rabinos del siglo II que visitaron el Paraíso: uno murió, otro enloqueció, el tercero se convirtió en apóstata, y sólo el cuarto, Akiva, entró y salió en paz. Este relato dio lugar a una serie de juegos de palabras basados en el significado de *pardés* y a distintas interpretaciones dentro de la literatura hebrea. Moisés de León lo interpretó como el compendio de los cuatro niveles exegéticos. Cada consonante de la palabra *pardés* la hizo equivalente con uno de los niveles, que a su vez empiezan con la misma letra. Es decir, la P equivale a *peshat*, que es el significado literal; la R a *remez*, que es el significado alegórico; la D a *derashá*, que es la interpretación talmúdica y agádica; la S a *sod*, que es el significado místico. Estos cuatro niveles simbolizan lo que le ocurrió a los cuatro rabinos.

Los cuatro niveles de la interpretación que aparecen casi simultáneamente en varios cabalistas del siglo XIII hacen pensar a Gershom Scholem que tal vez la influencia de la filosofía cristiana hermenéutica se hiciera sentir sobre ellos, o que tal vez ya estuviera preparado el terreno para desarrollar este tipo de pensamiento. Esta asociación fue señalada por Pico della Mirandola, quien fue el difusor de la Cábala cristiana en el Renacimiento.

Otra faceta literario-lingüística que proporciona el *Zóhar* es la de atribuirle a cada letra y a cada palabra setenta aspectos o "caras". El número setenta es el de las naciones y las lenguas existentes, según el Talmud. En el *Zóhar* se menciona que cada palabra tiene muchas luces, que son los significados, por lo que la explicación final de la Torá nunca se alcanza. La palabra *zóhar* quiere decir *esplendor* y alude a la luz divina que aparece desde la Creación y que ilumina el sentido de cada palabra y de cada letra. La luz que ilumina a la Torá

---

[10] *Zóhar*, III, 99 a-b.

muestra que está cubierta del ropaje de la narrativa para contenerla, como la jarra guarda el vino. El cabalista debe llegar al último secreto, al ir despojando de toda cobertura el alma oculta de las palabras. En el siglo XVI, en Safed, Isaac Luria expresará esta misma idea:

Por lo tanto hay 600 000[11] aspectos y significados en la Torá. La raíz de cada alma en Israel ha sido moldeada según cada una de estas maneras de explicar la Torá. En la época mesiánica, cada individuo podrá leer la Torá en concordancia con el significado específico de su propia raíz. Y también es así como se entiende la Torá en el Paraíso[12]

Lo que quiere decir que hay una explicación particular para cada alma y una manera exclusiva de entender la Torá. Por lo tanto, cada hombre posee su propio y único acceso a la Revelación. Si existen 600 000 explicaciones, las letras y las palabras pueden combinarse de infinitas maneras y las historias volver a contarse de infinitos modos. La Torá es un libro abierto en el que el aire hace volar letras y palabras.

A las interpretaciones y lecturas de esta Tierra, podemos agregar las provenientes del alfabeto celestial. Una cita, acertadamente escogida por Marcelino Menéndez y Pelayo, tomada del *Zóhar*, muestra esta otra posibilidad.

En toda la extensión del cielo hay signos, figuras y letras grabadas y puestas las unas sobre las otras. Estas formas brillantes son las de las letras con que Dios ha creado el cielo y la Tierra: forman su Nombre misterioso y santo.[13]

La posibilidad interpretativa del texto bíblico descarta el criterio de autoridad. Por eso, los místicos tratan los textos sagrados con una libertad ilimitada que siempre nos sorprende. Aunque acepten la autoridad religiosa del texto, su actitud revolucionaria los conduce a invalidar el significado literal. El texto bíblico se convierte en un *corpus symbolicum*.

El Zóhar

Entre 1270 y 1300, aparece el *Zóhar*, cumbre del misticismo y del cabalismo hispanohebreos. Moisés ben Shem Tov de León, autor,

---

[11] La cifra de 600 000 es la de las almas del pueblo de Israel que salieron de Egipto, según una antigua leyenda.

[12] Gershom Scholem, *On the Kabbalah and its Symbolism*, p. 65.

[13] Marcelino Menéndez y Pelayo, *Historia de las ideas estéticas en España*, vol. III, "Las ideas estéticas en España hasta fines del siglo XV" (conclusión), apéndices, Glem, Buenos Aires, 1943 (Boreal, 8). V. p. 14.

בְּרֵאשִׁית

בְּרֵאשִׁית בָּרָא אֱלֹהִים אֵת הַשָּׁמַיִם וְאֵת הָאָרֶץ: וְהָאָרֶץ הָיְתָה
תֹהוּ וָבֹהוּ וְחֹשֶׁךְ עַל־פְּנֵי תְהוֹם וְרוּחַ אֱלֹהִים מְרַחֶפֶת עַל־פְּנֵי
הַמָּיִם: וַיֹּאמֶר אֱלֹהִים יְהִי אוֹר וַיְהִי־אוֹר: וַיַּרְא אֱלֹהִים אֶת־הָאוֹר
כִּי־טוֹב וַיַּבְדֵּל אֱלֹהִים בֵּין הָאוֹר וּבֵין הַחֹשֶׁךְ: וַיִּקְרָא אֱלֹהִים ׀ לָאוֹר
יוֹם וְלַחֹשֶׁךְ קָרָא לָיְלָה וַיְהִי־עֶרֶב וַיְהִי־בֹקֶר יוֹם אֶחָד:

וַיֹּאמֶר אֱלֹהִים יְהִי רָקִיעַ בְּתוֹךְ הַמָּיִם וִיהִי מַבְדִּיל בֵּין מַיִם
לָמָיִם: וַיַּעַשׂ אֱלֹהִים אֶת־הָרָקִיעַ וַיַּבְדֵּל בֵּין הַמַּיִם אֲשֶׁר מִתַּחַת
לָרָקִיעַ וּבֵין הַמַּיִם אֲשֶׁר מֵעַל לָרָקִיעַ וַיְהִי־כֵן: וַיִּקְרָא אֱלֹהִים
לָרָקִיעַ שָׁמָיִם וַיְהִי־עֶרֶב וַיְהִי־בֹקֶר יוֹם שֵׁנִי:

וַיֹּאמֶר אֱלֹהִים יִקָּווּ הַמַּיִם מִתַּחַת הַשָּׁמַיִם אֶל־מָקוֹם אֶחָד וְתֵרָאֶה
הַיַּבָּשָׁה וַיְהִי־כֵן: וַיִּקְרָא אֱלֹהִים ׀ לַיַּבָּשָׁה אֶרֶץ וּלְמִקְוֵה הַמַּיִם
קָרָא יַמִּים וַיַּרְא אֱלֹהִים כִּי־טוֹב: וַיֹּאמֶר אֱלֹהִים תַּדְשֵׁא הָאָרֶץ
דֶּשֶׁא עֵשֶׂב מַזְרִיעַ זֶרַע עֵץ פְּרִי עֹשֶׂה פְּרִי לְמִינוֹ אֲשֶׁר זַרְעוֹ־בוֹ
עַל־הָאָרֶץ וַיְהִי־כֵן: וַתּוֹצֵא הָאָרֶץ דֶּשֶׁא עֵשֶׂב מַזְרִיעַ זֶרַע לְמִינֵהוּ
וְעֵץ עֹשֶׂה־פְּרִי אֲשֶׁר זַרְעוֹ־בוֹ לְמִינֵהוּ וַיַּרְא אֱלֹהִים כִּי־טוֹב:
וַיְהִי־עֶרֶב וַיְהִי־בֹקֶר יוֹם שְׁלִישִׁי:

וַיֹּאמֶר אֱלֹהִים יְהִי מְאֹרֹת בִּרְקִיעַ הַשָּׁמַיִם לְהַבְדִּיל בֵּין הַיּוֹם וּבֵין
הַלָּיְלָה וְהָיוּ לְאֹתֹת וּלְמוֹעֲדִים וּלְיָמִים וְשָׁנִים: וְהָיוּ לִמְאוֹרֹת
בִּרְקִיעַ הַשָּׁמַיִם לְהָאִיר עַל־הָאָרֶץ וַיְהִי־כֵן: וַיַּעַשׂ אֱלֹהִים אֶת־שְׁנֵי
הַמְּאֹרֹת הַגְּדֹלִים אֶת־הַמָּאוֹר הַגָּדֹל לְמֶמְשֶׁלֶת הַיּוֹם וְאֶת־הַמָּאוֹר
הַקָּטֹן לְמֶמְשֶׁלֶת הַלַּיְלָה וְאֵת הַכּוֹכָבִים: וַיִּתֵּן אֹתָם אֱלֹהִים בִּרְקִיעַ
הַשָּׁמָיִם לְהָאִיר עַל־הָאָרֶץ: וְלִמְשֹׁל בַּיּוֹם וּבַלַּיְלָה וּלְהַבְדִּיל בֵּין
הָאוֹר וּבֵין הַחֹשֶׁךְ וַיַּרְא אֱלֹהִים כִּי־טוֹב: וַיְהִי־עֶרֶב וַיְהִי־בֹקֶר
יוֹם רְבִיעִי:

וַיֹּאמֶר אֱלֹהִים יִשְׁרְצוּ הַמַּיִם שֶׁרֶץ נֶפֶשׁ חַיָּה וְעוֹף יְעוֹפֵף עַל־
הָאָרֶץ עַל־פְּנֵי רְקִיעַ הַשָּׁמָיִם: וַיִּבְרָא אֱלֹהִים אֶת־הַתַּנִּינִם הַגְּדֹלִים

ב ב רבתי

Primera página de la Torá o Pentateuco.

recopilador y editor, atribuye el libro a un famoso sabio del siglo II, Simón ben Yohai. Asevera que ha copiado la obra de un antiguo manuscrito en su posesión. A su muerte, su viuda confiesa que el manuscrito no existe y que Moisés de León inventó esa historia para que su libro tuviera mejor acogida. Recurso que ha sido utilizado a todo lo largo de la historia de la literatura universal y que siempre ha provocado dudas y discusiones. También Cervantes afirma que el *Quijote* proviene de un manuscrito antiguo por él hallado. En el caso de Moisés de León ocurrió lo mismo y la polémica ha llegado hasta nuestros días. Sin embargo, Gershom Scholem establece, sin lugar a dudas, la autoría del *Zóhar*.

Para su análisis se basa en estudios lingüísticos y estilísticos de las obras de Moisés de León y del *Zóhar*. Encuentra algunos errores que se repiten sistemáticamente en todas ellas y que no aparecen en otros autores. Las ideas y pensamientos son consistentes, sin que haya discrepancias. Son notorias algunas características, como el uso exagerado de las imágenes míticas, el simbolismo sexual en relación con las *sefirot* o emanaciones divinas, el profundo interés en la demonología y la magia. Quedan sin resolver algunos problemas, como el orden de composición de algunas secciones del *Zóhar* que resulta arbitrario y parece elaborado a partir de una recopilación de textos de distinto origen. Asimismo, la relación entre Yosef Gikatila y Moisés de León tampoco es clara; su cercanía era muy profunda e intercambiaban manuscritos. En resumen, Scholem reafirma la autoría de Moisés de León, tanto en la redacción como en la recopilación y edición:

No podemos saber si hubo otros cabalistas que conocieran el plan de Moisés de León y si le ayudaron de algún modo para alcanzar su meta. Lo que sí sabemos es que muchos cabalistas, después de la aparición del libro, se permitieron escribir e imitar obras al estilo del *Zóhar*, cosa que no hubieran hecho con una literatura como los *Midrashim* [materia exegética sobre la Biblia], de la que nadie dudaba su autenticidad y su antigüedad. Lo que demuestra que no se tomaba en serio la pretensión de que el *Zóhar* era una fuente antigua, aunque la consideraran una excelente manifestación de su propio mundo espiritual.[14]

El *Séfer ha-Zóhar* o *Libro del esplendor* consiste en una colección de varios libros, secciones o tratados sobre temas bíblicos, exégesis,

[14] Gershom Scholem, *Kabbalah*, Keter, Jerusalén, 1988, 492 pp. (Library of Jewish Knowledge). V. p. 235.

homilías, discusiones, relatos, fragmentos de textos, pertenecientes a diferentes periodos históricos. Se trata de un cuerpo literario cuyo denominador común es el método de la interpretación mística del Pentateuco. Algunas de las secciones se atribuyen a determinados autores, por ejemplo, a Simón ben Yohai y su escuela; pero otras son anónimas. En las ediciones impresas abarca cinco volúmenes, divididos bajo los siguientes títulos: los tres primeros volúmenes o *Séfer ha-Zóhar al ha-Torá* (*Libro del esplendor de la Torá*); el cuarto es el *Tikunei ha-Zóhar* (*Enmiendas al Zóhar*), y el quinto, *Zóhar hadash* (*El nuevo Zóhar*), colección de proverbios y textos que imitan el original. Entre los temas, destacan los siguientes: el misterio de la Creación, el alma y la relación entre materia y espíritu; angelología y búsqueda del Nombre de Dios y de la Unidad Divina; reglas de conducta y relatos de Moisés como el "Pastor fiel" (*pastor fidelis*); exposición del método de la *Guematriá* o permutaciones y combinaciones de las letras y numerales hebreos; las emanaciones divinas o *sefirot;* los palacios o moradas angélicas y de las almas, así como el infierno y el paraíso; alusiones a la astrología y a la magia.

El *Zóhar* pretende ser un simple comentario del Pentateuco, pero la advertencia sobre el método de realizar dicha exégesis es muy precisa:

> ¡Ay de quienes sólo ven en la Ley simples narraciones y palabras comunes! Si así fuera, podríamos aún hoy componer una Ley digna de igual admiración. Pero es algo muy diferente[...]. Cada palabra de la Ley contiene un sentido elevado y un misterio sublime[...]. Las narraciones de la Ley son el ropaje en que está envuelta. ¡Ay de quien confunde el ropaje con la Ley misma! Para evitar tal calamidad, David rogó: "Abre mis ojos para que pueda contemplar las maravillas de tu Ley." [...] Si la Ley consistiera meramente en palabras comunes y en narraciones como las historias de Esaú, de Agar y de Labán o como las palabras del asna de Balaam o del mismo Balaam, ¿por qué habría de llamarse la Ley de la Verdad, la Ley Perfecta, el Testimonio Fiel de Dios?[15]

De este modo, la interpretación cabalista va más allá de la palabra estable y prefiere los infinitos significados textuales.

La manifestación divina se establece de este modo: Dios es Dios. No hay nada con qué comparar a Dios: Dios es Dios. En el *Zóhar, Dios el trascendente* es llamado *Ein,*[16] que significa *no cosa, no ser,*

---

[15] *The Zohar,* tr. Harry Sperling y Maurice Simon, introd. Abelson, vol. I, Soncino, Londres-Nueva York, 2a. ed., 1984. V. pp. xiii-xiv.

[16] *Ein* se escribe en hebreo con las letras *álef, yod* y *nun.* El hecho de que sea una *álef* la iniciadora de la palabra es significativo, por ser la primera letra del alfabeto, la

porque Dios está más allá de la existencia. *Ein* no indica espacio, ni arriba ni abajo, ni movimiento ni quietud. *Ein* no está en ninguna parte. Dios es *absolutamente nada*. Lo cual coincide con la teología negativa de Maimónides. Si a *Ein* le agregamos la palabra *sof,* que significa *fin, Ein sof* es *sin fin.* Éste es el título de Dios que está en todas partes. Numéricamente *Ein sof* va del uno al cero de *Ein.* Es decir, la totalidad de lo que es y no es.

Ein sof es *Dios el inmanente,* el Todo Absoluto. Carece de atributos, porque se manifiesta sólo en la existencia y la existencia es finita. La razón de la existencia es que: "Dios quiso contemplar a Dios." Por lo tanto hubo una previa inexistencia en la que "La Cara no miraba a la Cara". En un acto de absoluta voluntad, Dios retiró el Todo Absoluto, *Ein sof,* de un lugar para que apareciera un *vacío* en el cual se manifestara el espejo de la existencia. Este acto de *contracción* o *tsimtsum* está expresado en el dicho rabínico: "El lugar de Dios es el mundo, pero el mundo no es el lugar de Dios."

El acto divino se visualiza simbólicamente así: de *Ein sof or,* o la luz sin fin que rodea el vacío, emanó un rayo de luz que penetró de la periferia hacia el centro. Este *rayo de voluntad divina,* llamado *kav,* se manifestó en 10 aspectos diferentes de la Emanación. Estos diez aspectos o emanaciones son las *sefirot.* Las *sefirot* expresan los atributos divinos y son: *Hojmá* (sabiduría), *Biná* (entendimiento o juicio), *Hésed* (compasión), *Gevurá* (fuerza), *Tiféret* (belleza), *Nétzaj* (eternidad), *Hod* (gloria), *Yesod* (fundamento), *Maljut* (reino), y el décimo atributo que es el *álef* impronunciable.

Las relaciones entre las *sefirot* están gobernadas por tres principios divinos no manifiestos o *esplendores ocultos* que son: la Voluntad Primordial, la Misericordia y el Rigor o Justicia. La Voluntad mantiene el equilibrio o balanza, mientras que la Misericordia expande

más misteriosa de todas, porque carece de sonido y es, en realidad, la posición de la laringe previa a cualquier emisión sonora. El *álef* denota el origen de todo sonido articulado y para los cabalistas representa la raíz espiritual de todas las letras, abarcando en sí el alfabeto y, por lo tanto, todos los elementos del discurso humano. Tiene valor consonántico, a pesar de que equivale a un sonido vocálico. Oír el *álef* es lo mismo que no oír nada: es la preparación para todo lenguaje audible. Según el rabino Mendel Torum de Rymanov (m. en 1814), la revelación al pueblo de Israel en el monte Sinaí consistió en un *álef*, es decir, se trató de un mensaje místico lleno de infinitos significados, pero sin un significado específico determinado. Para que el mensaje se convirtiera en el fundamento de la autoridad religiosa, tuvo que ser traducido al lenguaje humano, y esto fue lo que hizo Moisés. El verdadero elemento divino de esta revelación, el inmenso *álef*, no fue suficiente para expresar el mensaje de Dios y fue más de lo que pudo soportar el pueblo (el oído del pueblo). Sólo el profeta pudo comunicar el significado de esa voz inarticulada al pueblo.

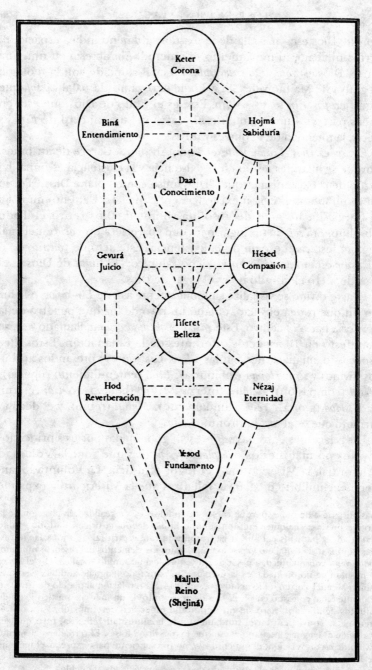

El árbol sefirótico.

y el Rigor constriñe el fluir de la Emanación Divina. Así se organizan las diez *sefirot* o atributos de Dios en un patrón arquetípico específico. Este patrón es el *modelo* en el que se basa todo lo que habrá de manifestarse. Se le ha llamado la Imagen de Dios, pero es más conocido como el Árbol de la Vida.[17]

TERMINOLOGÍA CABALISTA

Algunos de los términos más frecuentes dentro de la materia cabalista son los siguientes:

Mercabá

Equivale a la carroza de Dios. Entre los himnos de la *mercabá*, hay uno que dice: "Tu Nombre está en Ti y en Ti está Tu Nombre", con referencia inmediata a la búsqueda del Nombre de Dios en Él mismo. La búsqueda puede dirigirse hacia la idea del trono de Dios asentado sobre la carroza. La primera mención proviene del capítulo I del Libro de Ezequiel:

1 Y fue que a los treinta años, en el mes cuarto, a cinco del mes, estando yo en medio de los transportados junto al río de Chebar, los cielos se abrieron y vi visiones de Dios.

2 A los cinco del mes, que fue en el quinto año de la transmigración del rey Joaquín.

3 Fue palabra de Jehová a Ezequiel sacerdote, hijo de Buzi, en la tierra de los caldeos, junto al río de Chebar; fue allí sobre él la mano de Jehová.

4 Y miré, y he aquí un viento tempestuoso venía del aquilón, una gran nube, con un fuego envolvente, y en derredor suyo un resplandor, y en medio del fuego una cosa que parecía como de ámbar.

5 Y en medio de ella, figura de cuatro animales. Y éste era su parecer; había en ellos semejanza de hombre.

6 Y cada uno tenía cuatro rostros, y cuatro alas.

7 Y los pies de ellos eran derechos, y la planta de sus pies como la planta de pie de becerro; y centelleaban a manera de bronce muy bruñido.

8 Y debajo de sus alas, a sus cuatro lados, tenían manos de hombre; y sus rostros y sus alas por los cuatro lados.

9 Con las alas se juntaban el uno al otro. No se volvían cuando andaban; cada uno caminaba en derecho de su rostro.

[17] Z'ev ben Shimon Halevi, *Kabbalah. Tradition of Hidden Knowledge*, Thames and Hudson, Londres, 1979, 96 pp. + 127 ilustr. (Art and Imagination). *Cf.* pp. 5-8.

10 Y la figura de sus rostros era rostro de hombre; y rostro de león a la parte derecha en los cuatro; y a la izquierda rostro de buey en los cuatro; asimismo había en los cuatro rostro de águila[...].

15 Y estando yo mirando los animales, he aquí una rueda en la tierra junto a los animales, a sus cuatro caras.

16 Y el parecer de las ruedas y su obra semejábase al color del topacio. Y las cuatro tenían una misma semejanza: su apariencia y su obra como rueda en medio de rueda[...].

22 Y sobre las cabezas de cada animal aparecía expansión a manera de cristal maravilloso, extendido encima sobre sus cabezas.

23 Y debajo de la expansión estaban las alas de ellos derechas la una a la otra; a cada uno dos, y otras dos con que se cubrían sus cuerpos.

24 Y oí el sonido de sus alas cuando andaban, como sonido de muchas aguas, como la voz del Omnipotente, como ruido de muchedumbre, como la voz de un ejército. Cuando se paraban aflojaban sus alas.

25 Y cuando se paraban y aflojaban sus alas, oíase voz de arriba de la expansión que había sobre sus cabezas.

26 Y sobre la expansión que había sobre sus cabezas, veíase la figura de un trono que parecía de piedra de zafiro; y sobre la figura del trono había una semejanza que parecía de hombre sentado sobre él.

27 Y vi como apariencia de ámbar, como apariencia de fuego dentro de ella en contorno, por el aspecto de sus lomos para arriba; y desde sus lomos para abajo, vi que parecía como fuego, y que tenía resplandor alrededor.

28 Cual parece el arco del cielo que está en las nubes el día que llueve, así era el parecer del resplandor alrededor. Ésta fue la visión de la semejanza de la gloria de Jehová. Y luego que yo la hube visto, caí sobre mi rostro, y oí voz de uno que hablaba.

La descripción de la *mercabá* o carroza divina sigue la necesidad del conocimiento místico de no comunicarse directamente, sino por intermedio del símbolo y de la metáfora. Se relaciona con el tipo de simbolismo apocalíptico, propio de la literatura hebrea, y que corresponde a los dictados de una experiencia interior. De este modo se expanden las dimensiones de la Torá, que no sólo explica la ley del pueblo sino la ley secreta del Universo.

Las tendencias místico-apocalípticas aparecen desde épocas muy antiguas, probablemente con los fariseos o con los esenios. Flavio Josefo menciona que los esenios poseían una literatura de tipo mágico y angelológico. En los rollos del mar Muerto se descubrió que la secta de los esenios conocía el original del Libro de Enoch, en donde se incluye mucho material de tipo esotérico. Se describen el fin de los tiempos, el apocalipsis, la forma de los mundos ocultos y sus habitantes: el cielo, el Paraíso, el Infierno, los ángeles y los espíritus del mal, la carroza de Dios y el trono celestial. Los sucesores de los esenios integraron el círculo de la *mercabá* y crearon el modelo más antiguo del misticismo y ascetismo judíos. Algunas de sus tradiciones se recogen en el Talmud, sobre todo las referentes a los ángeles que, en la literatura hispanohebrea, se desarrollaron extensamente. El relato de los cuatro sabios que entraron en el Paraíso proviene también del círculo de la *mercabá*. Gershom Scholem encuentra concomitancias con el gnosticismo, en algunos de estos aspectos.[18]

La preparación para ascender a la carroza o *mercabá* incluye ejercicios piadosos y de purificación, entonación de himnos especiales, estados de éxtasis o trances. El mundo celestial se detalla con los símbolos de los siete palacios habitados por los ángeles y las pruebas para pasar de uno a otro; los ríos de fuego que fluyen de la carroza y los puentes que los cruzan; las formas de los animales según el relato de Ezequiel y la interpretación para cada uno de los elementos. Sólo después del aprendizaje de estos textos el iniciado se dispone al ascenso.

El nombre de Dios, búsqueda última de los cabalistas, se entreteje con los nombres de los ángeles y da lugar a himnos de gran belleza poética que fueron incorporados al ritual de las oraciones, sobre todo las de la mañana. Maimónides trata el tema en la *Guía de los perplejos,* y los grandes poetas de la Edad de Oro hispanohebrea como Yehudá ha-Leví, Shelomó ibn Gabirol, Bajía ibn Pacuda y Josef ben Meir ibn Sabarra aportaron poesía de tipo angélico.

En el lenguaje de los cabalistas el mundo de los arquetipos, elaborado por las diez *sefirot,* es una manifestación de la *mercabá.* Para entender el mundo celestial y su correspondencia con el mundo terrenal hay que comprender que este último es una mera sombra del primero y que toda forma de la creación es el vago delineamiento de lo que fueron los primeros días en el Paraíso. Cada parte del ritual de la Torá está conectada con una parte de la carroza divina, según la descripción de Ezequiel. Es así como se integra un organismo misterioso y en clave, que hay que descifrar. Por ejemplo, los pies o fundamento de la carroza son los tres patriarcas, Abraham, Isaac y Jacob. O en una de las fórmulas para crear el *gólem,* el polvo que debe utilizarse es el de las ruedas de la carroza o *mercabá.*

---

[18] Gershom Scholem, *Kabbalah,* p. 13.

En algunos textos posteriores a los esénicos se altera la dirección de la *mercabá*, situada en el cielo, y se menciona el *descenso* a la carroza y al trono celestiales. Los seguidores se denominan los "que descienden a la *mercabá*" (*yordé mercabá*) y, entonces, el viaje del alma es hacia abajo. Éste es un caso excepcional y paradójico. La imagen de la *mercabá* aparece también entre los *jasidim* de la Alemania medieval, siempre con referencia al pasaje de Ezequiel, donde se menciona por primera vez. Pero el desarrollo más elaborado es el de los cabalistas hispanohebreos. Moisés de León la relaciona con el proceso de la creación y la cadena forjada de eslabones que representan los diferentes mundos, desde los ocultos hasta los visibles. Isaac Luria, posteriormente, incluye entre los cuatro mundos (el de la emanación divina, el de la creación, el de la formación, el de los hechos) la *mercabá*, dentro del de la creación y de los ángeles supremos. Y aún después, en la segunda mitad del siglo XVII, Shabetai Tseví, el falso Mesías, tiene una visión que es fundamental para su teoría cabalista y que describe así: "Habiéndome encerrado en santidad y en pureza en un cuarto apartado y luego de la oración de la mañana, entre lágrimas, el espíritu me visitó, mi pelo se erizó, mis rodillas se entrechocaron y vi la *mercabá* y tuve visiones de Dios todo el día y toda la noche[...]."[19]

GÓLEM

En la idea del *gólem* (criatura artificial hecha por magia) existe un paralelismo con el acto de creación del hombre por Dios. La palabra *Adán* viene de *adamá* que significa *tierra*, elemento indispensable en las fórmulas de creación del hombre artificial. La asociación lingüística está dada: la creación procede de la tierra: no cualquier tierra: una tierra virgen, escogida, la más pura que pueda existir. Tal tierra es la que procede del centro del mundo, en el monte Sión. Dios creó al hombre de tierra y los cabalistas fabrican al *gólem* de tierra. Adán es llamado el *gólem* de Dios.

La palabra es mencionada en la Biblia una sola vez, en el salmo 139:16: "Mi embrión [*gólem*] vieron tus ojos y en tu libro estaban escritas todas aquellas cosas que fueron luego formadas, sin faltar una de ellas." Adán se nombra a sí mismo *gólem*, como sinónimo de

[19] Gershom Scholem, *Major Trends in Jewish Mysticism*, 8ª· ed., Schocken, Nueva York, 1974, 460 pp. (SB, 5), *cf.* p. 295.

amorfo, antes de recibir el hálito divino. En un pasaje talmúdico, en la primera hora de la creación se reunió la tierra para crear al hombre y en la segunda se constituyó en *gólem* o materia prima, en la tercera se formaron sus miembros y en la cuarta adquirió alma. La diferencia entre el *gólem* adánico y Adán fue el alma, que es precisamente lo que le faltará al *gólem* creado por el hombre.

El desarrollo del concepto y de muchas de las leyendas a su alrededor, proviene del *Libro de la creación* o *Séfer yetsirá* (entre los siglos III y VI), que ejerció gran influencia en los cabalistas hispanohebreos. La creación del mundo fue posible por la combinación de las veintidós letras del alfabeto, que están dotadas de poder mágico. Abraham, primer profeta del monoteísmo, expresa los actos de la creación como actos intelectuales: "Cuando nuestro padre Abraham vino, *contempló, meditó* y *observó, investigó* y *comprendió* y *esbozó* y *ahondó* y *formó* y tuvo éxito. Entonces el Señor del Mundo se le reveló y lo llevó a su seno y lo besó en la cabeza y le llamó su amigo [o su hijo] e hizo un pacto eterno con él y su semilla."[20] Esa misma verbalización habrá de aplicarse a la creación del *gólem*.

Existe un paralelo entre las ideas expuestas en el *Libro de la creación* y textos contemporáneos de origen gnóstico, especialmente con los *Pseudo Clementinos* (siglo IV) derivados de antiguos escritos de origen judeo-cristiano-helenístico. Entre las ideas similares están las referentes a la búsqueda del nombre de Dios y problemas de la creación divina y humana. En el capítulo de las homilías, Simón *el Mago,* converso al cristianismo y, según la tradición, fundador del gnosticismo, aseveró que había creado un hombre, no de tierra, sino de aire, el cual destruyó siguiendo a la inversa los procedimientos de creación.[21] En el procedimiento cabalista, las transformaciones son por medio del alfabeto, como se explica en el *Séfer yetsirá.* En ambos casos no se trata de un fin práctico, sino de la demostración de las capacidades creadoras de los iniciados. La fórmula atribuida a Simón *el Mago* para crear un hombre, fue utilizada por los alquimistas de épocas posteriores y llegó hasta Paracelso y su *homunculus.* En la literatura española medieval existe la leyenda del

---

[20] Gershom Scholem, *On the Kabbalah and its Symbolism,* pp. 169-170.
[21] "Primero, dijo, el pneuma humano se transformó en naturaleza caliente y absorbió el aire circundante como una ventosa. Luego, transformó este aire que había adquirido forma dentro del pneuma en agua y luego en sangre[...], y de la sangre hizo carne. Cuando la carne se volvió firme, produjo un hombre, no de tierra, sino de aire, convenciéndose a sí mismo de que podía hacer un hombre nuevo. Asimismo, aseguró que lo había regresado al aire, deshaciendo las transformaciones." En Gershom Scholem, *On the Kabbalah and its Symbolism,* pp. 172-173.

marqués de Villena encerrado en una redoma, que se entrecruza con motivos alquímicos y, en el Siglo de Oro, Vélez de Guevara con *El diablo cojuelo*, obra picaresca de raíces judías, alude a un pequeño diablo benéfico guardado en una redoma por un astrólogo. Signos éstos de magia oculta con que se asocia al judaísmo y de lejana alusión a un *gólem* servicial. Otra figura de *gólem* literario es la de Jacobo Grimm. La leyenda del rabino Loew, de Praga, del siglo xvi, es también famosa y muchas más que se prolongan hasta el siglo xix, en donde la función del *gólem* es la de proteger a las comunidades judías de los ataques antisemitas. Por último, llega a la ópera, al teatro, al ballet y a las versiones cinematográficas de nuestros días. La primera gran computadora central del Instituto Weizmann de Ciencias de Israel, construida en la década de los cincuenta, fue llamada *Gólem I*.

Las instrucciones para crear el *gólem* según el rabino Eleazar de Worms, en su comentario al *Séfer yetsirá*, son las siguientes. Deben reunirse dos o tres adeptos que seguirán un ritual especial: tomarán tierra virgen de la montaña, la amasarán con agua corriente y formarán un *gólem*. Recitarán las 221 combinaciones de letras derivadas del *Séfer yetsirá* y se moverán en círculos. Si se quiere deshacer la figura, se repiten los pasos a la inversa. Sobre la frente del *gólem* se escribe la palabra *emet*, que significa *verdad*. Pero si se le borra la primera letra (*álef*) y queda *met*, significa *muerte*, con lo cual se destruye al *gólem*.

En la tradición hispanohebrea, Abraham Abulafia une la idea del *gólem* con la búsqueda del nombre de Dios. En el ritual de la formación del *gólem*, al esparcirse la tierra debe pronunciarse de un solo soplo cada una de las letras del nombre de Dios y acompañarse de determinados movimientos del cuerpo. Pero esta operación no habrá de repetirse con frecuencia. Cabalistas posteriores convierten la creación en un proceso mental de índole mística y se burlan de quienes creen que, efectivamente, podrán fabricar un ser autómata.

Para los cabalistas de Safed, provenientes de la expulsión de España, el tema del *gólem* es algo que sitúan en el pasado cuya discusión es meramente teórica. En uno de los comentarios de Moisés *el Cordobero* al *Séfer yetsirá* se establece claramente este carácter teórico: "Es inimaginable que alguien tenga aún el poder de alcanzar resultados prácticos de este libro. Porque no se trata de eso: las fuentes mágicas han terminado y la Cábala sobre este asunto se ha desvanecido."[22]

[22] *Ibid.*, p. 196.

El tema del *gólem* penetra en las leyendas fuera de la literatura judía, y los relatos de autómatas, de *famuli* o sirvientes mecánicos y de aprendices de brujo se continúan hasta nuestros días en cuentos, novelas y películas de fantasía o de ciencia ficción. Sin embargo, en estos casos el carácter místico se ha perdido radicalmente y queda sólo el anecdótico.

SEFIROT

Las *sefirot* (en singular: *sefirá*) son las emanaciones divinas que deben ser entendidas no como un proceso aparte, sino como un proceso dentro de Dios mismo. El Dios oculto del *ein-sof* y el que se manifiesta en las *sefirot* es uno y el mismo. Esta teoría se convirtió en el centro de las enseñanzas de los cabalistas hispanohebreos y modificó el simbolismo místico del judaísmo. Desde sus orígenes, la teoría de las emanaciones fue elaborando, a su vez, una teoría del lenguaje. Si las emanaciones representan los atributos o cualidades que se encuentran en la divinidad, constituyen una serie de epítetos (lo bueno, lo bello, lo poderoso, lo verdadero, etc.) escogidos dentro de las posibilidades lingüísticas. Estos epítetos se combinan de diferentes modos para explicar el proceso de la emanación y llegar a descubrir el Nombre de Dios. Este último, por ser impronunciable, habrá de reunir la capacidad íntegra del conjunto lingüístico. Así, "el Dios que se manifiesta es el Dios que se expresa".[23] El Dios que hizo posible que sus poderes se revelaran, lo hizo por medio del lenguaje que estaba creando. El lenguaje divino partió de una esencia interna o pensamiento hacia un sonido inaudible y la articulación del habla. Durante este proceso, las emanaciones estuvieron presentes. Su número es de diez, según se establece en el *Séfer yetsirá* o *Libro de la creación*, que es el número ideal de las fuerzas creadoras. Tales emanaciones son: Bondad, Grandeza, Eternidad, Poder, Sabiduría, Esplendor, Fundamento, Verdad, Gloria y el *álef* innombrable. Representan los estados intermediarios entre Dios el Originador y las criaturas, y son la raíz de toda existencia. No sólo son llamadas emanaciones, sino que pueden adquirir otra nomenclatura como: atributos, poderes, estados, nombres, dichos, aspectos, fuentes, luces, coronas, espejos, vestiduras, los miembros del rey. A diferencia de las esferas platónicas, todas guardan la misma

---

[23] Gershom Scholem, *Kabbalah*, p. 99.

distancia en relación con la divinidad y ninguna antecede a otra, puesto que son idénticas a la esencia de Dios.

Sobre las *sefirot* no hay una definición dogmática: cada cabalista propone la suya y las exégesis se multiplican. Unos las consideran esencias; otros, recipientes; y otros más, instrumentos. Algunos combinan sus cualidades y las consideran, a la manera de organismos vivos, poseedoras de esencia y de recipientes a la par.

Muchas son las imágenes alrededor de las emanaciones. Se las compara con diez espejos de diez colores diferentes que reflejasen una vela encendida. La vela encendida, imagen de la divinidad, es única y, sin embargo, se refleja desde distinto ángulo en cada espejo. Así, cada espejo ilumina un aspecto de la divinidad y en su totalidad representan el conjunto de las emanaciones o la luz plena. Otra versión adjudica a Dios diez espléndidas vestimentas que usó el día de la creación. Vestimentas que eran parte inseparable del cuerpo y que equivalían, una por una, a las *sefirot* o emanaciones divinas. Estas vestimentas permitían al hombre mirar directamente a la luz, pues sin ellas se hubiera cegado. Una vez que el hombre se acostumbra a ver una de las vestimentas aprende a ver la siguiente y luego la siguiente y la siguiente, hasta completar el número de diez. De este modo, las *sefirot* preparan al hombre en su ascenso hacia la comprensión de Dios.[24]

Con el tiempo, la doctrina de las *sefirot* fue complicándose. Tomando como base el número diez, la multiplicidad de las luces y de los procesos es casi infinita. Los cálculos matemáticos se unieron a los recursos lingüísticos y la proyección fue de orden cósmico. El *Zóhar* incorpora estas tendencias, más la de denominar con variaciones a cada emanación. Agrega también un simbolismo tomado de la anatomía y la fisiología, por la influencia de las ciencias médicas en la España medieval. Abraham Abulafia, por su parte, propone el profetismo de la Cábala y la ciencia de las combinaciones, en donde vocales y consonantes irradian la luz intelectual y del éxtasis místico. Moisés *el Cordobero* agrega que hay *sefirot* dentro de las *sefirot*, y, por último, Isaac Luria llega al grado extremo al adoptar la teoría del arquetipo de todo lo creado por medio de las emanaciones.

[24] *Ibid.*, p. 104.

II. LOS CABALISTAS HISPANOHEBREOS

LA CÁBALA se origina en la región de Languedoc, en Provenza, entre los siglos XII y XIII. De allí penetra en las regiones de Aragón, Castilla y Cataluña, donde adquiere su plenitud. Sin embargo, sus antecedentes se remontan a épocas más antiguas dentro de la cultura de Oriente, probablemente entre los siglos II y VI. Obras como *El libro de la creación* o *Séfer yetsirá, El libro de la claridad* o *Séfer ha-Bahir* y otros textos pueden considerarse como sus antecedentes.

Los primeros círculos cabalistas giraron alrededor de las ciudades de Lunel, Narbona, Posquières, Tolosa, Marsella y Arles. En España se desarrollaron, sobre todo, en Burgos, Gerona y Toledo, aunque también se extendieron a otras ciudades.

La Provenza de mediados del siglo XII y principios del XIII es una de las regiones de mayor actividad cultural e inquietud religiosa de la época. Se había convertido en el eje donde convergían los conocimientos de los árabes, por el intermedio hispanohebreo, y el ideal cristiano-caballeresco. Es la época, también, de las cortes de amor y de la poesía trovadoresca. Y, desde luego, de los grandes conflictos herético-religiosos. La religión de los cátaros o albigenses había desplazado al cristianismo en la región entre Tolosa, Albi y Carcasona. La nueva religión pretendía regresar al cristianismo primitivo y se oponía a algunos de los dogmas fundamentales del catolicismo. Se relacionó con movimientos políticos y adquirió poderosos intereses, hasta un grado tal que la Inquisición desató una de las cruzadas más crueles en su contra, matando a sus adeptos y exterminando de raíz el movimiento.

Este momento histórico, y la inclinación anticatólica de los albigenses, tuvieron una influencia específica sobre el judaísmo provenzal. Permitió, ya que la atención no se centró sobre los judíos y no fueron tan perseguidos, que éstos se desarrollaran con una mayor libertad y que elaboraran nuevos aspectos culturales. Narbona se convirtió en un centro cultural que irradió el pensamiento judío durante varias generaciones. Desde el siglo XI, antes de la aparición de la Cábala, se habían elaborado algunas de las exégesis bíblicas o *midrashim* más importantes, como el *Midrash Rabá*, el *Midrash Rabatí* y el *Midrash Tadshé*. De este modo estaba preparándose el terreno para el futuro desarrollo de la Cábala.[1]

BENJAMÍN DE TUDELA

Una manera de difundir ideas y pensamientos fue por el intermedio de viajeros y mercaderes que, a lo largo de sus rutas, llevaban las noticias de una región a otra. Benjamín bar Yoná de Tudela (*ca.* 1130-1173) fue uno de estos viajeros, quien legó para la posteridad su *Libro de viajes* o *Séfer masaot*. Lo poco que conocemos de su vida proviene del prólogo anónimo del mismo. Sabemos que era rabino, conocedor profundo de la Torá y de la *Halajá*, políglota (lenguas romances, hebreo, arameo, árabe, latín y griego), docto en historia clásica y medieval, además de un consumado negociante, artesano y orfebre.

Benito Arias Montano (1527-1598) fue quien primero se interesó en el texto de Benjamín de Tudela. Señaló que la versión con la que contamos es sólo un resumen del original que, probablemente, se encontraba en la etapa de observaciones y notas de viaje. El prologuista y también redactor de la forma que ha llegado hasta nosotros quedó anónimo; pero la fidelidad y el esmero con que elaboró la obra han hecho de ésta un testimonio invaluable de la vida judía del siglo XII. Arias Montano se convirtió en el primer traductor del hebreo al latín del *Séfer masaot*, que se publicó en Amberes en 1575. Las ediciones siguientes, que aparecieron en las principales ciudades europeas, fueron versiones de las del humanista español, y se imprimieron y reimprimieron a lo largo de los siglos hasta culminar con la versión de San Petersburgo de 1881. La primera traducción castellana es la de Ignacio González Llubera de 1918.[2]

El libro de Benjamín de Tudela, además de ser de viajes, cubre otros propósitos tal vez más importantes. Proporciona un panorama socioeconómico, político, religioso y cultural de las comunidades judeoeuropeas del siglo XII. Traza las líneas políticas entre los dos grandes Imperios de la época: el cristiano occidental y el islámico

[1] Gershom Scholem, *Origins of the Kabbalah*. Ed. R. J. Zwi Werblowsky. Tr. del alemán, Allan Arkush. The Jewish Publication Society-Princeton University, Princeton, 1987, 487 pp. V. pp. 17-18.

[2] *Libro de viajes de Benjamín de Tudela*. Versión castellana, introducción y notas por José Ramón Magdalena Nom de Déu. Ríopiedras, Barcelona, 1982. 127 pp. + 2 mapas de Haim Beinart y de César Emilio Dubler. (Nueva Sefarad, vol. VIII). V. pp. 12-18.

oriental. Y, por último, describe la vida comercial de los grandes centros mercantiles y artesanales, desde la ciudad de Tudela en el reino de Navarra hasta Mesopotamia y Persia. Menciona también a China, India y Ceilán, aunque no es seguro que visitara estas regiones. Se preocupa por describir las mejores rutas e, incluso, propone nuevas vías que podrían abrirse. De este modo, Benjamín de Tudela se convierte en precursor de los grandes viajeros y exploradores de épocas futuras, con Marco Polo (1254-1324) a la cabeza.

El interés primordial de Benjamín bar Yoná era el de hacer un recuento de la vida judía contemporánea. Va de ciudad en ciudad y anota meticulosamente todos los aspectos del vivir comunitario. Incluye las condiciones de vida de sus correligionarios, si son oprimidos o si viven en libertad, quiénes son las autoridades rabínicas, cómo son la educación y la situación económica, los oficios y las profesiones.[3] Puede considerársele como el primer demógrafo y sociólogo hispanohebreo. Para nuestro propósito, lo que habremos de destacar son sus datos sobre cultura, religión y herejías.

Benjamín bar Yoná parte de Tudela. Pasa por Zaragoza, Barcelona y Gerona.

Desde allí hay tres jornadas hasta Narbona, que es ciudad donde se estudia la Torá desde antiguo, y desde allí se difundió la Torá a todos los países; en ella hay sabios, notables y príncipes, a cuya cabeza están: R. Calónimos, hijo del gran príncipe R. Todros, de la estirpe de David en línea directa; posee heredades y tierras donadas por el gobernador de la ciudad, y nadie se las puede expropiar por la fuerza, y a cuya cabeza están: R. Abraham, jefe de la academia rabínica, R. Maquir, R. Judá y otros, ante los cuales (estudian) muchos eruditos. Actualmente hay en la ciudad trescientos judíos.[4]

El testimonio de nuestro viajero, más detallado en este caso que en otros, muestra su admiración por la actividad cultural de Narbona y cómo irradiaba conocimiento a las otras ciudades. En su recorrido continúa por Montpellier y las demás ciudades rabínicas, y posteriormente cabalistas, Lunel, Posquières, Bourg de Saint Gilles, Arles,

---

[3] "La situación cultural de los hebreos, así como la religiosa, no escapa al sagaz ojo observador de Benjamín de Tudela, quien da cuenta del grado de instrucción de aquéllos, el número de academias talmúdicas y sinagogas, santuarios y otros lugares de venerable recuerdo para el pueblo judío, así como de las heréticas comunidades de los por él denominados *epicúreos* de Chipre, los caraítas y los samaritanos." Según José Ramón Magdalena Nom de Déu, en *Libro de viajes[...]*, p. 28.

[4] *Op. cit.*, p. 54.

hasta llegar a Marsella: "ciudad de doctores y sabios", con sus dos comunidades, una a orillas del mar y otra en la alcazaba.[5]

Las vívidas descripciones de Benjamín de Tudela nos proporcionan un cuadro exacto del ambiente propicio al estudio de estas ciudades, en donde ya brotaban las ideas precabalistas.

LOS CABALISTAS PROVENZALES

Sobre los orígenes del pensamiento cabalista en Provenza tenemos que acudir a los testimonios de la tercera generación de discípulos españoles. Según ellos, la aparición del profeta Elías marcó el inicio de la mística de la revelación. Los textos de los estudiantes de Salomón ibn Adret, quien enseñaba en su escuela de Barcelona entre 1270 y 1310, recogen esta tradición. Ibn Adret era discípulo, a su vez, de Moisés ben Najmán (Najmánides), quien mantenía una estrecha relación con los rabinos de Provenza y encabezaba la escuela de Gerona. Según estos antiguos testimonios, la revelación del profeta Elías le fue otorgada a alguno de los más importantes sabios provenzales, ya fuera Abraham ben Isaac, Abraham ben David, Jacobo ha-Nazir o bien a Isaac *el Ciego*. Lo que podemos afirmar es que alrededor de estos sabios, especialmente del último, surgieron los primeros grupos de estudio cabalista.[6] La relación con los sabios que provenían de España era muy intensa y las influencias son, a veces, difíciles de establecer. Quizá lo más apropiado sería pensar en una serie de ideas que estaban surgiendo paralelamente tanto en la región provenzal como en la catalana y que, poco a poco, fueron tomando forma en la tradición cabalista. Abraham ben Isaac de Narbona, considerado como el primer cabalista, fue discípulo de Yehudá ben Barzilai de Barcelona[7] y, posteriormente, los cabalistas españoles acudían a las academias provenzales para estudiar. De tal modo que la interrelación se mantenía muy estrechamente. Siguiendo a Gershom Scholem mencionaremos algunos datos de estos primeros cabalistas.

---

[5] *Op. cit.*, p. 56.
[6] Gershom Scholem expone las diferentes versiones sobre el profeta Elías y los primeros cabalistas provenzales, en *Origins of the Kabbalah*, p. 36 *ss.*
[7] Autor de un detallado comentario al *Libro de la creación* o *Séfer yetsirá*, *ibid.*, p. 200.

ABRAHAM BEN ISAAC

Se le conoce como un famoso talmudista y presidente de la corte rabínica de Narbona de mediados del siglo XII. Su nieto, Isaac *el Ciego*, que seguirá su tradición, los menciona a él y a su padre, Abraham ben David, como maestros del conocimiento oculto: "que no hablaban ni una palabra al respecto con alguien no iniciado en la doctrina secreta o que no estuviera versado en la ciencia mística".[8] De ahí que la obra de Abraham ben Isaac haya omitido los temas cabalistas y prefiriera, en cambio, concentrarse en el aspecto talmúdico, como lo demuestra el *Séfer ha-Eshkol*, basado en comentarios legales de la *Halajá*. Sin embargo, algunos fragmentos mencionan otra posible interpretación del texto bíblico. La insistencia en términos referentes a luz e iluminación simbólica y a formas de majestad y esplendor divinos aplicados a la *Shejiná* o presencia de Dios, son trasuntos de una actitud mística diferente de la norma ortodoxa. Tal vez por tratarse de los inicios, el encubrimiento era parte de la doctrina. En otras secciones de su obra intercala solamente ciertas palabras clave dirigidas a los conocedores para provocar una libre interpretación.[9] Estas palabras clave funcionaban a la manera de procedimiento nemotécnico o arte de la memoria, como se verá más adelante. Pueden considerarse también como el principio de un estilo que habrá de perdurar o ser retomado muchos siglos después entre los escritores conversos del Siglo de Oro. Existen también algunos fragmentos conservados por autores del siglo XIII que le atribuyen a Abraham de Narbona expresiones de índole cabalista en cuanto a la simbolización del mundo celestial, la conjunción de los astros y el significado de Dios. El uso de este vocabulario cifrado podría indicar que Abraham de Narbona empezaba a darle forma a una doctrina cuyos comienzos él había recibido por medio de la tradición y que heredaría a su yerno y nieto sucesivamente.

ABRAHAM BEN DAVID

Yerno del anterior, también conocido como Rabad, destacó como exegeta del Talmud y de la obra de Maimónides. En sus escritos

[8] *Ibid.*
[9] Por ejemplo, la palabra hebrea *ayin* puede significar "donde" o "nada" y se refiere a un símbolo místico de la suprema emanación divina, según explica Scholem en *Origins of the Kabbalah*, nota 6, p. 203.

existen pasajes místicos que lo identifican con la idea de la revelación metafórica, en donde el profeta Elías se transmuta en una iluminación divina. Su tono personal y atribución de recibir mensajes directamente de Dios, lo colocan, asimismo, en la línea de los iluminados. Insiste en que su doctrina no proviene de los labios de un maestro sino de sí mismo y de la presencia secreta de Dios. Poco después, sus discípulos habrán de mencionar la teoría de las *sefirot* o emanaciones divinas y habrán de utilizar expresiones ocultistas. Entre estos aspectos, aún vagamente enunciados, surge también la tendencia a exaltar una religión con arraigo popular y con influencia de la filosofía gnóstica. Frente a la opinión de Maimónides de considerar hereje a quien le adjudica un cuerpo material a Dios, Abraham ben David desarrolla la doctrina de un ser espiritual o querubín equivalente a un demiurgo. Sus enseñanzas retoman imágenes del *Bahir* que expone de manera cifrada, algunas de las cuales serán negadas, posteriormente, por los cabalistas hispanohebreos del círculo del *Zóhar*.

Es importante mencionar que en este mismo momento histórico (1160-1170) reside en Lunel Yehudá ibn Tibón de Granada, "padre de los traductores" y difusor del neoplatonismo arábigo-judío gestado en España. Gracias a él se conocieron las obras de Bajía ibn Pacuda, *Deberes del corazón*, y de Yehudá ha-Leví, el *Kuzari*. Según recientes descubrimientos, mencionados por Gershom Scholem, Moisés ibn Ezra también tradujo obras neoplatónicas para los círculos provenzales. Y Moshé Idel agrega que la penetración del misticismo de Ibn Gabirol fue por este intermedio precisamente,[10] por lo que la influencia entre España y Provenza se presenta bajo una nueva luz y de una manera sumamente fructífera y en ambas direcciones. De nuevo, los viajeros son los portadores de las semillas intelectuales. De este modo, el misticismo de Yehudá ha-Leví, de cierto tinte precabalista, se enlaza con las tradiciones gnósticas y los significados metafóricos del misterio religioso. Es muy probable que sus ideas fueran integradas entre estos primeros cabalistas.

Otro aspecto que incluyó Abraham ben David en su doctrina es el referente a Dios como creador, más allá de la trascendencia y de la inmanencia. Es decir, la creación no está separada del Creador, pero éste no se encuentra en ella. El símil que emplea Rabad es el del aire que alimenta y penetra el mundo aunque es invisible.

---

[10] *Ibid.*, p. 222.

Jacobo ha-Nazir

Jacobo recibió el epíteto de *ha-Nazir* o *el Asceta* por sus inclinaciones místicas. En cierto sentido, y como apunta Gershom Scholem, esta denominación sería el equivalente de los *perfecti* entre los cátaros, o sea, varones justos dedicados a la contemplación y alejados de los trajines de la vida mundana. En todo caso, lo que indica esta denominación es la pertenencia a un grupo de misticismo especial, como lo sería el de los primeros cabalistas provenzales.[11]

El objetivo principal de Jacobo *ha-Nazir,* así como el de su grupo, iba dirigido a la restauración de la armonía divina por medio de los mandamientos (*mitzvot*) humanos. Por eso se exigía de los miembros una inteligencia excepcional y unas cualidades espirituales sobresalientes.[12]

Nuestro conocido viajero, Benjamín de Tudela, al describir la comunidad de Lunel, anota lo siguiente:

Desde allí cuatro leguas hasta Lunel. Hay allí una comunidad israelita que, día y noche, se dedica al estudio de la Torá. Allí está el gran rabino *Rabbenu* Meshulam —bendito sea su recuerdo— y sus cinco hijos, grandes, sabios y ricos: R. José, R. Isaac, R. Jacob, R. Aarón y R. Aser *el Asceta,* que está apartado de los asuntos mundanos, entregado al [estudio del] Libro [de la Torá] noche y día, se aflige y no come carne; es un gran sabio en el Talmud. Están, asimismo, R. Moisés Nisim *el Rabino,* R. Samuel *el Viejo,* R. Ulsarnu, R. Salomón ha-Cohen y el médico R. Judá

[11] "Es innecesario recordar que en la Edad Media los ideales ascéticos podían surgir en cualquier tiempo o lugar, lo mismo en el Islam que en la cristiandad y en el judaísmo. Sin embargo, debemos tener presente que ideas análogas emergieron en el propio medio provenzal, en donde la decadencia del clero católico provocó la glorificación de ideales encarnada en los *perfecti* cátaros. Igual que los ascetas judíos de Francia cargaron sobre sus hombros el yugo de la Torá, con su agregado místico, los 'perfectos' aceptaron la carga de la moralidad que negaba los asuntos mundanos del 'neomaniqueísmo', que los bogomilos habían trasplantado en Italia y en Francia y que era, a sus ojos, idéntico al cristianismo primitivo. La abstinencia de la carne era uno de los más conspicuos elementos en la conducta de los 'perfectos' cátaros." En Gershom Scholem, *ibid.*, pp. 231-232.
[12] Moshé Idel ahonda en este tema en el capítulo "Mysticism", en *Contemporary Jewish Religious Thought. Original Essays on Critical Concepts. Movements, and Beliefs.* Arthur A. Cohen y Paul Mendes-Flohr (comp.). Scribner's Sons, Nueva York, 1987, 1163 pp. "Desde el principio, la Cábala le asignó una función claramente teúrgica a la actuación de las *mitzvot.* Esta clase de interpretación se encuentra profusamente en muchas de las obras que tratan de *taamei ha-mitzvot,* 'las razones de los mandamientos', que fueron escritas hacia finales del siglo XIII. El tema central de las *mitzvot* es lograr la armonía en la Divinidad. Las *mitzvot* son *tzorej gavoah,* 'para el Supremo', quien deriva su placer esencial de la actividad sagrada humana." [p. 653].

ben Tibón ha-Sefaradí, quienes a cuantos vienen de lejano país para aprender la Torá sustenta y enseña; y allí encuentran sustento y vestido, en la comunidad, todos los días de su estancia en la *midrashá*.[13] Son varones sabios, inteligentes, santos, cumplidores de los preceptos; socorren a todos sus hermanos, cercanos y lejanos. Hay [en Lunel] una comunidad de unos trescientos judíos, poco más o menos.[14]

Esta descripción de Benjamín de Tudela es la más precisa con que contamos sobre las características de vida de estos ascetas dedicados al estudio y al cumplimiento de los preceptos o mandamientos (*mitzvot*). Con la mayor objetividad y el mínimo de palabras se presenta ante nosotros la imagen de los primeros cabalistas.

Jacobo *el Asceta* desarrolla la idea de *kavaná* o meditación sobre las *sefirot* en su círculo de estudiosos. Se pone de relieve que la oración religiosa debe estar acompañada de un esfuerzo mental de concentración en el significado de la grandeza divina. La oración es un símbolo de las emanaciones o *sefirot*. La *kavaná* abandona el sentido mágico de la oración y representa un proceso absolutamente mental y consciente. Exige una tensión, similar a la *intentio* de los escolásticos, en el momento de la oración, hacia la comprensión del mundo y de los objetos que nos rodean. De este modo es como puede lograrse la comunicación con Dios. La oración adquiere vida y, como lo expresa Yehudá ha-Leví en un poema, es un encuentro a medio camino en que el poeta va hacia la oración y la oración hacia él.

Como dice Gershom Scholem: "La historia de la doctrina de la *kavaná* de los cabalistas puede servir como un ejemplo típico de las distintas posibilidades latentes en toda oración mística."[15] De este modo, la oración intencional es otra manera de desarrollar la meditación y de conducir hacia la vía del misticismo. Refleja, sobre todo, los ideales y la vida contemplativa de la Edad Media. Este tipo de oración será retomado muchos siglos después, en el contexto cristiano nuevo, por autores como san Juan de la Cruz y santa Teresa de Jesús.

ISAAC EL CIEGO

Uno de los cabalistas más estimados y de mayor influencia durante su época y, sin embargo, olvidado posteriormente, fue Isaac *el Ciego*.

[13] *Midrashá* es el oratorio y salón de estudios rabínicos.
[14] *Libro de viajes de Benjamín de Tudela*, p. 55.
[15] Scholem, *Origins of the Kabbalah*, p. 245.

Su estilo críptico y su pensamiento esotérico dificultaron la interpretación de sus textos. Muchas de sus enseñanzas siguen siendo enigmáticas. Casi personaje de leyenda, entre las atribuciones que se le adjudican está la del *Bahir*, que en nuestra época ha sido comprobado que es un texto anterior, de autor desconocido. Sus relatos o *ipissima verba*, recogidos por sus discípulos, se han conservado en un lenguaje complejamente codificado, cuyas claves no han sido descifradas en su mayoría.

Isaac *el Ciego*, que debió de vivir entre 1165 y 1225 en Posquières,[16] es cabalista por excelencia: de los manuscritos que se conservan o que aluden a sus teorías, todos tratan temas esotéricos. El epíteto de *Ciego* es también objeto de discusión. Extraña que él mencione la lectura de ciertas obras, en cuyo caso su ceguera fue tardía. O podría tratarse de una clave más, basada en la referencia al "ciego que ilumina a los demás", o "quien no vio con los ojos mundanos", o "quien ve el aura de los hombres y sabe si van a vivir o a morir".

La doctrina de la *kavaná* o modo de oración intensa es el foco sobresaliente del círculo de estudiosos a su alrededor. Isaac *el Ciego* proporciona instrucciones detalladas sobre la manera de meditar durante la oración.

Según esas instrucciones, el misticismo de la oración ya se encuentra relacionado con la doctrina perfectamente expuesta de los eones [entidades divinas] que había cristalizado en la gnosis cabalista, formando una estrecha relación con el misticismo contemplativo de la *majshabá* o "pensamiento" humano y divino. Los fragmentos existentes de su enseñanza se basan en un simbolismo perfectamente articulado y en la teoría de las *sefirot* como las *midot* [medidas o eones] divinas que fluyen del pensamiento primordial o "pensamiento puro".[17]

Otros aspectos de estas primeras teorías cabalistas incluyen la importancia y, al mismo tiempo, el descubrimiento del lenguaje como vehículo de manifestación mística. Las descripciones de luz y

---

[16] Benjamín de Tudela, en *op. cit.*, pp. 55-56, menciona la actividad rabínica de Posquières: "Desde allí hay dos leguas hasta Posquières, que es una gran urbe; en ella hay como unos cuarenta judíos. Hay allí una academia rabínica a cargo del gran rabino R. Abraham bar David —bendito sea su recuerdo—, rabino de grandes acciones, gran sabio en Talmud y en legislación. Desde lejos vienen a él para aprender la Torá hallando reposo en su casa, y él les enseña. Quienes no tienen dinero para gastar, él mismo les sufraga todas sus necesidades: es un gran potentado. Allí están el magnánimo R. José bar Menajem, R. Benbenist, R. Benjamín, R. Abraham y R. Isaac bar Meír: bendito sea su recuerdo."

[17] Gershom Scholem, *op. cit.*, p. 257.

sombra, de colores y de rayos, son un elemento más en los valores del simbolismo que habrán de ser retomados en relación con sistemas místicos posteriores, especialmente los de los cristianos nuevos en España.

EL CÍRCULO DE GERONA

A mediados del siglo XIII, el círculo cabalista de Gerona ya funciona a plenitud. Benjamín de Tudela, que había iniciado sus viajes entre 1159 y 1167, y cuyo regreso a España se fecha entre 1172 y 1173, no puede darnos una descripción detallada como en el caso de las ciudades místico-provenzales, ya que Gerona aún no realizaba tal actividad. Su única mención es escueta: "Desde allí [Barcelona] hay una jornada y media hasta Gerona, donde existe una pequeña comunidad de judíos."[18] Un siglo después, Gerona sería conocida como uno de los centros más importantes del cabalismo. La Corona de Aragón había mantenido posesiones tanto en el noreste de los Pirineos como en el suroeste, y no fue sino hasta 1258, con el Tratado de Corbeil, entre Luis IX de Francia y Jaime I de Aragón, cuando la situación se modificó radicalmente.

Por ese tratado, el monarca francés renunciaba a toda pretensión de soberanía que pudiera corresponderle sobre la antigua Marca Hispánica,[19] y Jaime I hacía lo propio en cuanto a cualquier reclamación que se refiriese al condado de Foix y al Languedoc, con excepción de Narbona [Montpellier, Omeladès y Carladès]; lo cual disminuía mucho los antiguos derechos de la casa condal de Barcelona en el sur de Francia.[20]

Esto explica, por un lado, el intenso contacto entre Cataluña y Provenza y, por el otro, la concentración de los estudios cabalistas en Gerona, a partir de la firma del Tratado de Corbeil.

Aunque Gerona llegó a adquirir una importancia suma en cuestiones de cabalismo, no hay que olvidar que otras ciudades, como Burgos y Toledo, también habían mantenido relaciones con Provenza y habían recibido las mismas enseñanzas. Sin embargo,

---

[18] Benjamín de Tudela, *op. cit.*, p. 54.
[19] Región fronteriza del imperio franco que comprendía los territorios entre los Pirineos y los ríos Llobregat y Gayá. Fue establecida por Carlomagno como muro de contención frente al avance de los árabes. Dio origen a la futura Cataluña.
[20] Rafael Altamira, *Manual de historia de España*, 2a. ed. corr. y aum., Sudamericana, Buenos Aires, 1946. 601 pp. V. p. 205.

Gerona siguió siendo el centro por excelencia y desarrolló una intensa labor literaria, a diferencia de quienes aún conservaban la idea de que la Cábala debía mantenerse en secreto.

En Gerona, por primera vez, se renunció a la seudoepigrafía: el anonimato fue excepcional. La doctrina de la Cábala tomó forma en las más diversas direcciones, y los representantes de esta doctrina llegaron a ser denominados explícitamente como "los maestros de la Cábala". Entre los miembros individuales de este grupo hubo considerables diferencias. Algunos escribieron de manera breve y alusiva, mientras que otros fueron más precisos. Algunos, de acuerdo con un espíritu conservador, expusieron la tradición tal y como la recibieron; y otros contribuyeron, de manera enteramente original, a su desarrollo subsecuente.[21]

Lo que no puede negarse es que el círculo de Gerona destacó en la historia de la Cábala hispanohebrea por su contribución clara y vigorosa. La mayor parte de los integrantes del grupo eran discípulos, directos o indirectos, de Isaac *el Ciego*. A pesar de la enorme diferencia con otros textos anteriores, caracterizados por su oscuridad, los de los cabalistas gerundenses, calificados como claros, no desdeñan el lenguaje cifrado ni el método alusivo. Por ejemplo, los textos de Najmánides abundan en dificultades y exigen un detenido análisis para ser comprendidos, pero finalmente pueden llegar a ser descifrados. La riqueza de esta literatura permite, por sus variantes, un acercamiento y un intento de exégesis que, allí donde algo es oscuro en un autor, será claro en otro y así sucesivamente. Esta nueva vitalidad que alcanzó el judaísmo en Gerona es sólo comparable a la que habría de tener hacia 1600 en Safed, manifestada por los judíos expulsados de España que se asentaron en la Tierra Prometida. De este modo, Gerona se convirtió en el centro de la Cábala meditativa anterior a la elaboración del *Zóhar*.

Los cabalistas pertenecientes a este círculo, cuyas obras han llegado hasta nosotros, se calculan en una docena. A ellos hay que agregar al autor anónimo del libro *Temuná*. Abraham ben Isaac Hazan o *el Cantor* fue un famoso poeta litúrgico. Recibió instrucción directa de Isaac *el Ciego* y se encargó de transmitirla en Gerona. Sobre todo, se dedicó a los misterios de la meditación, de la oración o *kavaná* y destacó la importancia de la palabra como medio de elevación a las más altas esferas.

---

[21] Gershom Scholem, *Origins of the Kabbalah*, p. 366.

Siguen después, Ezra ben Salomón y su colaborador Azriel, que según algunas fuentes era su yerno, según otras, su hermano e, incluso, según otras más, eran una y la misma persona. Gershom Scholem, basándose en documentos descubiertos por él, pudo establecer que se trata de dos autores con estilos claramente definidos. Son varios los textos que se han conservado del primer autor: *1)* Comentarios del Cantar de los Cantares; *2)* Comentarios sobre relatos del Talmud; *3)* Un comentario sobre el *Libro de la creación (Séfer yetsirá); 4)* Un texto sobre el Árbol del Conocimiento, y *5)* Cartas de tema cabalista.

De Azriel se han conservado textos todos ellos de índole cabalista, como la "Explicación de las diez *sefirot*", en forma de preguntas y respuestas a la manera neoplatónica; un comentario sobre *El libro de la creación;* una exposición sobre "Los misterios del sacrificio" y fragmentos de un poema cabalista. Su característica sobresaliente es la platonización de la Cábala gnóstica del *Bahir.* Lo más probable es que su fuente neoplatónica se derivara de las lecturas (*De divisione naturae)* de Juan Escoto Erígena (*ca.* 800-877). Aunque partió de las enseñanzas de Isaac *el Ciego,* su formulación fue totalmente original.

Jacobo ben Sheshet, de quien únicamente nos han llegado un par de escritos, es también un pensador audaz, seguro de su originalidad y que se atreve, por primera vez, a polemizar con sus antecesores. Para él, la tradición puede ser modificada, y establece una polémica con los seguidores de Maimónides. Su obra, *El libro que da la respuesta adecuada,* refuta las doctrinas de Samuel ibn Tibón, traductor al hebreo de la *Guía de los perplejos* de Maimónides.

Moisés ben Najmán *el Gerundense* (*ca.* 1194-1270), conocido como Najmánides o bajo el nombre de Bonastruc de Porta o su variante catalana de Saporta, fue una autoridad en el Talmud y gozó del respeto de la opinión pública en toda ocasión. Su influencia cabalística se extendió rápidamente por todos los círculos de estudiosos de la Torá. Cuando surgió la famosa disputa entre Francia y España sobre la ortodoxia de los textos maimonidianos, se esperaron sus palabras con ansiedad. Participó en la vida política de su época y fue el vocero de la comunidad judía de Aragón ante las autoridades civiles. En la llamada Disputa de Barcelona de 1263, Najmánides fue escogido por el rey Jaime I de Aragón, quien con frecuencia seguía su consejo en cuestiones de justicia, para enfrentarse a una polémica religiosa con Pablo Cristiani, judío provenzal converso. La defensa que Najmánides hizo del judaísmo fue tan brillante que surgieron las protestas en el mundo cristiano y llegó una orden papal que obligó al rabino a emigrar a Acre, donde vivió sus últimos años. La interrelación de las tres grandes religiones monoteístas en España es tan intensa que, en ese mismo momento histórico con pocos años de diferencia, Ramón Llull y Ramón de Peñafort están elaborando sus propias teorías teológicas. La influencia de la Cábala sobre el pensamiento luliano es notoria. El propósito de cristianizarla será la tarea principal del filósofo mallorquín, como veremos más adelante. El propio rey don Jaime está interesado en los debates y controversias religiosos, por lo que frecuenta tanto a Najmánides como, posteriormente, a Llull y a Peñafort. La riqueza mística se encuentra en un punto culminante pocas veces alcanzado, pocas veces comprendido.

Los comentarios de Najmánides sobre la Torá son de orden cabalista, "según el camino de la verdad", como gusta de comenzar cada pasaje. La importancia de los sueños premonitorios se relaciona con su doctrina, ya que, de acuerdo con la tradición de sus discípulos, por causa de un sueño decide que su escritura no sea expuesta abierta y claramente, sino que se valga de medios metafóricos y alusivos. A esto se debe que el estilo de Najmánides sea más oscuro que el de los demás místicos hispanohebreos, que se caracterizan por el uso de una terminología bastante directa, dentro del esquema simbólico y analógico utilizado.

Otras obras de Najmánides son los comentarios al Libro de Job; los sermones; los poemas cabalísticos con abundancia de temas escatológicos. Gershom Scholem considera que fue el primer poeta que utilizó símbolos místicos en la lírica religiosa, ya que en la didáctica hay predecesores.[22] "Sin la Cábala ni el misticismo contemplativo, Najmánides hubiera sido tan poco comprendido en el contexto judío como Ramón Llull (activo en Cataluña una generación después y cuya doctrina posee muchas analogías estructurales con la teoría de las *sefirot*) en el contexto cristiano sin su *Ars contemplativa*."[23]

Existe una figura enigmática, la del cabalista Ben Belimá, en relación con Najmánides. Sobre su apellido, pues carece de primer nombre, se han dado varias versiones; la más aceptable es que se trata de un seudónimo. La traducción más apropiada de Ben Belimá es la de "hijo de la Nada" o "hijo del Aislamiento". Si este cabalista existió fue el intermediario entre Isaac *el Ciego* y Najmánides. En

[22] *Ibid.*, p. 386.
[23] *Ibid.*, p. 389.

algunos manuscritos del círculo de Gerona se describe un debate entre Najmánides y Ben Belimá sobre la transmigración de las almas, a propósito del episodio de Nabot y el rey Ajab (1 Reyes 21). La figura de este cabalista da lugar a confrontaciones de teorías que muestran la vitalidad del pensamiento y sus recursos entre los estudiosos de la Torá.

En esta época se empiezan a mencionar los círculos de Toledo y Burgos, en relación con Yosef ibn Mazá y Abraham Abulafia, que habrán de adquirir relevancia en fecha posterior.

ABRAHAM ABULAFIA

Abraham ben Samuel Abulafia (1240-1291?) es, de los cabalistas de este periodo, el más apasionante y, tal vez, el más original. Nació en Zaragoza y pasó su infancia y adolescencia en Tudela, provincia de Navarra, donde un siglo antes viviera Benjamín de Tudela, nuestro viajero ya conocido. A los dieciocho años muere su padre, quien lo había iniciado en el estudio de la Torá y del Talmud. Y dos años después, en 1260, parte en el primero de una serie de viajes por el Mediterráneo. Arriba a tierras de Israel y se embarca en la búsqueda del legendario río Sambatión. "Río que corre seis días a la semana y que descansa el sábado; o bien, al revés, que sólo corre el sábado y descansa seis días[...]. Río que arrastra piedras, no agua, y arena, y que al séptimo día queda en total silencio y se cubre de nubes. Río que, para quien lo atraviesa, guarda del otro lado el paraíso donde habitan las Diez Tribus perdidas."[24] Río que sólo puede interpretarse dentro de un sentido cabalista, pero que Abraham Abulafia lo tomaba en sentido real. Debido al estado de guerra de la región no pudo llegar más allá de Acre.

De 1260 a 1270 vivió en Grecia y en Italia. De esta época son sus estudios sobre la obra de Maimónides. Sus maestros fueron Hilel de Verona y Baruj Togarmi. Este último lo inició en el *Séfer yetsirá*. En 1271 regresó a Barcelona, donde prosiguió sus estudios. Tuvo las primeras visiones proféticas y empezó a viajar por España exponiendo sus teorías. En 1273 reemprende su vida viajera en Grecia y en Italia.

El año de 1275 es de primera importancia para la teología monoteísta. Para el judaísmo marca la aparición del *Zóhar* o *Libro del*

---

[24] Angelina Muñiz, *Huerto cerrado, huerto sellado*. Oasis, México, 1985. 101 pp. V. p. 18. El relato "Abraham de Talamanca" está inspirado en la vida de Abraham Abulafia.

esplendor, y para el cristianismo, la *Suma teológica* de santo Tomás de Aquino. En estos años, Abraham Abulafia medita sus primeros escritos místicos y los desarrolla a partir de 1279. Además, funda una escuela para difundir sus ideas.

En 1280 se dirige a Roma para entrevistarse con el papa Nicolás III y abogar por la suerte de los judíos. El Papa ordena que sea aprehendido y mandado quemar en cuanto llegue. Pero el mismo día, el 22 de agosto de 1280, en que Abulafia entra en Roma, el Papa muere. Es puesto en prisión durante 28 días; luego es liberado y se le ordena que abandone la ciudad.

Durante una estancia prolongada en Mesina, escribe una de sus obras más importantes: *Or ha-Séjel* o *Luz del intelecto*. En 1288 el rabino de Barcelona, Salomón Abraham Ardet, lo acusa de charlatanismo y lo condena al exilio. Sus últimos años, hasta 1291, los pasa en la isla de Comino, en Malta, donde escribe el *Séfer ha-Ot* o *Libro del signo*. Después de esa fecha se desconoce su paradero.[25]

A una vida tan compleja tenía que corresponder una teoría cabalista igual de exclusiva y con un sello absolutamente personal y único. Si bien parte de la tradición (no estudiaría la Cábala si no lo hiciera), crea un sistema innovador que no siempre ha sido advertido por los estudiosos actuales. Su técnica mística procedía de la escuela de uno de sus maestros, Baruj Togarmi, de Barcelona, que puede resumirse en la famosa fórmula que dice: "Quiero escribirlo y no se me permite hacerlo. No quiero escribirlo y no puedo desistir del todo. Así que escribo y me detengo, y aludo a lo que escribo en pasajes posteriores, y éste es mi proceder."[26]

Es en esta misma época, a la edad de treinta y un años, cuando Abulafia tiene las primeras visiones proféticas. Conoce el verdadero nombre de Dios, que es impronunciable y que no puede ser transmitido; pero, al mismo tiempo, una imagen demoniaca lo persigue y le hace "andar a tientas como un ciego en pleno día, con la compañía de Satán a su diestra, durante quince años".[27] Y, sin embargo, no duda de su profecía ni de su doctrina. Ni aun cuando los ataques de los rabinos ortodoxos se recrudecen en su contra.

---

[25] Los datos biográficos han sido tomados de Abraham Aboulafia, *L'Épître des Sept Voies*. Trad. de notas de Jean-Christophe Attias, seguido de "Aboulafia, philosophe et prophète" (vie imaginaire) de Patricia Farazzi. Prefacio "Le livre au coeur de l'être" de Shmuel Trigano. L'Eclat, París, 1985. 118 pp. (Philosophie Imaginaire). V. pp. 7-8.
[26] Citado por Gershom Scholem en *Major Trends in Jewish Mysticism*. 8ª ed. Schocken Books, Nueva York, 1974, 460 pp. (Religion, SB5). V. p. 127.
[27] *Ibid.*

En sus escritos proféticos adopta con frecuencia otros nombres, siempre que el equivalente numérico en hebreo equivalga al de Abraham. Por eso, algunas obras suyas aparecen firmadas bajo Raziel o Zacarías. Cuando las visiones místicas o, lo que es más propio del judaísmo, las voces o los sonidos lo invocan, él contesta así: "Heme aquí. Instrúyeme de la manera correcta. Despiértame de mi letargo e inspírame para que escriba algo nuevo. No ha habido nada como esto en mis días."[28] Y, en efecto, sus teorías son tan diferentes a las de cualquier otro cabalista que entre el *Zóhar* y su obra son escasos los puntos coincidentes.

La esencia del pensamiento abulafiano reside en quitarle el sello al alma, en "desatar los nudos" que la atan. De este modo, se regresa de la separación y de la multiplicidad a la unidad original.

¿Qué significa este símbolo ["desatar los nudos"] en la terminología de Abulafia? Quiere decir que hay ciertas barreras que separan la existencia personal del alma del fluir de la vida cósmica, personificada para él en el *intellectus agens* de los filósofos, que corre por toda la creación. Entonces hay un dique que confina al alma dentro de los límites normales y naturales de la existencia humana y la protege del fluir de la corriente divina, que mana por debajo o alrededor de ella. Dique que, también, previene al alma de conocer a la Divinidad. Los "sellos", impresos sobre el alma, la protegen del fluir de la corriente y aseguran su funcionamiento normal. ¿Por qué el alma parece como si estuviera sellada? Y contesta Abulafia: porque la vida ordinaria y cotidiana de los seres humanos, su percepción del mundo sensorial, llena e impregna la mente de una multitud de formas o imágenes (llamadas "formas naturales", según el lenguaje de los filósofos medievales). Como la mente percibe toda clase de objetos naturales y densos e incorpora sus imágenes dentro de la conciencia, crea para sí misma, fuera de esta función natural, cierto modo de existencia inseparable de la finitud. En otras palabras, la vida normal del alma se guarda dentro de los límites determinados por nuestras percepciones sensoriales y nuestras emociones y, mientras se mantiene plena de éstas, le es extremadamente difícil concebir la existencia de formas espirituales y de asuntos divinos. Por lo que el problema reside en cómo ayudar al alma para que descubra algo más que las formas de la naturaleza, sin cegarse ni anonadarse por la luz divina. La solución podría encontrarse en el antiguo adagio que dice que "quien está lleno de sí no tiene lugar para Dios". Todo lo que ocupa el ser natural del hombre debe desaparecer o debe transformarse, de tal modo que se vuelva transparente para la

---

realidad de la espiritualidad interna, cuyos contornos se volverán percep-
tibles tras del caparazón usual de las cosas naturales.[29]

Abraham Abulafia se concentra en pensamientos de elevada
índole espiritual y aparta todo lo que distrae de la idea de Dios.
Escoge objetos que puedan llegar a adquirir un valor supremo, pero
que carezcan de importancia en sí. Es esto lo que lo lleva al descubrimiento de las letras del alfabeto hebreo como las depositarias
de tales características. Incluso la meditación en conceptos distrae,
pues está atada a sus significados. En cambio, el pensamiento en las
letras, una por una, ya que no se refiere a un objeto determinado,
prepara la vía espiritual. A partir de aquí, el cabalista aragonés elabora una teoría sobre la contemplación mística de las letras y sus
configuraciones para encontrar el verdadero nombre de Dios. Para
Abraham Abulafia, el absoluto radica en el nombre de Dios porque
refleja el significado oculto y la totalidad de la existencia. Gracias al
nombre de Dios la creación adquiere significado, aunque la mente
humana no pueda llegar a comprenderlo. Sólo por el éxtasis místico
puede hallarse el verdadero nombre de Dios.

La técnica para lograr el éxtasis se desarrolla por medio de la
meditación sistemática, que conduce a una nueva conciencia. Se adquiere un movimiento armónico de pensamiento puro que corta
toda relación con el mundo sensorial. La comparación inmediata es
con la música. La ciencia de la combinación creada por Abulafia se
basa en un modelo musical que sustituye las notas por las letras del
alfabeto. Los sonidos se intercambian por pensamientos y el fraseo y
los motivos dan la movilidad de composición. La capacidad del oído
de captar varios sonidos producidos por distintos instrumentos o
voces y la sensación de dulzura que los acompaña, equivalen a la
multiplicidad combinatoria de las letras y al deleite del conocimiento que proporcionan. Desentrañar el secreto de las letras y las palabras es tener a Dios en la alegría del corazón.

Llevar a cabo la infinita variación de letras, palabras, frases, oraciones, en todos los órdenes y en todas las direcciones, es la tarea
propia de la meditación y, según el cabalista de Zaragoza, comparable con la del músico. Las puertas cerradas del alma se abren ante la
música del pensamiento puro, separado de los sentidos y en
movimiento perpetuo, para propiciar la vía divina.

---

[29] *Ibid.*, pp. 131-132.

Ésta es la ciencia combinatoria de las letras que, por la meditación, establece la armonía interna que conduce a Dios. El mundo de las letras, en su girar, descubre la bienaventuranza. Cada letra representa un mundo en el que el místico se abandona en su contemplación. Todo lenguaje, no sólo el hebreo, se transforma en el lenguaje de Dios. De este modo, la manifestación máxima de Dios es el lenguaje. Es decir, el lenguaje es sagrado.

Luego de ensayar la combinación de letras, el paso siguiente es la libre asociación de palabras: dejar que la mente fluya de una palabra a otra como ejercicio preparatorio para la meditación. Esta asociación, no de carácter psicológico, se basa en ciertas reglas. Se permiten saltos de conceptos, siempre y cuando liberen de la esfera terrenal y eleven a la celestial. Una vez lograda la etapa de la meditación, el paso siguiente es el éxtasis, que es descrito con bastantes detalles en el texto siguiente:

Prepárate para recibir a tu Dios, oh israelita. Dirige tu corazón solamente hacia Él. Purifica tu cuerpo y elige una casa solitaria donde nadie oiga tu voz. Siéntate en reclusión y no reveles tu secreto a nadie. Si no puedes de otro modo, hazlo durante el día, pero es preferible de noche. En el momento en que te preparas para hablar con el Creador y en el que anhelas que Él te muestre su potencia, ten cuidado de abstraer todo pensamiento de las vanidades de este mundo. Cúbrete con tu chal de rezos y coloca los *tefilim* en tu cabeza y brazos para que te colme el temor de la *Shejiná* que te acompaña. Lava tus ropas y, si es posible, que todas tus prendas sean blancas, porque esto ayuda a encaminar tu corazón hacia el temor y el amor por Dios. Si fuere de noche, enciende muchas luces, hasta que tu entorno brille. Entonces, toma la pluma, la tinta y una tabla, y recuerda que te dispones a servir a Dios en el júbilo de tu corazón. Ahora, empieza a combinar unas cuantas o muchas letras, para variarlas o mezclarlas hasta que tu corazón se caliente. Pon atención a sus movimientos y a lo que no puedes lograr al moverlas. Y cuando sientas que tu corazón ya está caliente y cuando veas que por la combinación de las letras no puedes aprehender nuevas cosas que, por la tradición humana o por ti mismo, no serías capaz de conocer, y cuando estés así preparado para recibir el influjo del poder divino que te inunda, entonces concéntrate con la mayor fuerza en imaginar el Nombre y sus ángeles exaltados dentro de tu corazón, como si fueran seres humanos sentados o parados a tu alrededor. Considérate como un mensajero a quien el rey y sus ministros van a enviar en una misión y está pendiente de las palabras del rey mismo o de sus vasallos para saber de qué se trata. Una vez imaginado esto lo más vívidamente posible, esfuérzate en entender con tus pensamientos todas las cosas que aparecerán en tu corazón por medio de las letras imaginadas. Sopésalas como un todo y en cada uno de sus detalles, como a quien se le relata una parábola o un sueño, o como quien medita en un profundo problema de un libro de ciencia, y trata de interpretar lo que hayas de oír de acuerdo con lo más cercano a tu razón[...]. Todo esto te ocurrirá después de haber arrojado lejos de ti la tabla y la pluma, o que se te hayan caído, debido a la intensidad de tu pensamiento. Advierte que, cuanto más poderoso es el influjo intelectual dentro de ti, más débiles serán tus partes interiores y exteriores. Tu cuerpo se verá sacudido por intensos temblores, hasta tal grado que creerás que vas a morir, porque tu alma, regocijada por su conocimiento, abandonará tu cuerpo. Y, en este momento, prepárate conscientemente para elegir la muerte, y entonces sabrás que has llegado tan lejos como para recibir el influjo [divino]. Por el deseo de honrar el glorioso Nombre, sirviéndolo con la vida de tu cuerpo y de tu alma, cubre tu rostro y teme mirar a Dios. Luego, regresa a los asuntos del cuerpo, levántate, come y bebe un poco, o refréscate con un olor agradable, y reintegra tu espíritu a su estuche hasta la próxima vez. Alégrate de tu suerte y conoce que Dios te ama.[30]

Para Abraham Abulafia, el éxtasis no es un estado de pérdida de la conciencia, sino que debe prevalecer cierta dosis de razón y de poder de la meditación. La combinación de las letras debe ser sumamente cuidadosa para evitar trastornar la naturaleza y, en cambio, debe hacer todo el hincapié en la abstracción del pensamiento y la búsqueda del Nombre de Dios. En pasajes como el anterior, puede notarse la influencia de Maimónides, tanto en la defensa de la razón como en el método preparatorio de la profecía.

En la *Epístola de las siete vías*, Abulafia expone la teoría del Nombre de manera detallada. Parte de la idea de que la única realidad asequible es la de las palabras y la lengua. La voz lleva en sí el mensaje del Universo: la capacidad creadora. Por medio de la palabra principia la creación: al ir Dios nombrando las cosas, éstas surgen. En hebreo un solo vocablo, *davar*, significa cosa y palabra. Para los cabalistas, el poder de las cosas reside en las palabras. La lengua está tocada por la divinidad, y tanto la lectura como la escritura del texto, incluyendo los blancos entre palabra y palabra, posee un sentido tan preciso como lo pudiera ser la coherencia cósmica.

Abulafia desarrolla el rigor interpretativo de la lengua a partir de su equivalente numérico. La *Guematriá* es el método de atribuir a cada letra un valor numérico específico. Por ejemplo, *álef* es el 1; *bet*,

---

[30] *Ibid.*, p.136.

I	II	III	IV
א	1	alef	–
ב	2	bet	B
ג	3	guímel	GU
ד	4	dálet	D
ה	5	he	H asp.
ו	6	vav	V
ז	7	zayin	Z
ח	8	jet	J
ט	9	tet	T
י	10	yod	Y
כ	20	caf	C
ל	30	lámed	L
מ	40	mem	M
נ	50	nun	N
ס	60	sámej	S
ע	70	ayin	–
פ	80	pe	P
צ	90	tsadi	TS
ק	100	cof	K
ר	200	resh	R
ש	300	shin	SH
ת	400	tav	T

I: letra hebrea; II: valor numérico; III: nombre;
IV: transcripción.

el 2; *guímel*, el 3; *dálet*, el 4, y así sucesivamente. (Véase la lista adjunta.) De este modo, la lengua se explica por sí misma y no por medio de los conceptos que expresa. Se abstraen los significados por medio de un proceso de reflexión y de meditación, no de poderes ocultos o mágicos. Se atiende a las palabras como fenómeno único, estudiadas por vez primera y descontextualizadas. Se exalta la posibilidad subjetiva de un análisis gozoso y de acercamiento a Dios. Podría pensarse en las modernas teorías críticas que desmenuzan la lengua en sus fracciones más pequeñas y las vuelven a dotar de un nuevo significado. La capacidad de armar y desarmar un texto y de presentarlo bajo una luz no gramatical es la base del pensamiento abulafiano. Su tarea se equipara a la creación lingüística de orden divino.

Las siete vías para penetrar en la Torá son las siguientes:

1) Consiste en leer y aprehender el texto en su sentido literal. Llevar a cabo la lectura bíblica de acuerdo con el sentido que expresa cada una de las palabras: "Ningún texto escriturario debe ser separado de su sentido primero."[31]

2) Consiste en comprender el texto según múltiples interpretaciones. Partiendo de la esfera de la literalidad, desarrollar todas sus facetas.

3) Consiste en avanzar aún más en el camino interpretativo, por medio de las *drajot* (exégesis o sermones), que cuestionan el texto escriturario y que equivaldrían a la hermenéutica. Incorpora las *hagadot* o narraciones pertenecientes al género alegórico.

4) Consiste en la interpretación de parábolas y de alegorías. La labor descifradora es más elevada y requiere mayor poder imaginativo y cognoscitivo.

5) En esta vía principia la verdadera ciencia cabalista, pues las cuatro anteriores pertenecen al legado místico universal. Consiste en la enseñanza cabalística de la Torá. Es decir, explicar cada aspecto según las letras que lo componen. Por ejemplo: por qué la Torá empieza por la letra *bet* y no *álef*, ya que la palabra creación en hebreo es *bereshit*. Esta vía es exclusiva del pensamiento hebreo, al convertir la grafía en un elemento cargado de santidad y cuyo modo de representación está pletórico de infinitas posibilidades interpretativas. A partir de ella, comienza la ciencia general de la combinación de las letras, reservada a quienes temen a Dios y reverencian su Nombre.

---

[31] Abraham Aboulafia, *L'Épître des sept voies*, p. 33.

6) Su profundidad es mayor aún. "Es más larga que la Tierra y más vasta que el océano."[32] Solamente debe intentarla quien quiera aislarse por su propia voluntad para acercarse al Nombre. Equivale al intelecto agente y se encamina al secreto de las setenta lenguas por el método de la *Guematriá* y de la combinación de las letras. Las letras deben reducirse a su materia prima por la evocación y la meditación de las diez *sefirot*. En esta vía se aplica también la técnica del *Notarikón*, que consiste en interpretar las palabras como si estuvieran compuestas de siglas (cada letra de cada palabra da lugar a otra palabra). Las veintidós letras del alfabeto hebreo se dividen en matrices (*álef, mem* y *shin*), dobles (*bet, guímel, dálet, kaf, pe, resh* y *tav*) y simples (*hei, vav, zayin, het, tet, yod, lámed, nun, sámej, ayin, tsadi, kof*).

7) Esta vía es única en su género, pues abarca todas las demás. Es la esencia misma de la profecía: el lugar sagrado por excelencia. Quien la emprende, conoce el *logos* divino que es la sobreabundancia del Nombre. No puede ser descrita, pues es santa entre santas, y sólo se transmite de boca a oído.

Las siete vías para descifrar el Nombre de Dios se basan en la combinación de las letras, los acrósticos y la numerología. De la meditación y la reflexión proviene el estado mental que propicia el alma mística.

Moshé Idel, que ha estudiado profundamente el pensamiento de Abraham Abulafia, se siente atraído por el carácter hermenéutico[33] que el cabalista zaragozano imprime al lenguaje y por su técnica tan moderna que podría compararse con la de Roland Barthes.

La función ordinaria del lenguaje es posible debido a la imposición de un orden que relaciona las letras poderosas en un contexto que sirve a un propósito básicamente pedagógico. Al atarlas, su fuerza se unifica, de modo que los hombres ordinarios se benefician de las direcciones que funcionan para instruirlos en el nivel más elemental. Esta monadización del lenguaje tiene un paralelo interesante en el proceso de transición del

---

[32] *Ibid.,* p. 37.
[33] Moshe Idel, *Kabbalah. New Perspectives.* Yale University, New Haven y Londres, 1988, 419 pp. (Judaic Studies/Religion). "Uno de los aspectos menos estudiados dentro del pensamiento cabalista es el de la hermenéutica. La investigación moderna ha formulado solamente algunos aspectos en cuanto al simbolismo de la Cábala; pero ha descuidado la problemática que se origina del surgimiento de los métodos de interpretación cabalísticos y ha ignorado las intrincaciones de la relación entre el cabalista como intérprete y el texto divino" (p. 200). Con esta nueva perspectiva que propone Idel, enfrenta su posición a la de su maestro Gershom Scholem, para quien el simbolismo es la faceta principal de los estudios de la Cábala. Si combinamos las dos posiciones, los estudios cabalísticos se enriquecen.

lenguaje clásico al lenguaje poético descrito por Barthes: su perspectiva de la disminución de la importancia de la palabra aislada en el lenguaje clásico, a favor de la formulación organizada es, supuestamente, la evolución del lenguaje desde un enfoque primitivo en los sustantivos o nombres, hasta su incorporación en un discurso gramatical más complejo. En el tipo de lenguaje descrito por Barthes como clásico, las palabras están *absenté* o *neutralisé*. El paso al lenguaje poético moderno, que da énfasis a la importancia de la palabra individual, a expensas del discurso organizado es, aparentemente, un retorno a la dimensión mágico-mística del lenguaje que fue vencida, según parece, por el habla informativa ordinaria. Este redescubrimiento de la palabra funcionando sola, más allá de la red de las relaciones gramaticales, dota a la palabra de una densidad que recuerda los conceptos mágico-místicos de las letras individuales como nombres divinos. Abulafia no inventó el acercamiento monadístico al texto y al lenguaje: éste fue parte del patrimonio de la antigua literatura judía y fue aceptado también por algunos cabalistas teosóficos que precedieron a Abulafia. Lo que parece ser original, sin embargo, es la transformación que hace de un concepto existente en un recurso hermenéutico.[34]

De este modo, la obra de Abraham Abulafia se encuentra abierta a su propio método interpretativo y a su encantamiento con el poder del lenguaje. Si el lenguaje se trasciende y hasta se desconstruye para iniciar un aprendizaje espiritual a partir de los elementos más pequeños —consonantes y vocales—, la presencia divina puede llegar a manifestarse en esta nueva reconstrucción lingüística. El texto bíblico puede desintegrarse porque la presencia divina permea toda manifestación escritural.

Los cabalistas hispanohebreos descubren una nueva dimensión de la expresión poético-lingüística en su determinación de encontrar un sentido teológico que pueda conducir al hallazgo del verdadero Nombre de Dios. Con sus diversas técnicas de descomposición del fenómeno gramatical, componen una nueva gramática con leyes revolucionarias que devuelve al lenguaje su capacidad innovadora. Con esto, el lenguaje recupera su pureza original previa a la torre de Babel. El hecho de utilizar libremente consonantes y vocales, y de adjudicarles valor numérico, es algo tan novedoso que sólo podía comprenderse si se le atribuía un contenido mágico. El simbolismo implícito es la clave de un fenómeno tan difícil de entender como lo es el cabalismo.

---

[34] Moshé Idel, "Lenguaje, Torah y hermenéutica en Abraham Abulafia", en: *Acta poética*, Revista del Seminario de Poética del Instituto de Investigaciones Filológicas, Universidad Nacional Autónoma de México, núms. 9-10, primavera-otoño de 1989, pp. 74-75.

III. MAIMÓNIDES: MISTICISMO Y RACIONALISMO

Moisés ben Maimón, llamado también *el Rambam* (por las iniciales de su nombre) o Maimónides, en la versión latinizada, fue el mayor de los filósofos judíos medievales. Nació en Córdoba en 1135 y murió en El Cairo en 1204. Durante su infancia y adolescencia en España supo de la convivencia de las tres religiones: judía, islámica y cristiana. Luego, huyendo de la persecución religiosa de los almohades, vivió en el norte de África, en Palestina y en Egipto. Combinó sus viajes con la práctica de la medicina y la labor filosófica. Su obra escrita es muy amplia y de carácter variado, desde tratados teológicos hasta tratados médicos. Sin embargo, se expresaba de sí mismo con las siguientes palabras, en su *Epístola a Yemen:* "En verdad no soy más que uno de los más humildes sabios de España, cuyo prestigio ha sufrido tanto por el exilio."[1] Sus extensos conocimientos rabínicos hicieron que todo cabalista comenzara sus estudios citándolo: "'Nadie es digno de entrar en el Paraíso [el reino del misticismo], si no ha tomado antes su ración de pan y carne', es decir, el alimento espiritual del conocimiento rabínico."[2]

GUÍA DE LOS PERPLEJOS

Una de sus obras básicas, la *Guía de los perplejos* (escrita en árabe con caracteres hebreos en 1190; traducida al hebreo después de 1190 por Yudá al-Harizi y en 1204 por Samuel ibn Tibón, bajo el título de *Moré nebujim*), está dirigida a esclarecer el problema de la época que enfrenta razón y fe. Se la dedica a su discípulo favorito, Yosef ibn Aknin. En la introducción se previene al lector de que, para poder internarse en las páginas de esta obra, debe conocer lógica y física, así como filosofía y judaísmo. Apegado a la técnica interpretativa, agrega que incurrirá en contradicciones y que sólo el lector avezado podrá advertirlo. Ese lector ideal deberá, además, estar adiestrado

---

[1] Maurice-Ruben Hayoun, *Maïmonide.* Presses Universitaires de France, París, 1987. 127 pp. (Que sais-je?) V. p. 9.
[2] Gershom Scholem, *On the Kabbalah and its Symbolism*, p. 26.

en el uso de la memoria y de la capacidad asociativa, para poder enlazar los que parecen cabos sueltos y explicar los conceptos en oposición.

La estructura de la *Guía de los perplejos* responde a un patrón perfectamente pensado y calculado. En la introducción está la advertencia y la clave. La materia del libro va gradualmente complicándose, hasta llegar a la parte media, donde se encuentran las cuestiones secretas y sólo para conocedores. En este punto, el lector impreparado abandonará la lectura o, en todo caso, se saltará al final, donde la materia se simplifica de nuevo para establecer las conclusiones. En ningún momento Maimónides contradice la ley rabínica, a pesar de las críticas que sufrió. La *Guía* proporciona pistas al iniciado y le desarrolla el sentido de la interpretación. Estas pistas son los "destellos" o "chispas", como los llama el filósofo cordobés, que no son sino un desafío para internarse en el estudio de la materia mística. En su misma época, en los siglos posteriores y aun en nuestros días, esta obra se ha convertido en asunto de discusión teológica y filosófica sobre el significado y la interpretación correctos.[3]

A pesar de que Maimónides sigue el método aristotélico en cuanto al procedimiento lógico, se aparta del pensamiento griego al tratar de la existencia de Dios. La prueba filosófica maimonidiana deriva de que el mundo fue creado *ex nihilo*, y no de que el mundo es eterno. Conociendo la oposición a este concepto de los exegetas cristianos, Maimónides propone que las Sagradas Escrituras deben ser tomadas en sentido literal o en sentido figurado según como la razón lo requiera. Por ejemplo, la creación *(bereshit)* debe ser interpretada filosóficamente, porque si no se cae en error:

Nosotros, los discípulos de Moisés, nuestro maestro, y de Abraham, nuestro padre, creemos que el Universo ha sido creado y se ha desarrollado de cierta manera. Los seguidores de Aristóteles se oponen a nosotros y sustentan sus objeciones en las propiedades que poseen las cosas en el Universo, según su existencia presente y en su pleno desarrollo. Nosotros admitimos estas propiedades, pero afirmamos que no son, de ningún modo, idénticas a las que poseían las cosas en el momento de su creación.[4]

[3] Angelina Muñiz-Huberman, *La lengua florida*. Fondo de Cultura Económica, México, 1989, 302 pp. (Lengua y Estudios Literarios). V. pp. 36-51; y el artículo, "Divinidad y razón del texto maimonidiano", en *Sábado* (supl. liter. de *Unomásuno*), 8 de febrero de 1986.
[4] Émile Touati, *La doctrine du judaïsme d'après Maïmonide*. Keren Hasefer Vehallmoud, París, 1985, 80 pp. V. p. 26.

Cuando se utilizan términos concretos en referencia a Dios y sabemos que la razón afirma su incorporeidad, dicho pasaje no puede tomarse al pie de la letra. Pero, en otro ejemplo, si la razón no puede probar la eternidad del universo, entonces el texto será tomado literalmente. Esta flexibilidad permite una mayor amplitud de puntos de vista y anuncia la modernidad. Es de mencionar que ciertos pensadores cristianos, con Orígenes a la cabeza, aceptaron la posición maimonidiana de rechazo al significado literal de algunos aspectos del Antiguo Testamento, aunque la mayoría prefirió la posición contraria, basada en la perspectiva mimética griega. Erich Auerbach distingue el estilo griego del hebreo. A este último lo resume así: "realce de unas partes y oscurecimiento de otras, falta de conexión, efecto sugestivo de lo tácito, trasfondo, pluralidad de sentidos y necesidad de interpretación, pretensión de universalidad histórica, desarrollo de la representación del devenir histórico y ahondamiento en lo problemático".[5] Por eso Maimónides insiste en el desciframiento de lo inexpresado.

La exégesis de Maimónides tampoco sigue a Aristóteles en lo referente a la jerarquía de los seres, pues según el pensamiento rabínico, la interpretación es un proceso horizontal en el que coexisten simultáneamente muchos significados y no se pone un punto final a dichas interpretaciones ni se establecen distintos niveles, siendo ésta una de las diferencias fundamentales con el cristianismo, más cercano a la ontología griega. El cristianismo, al identificar objetos y signos, literaliza las metáforas. Maimónides menciona cómo la famosa sentencia: "mano por mano, ojo por ojo, diente por diente", nunca debería tomarse en sentido literal (como fue interpretada por cristianos y musulmanes), sino como una compensación de orden monetario.

Una de las diferencias fundamentales entre la cultura occidental y el judaísmo parte de la palabra *palabra*. *Ónoma* para los griegos es sinónimo de *nombre*, mientras que en hebreo *davar* no es sólo *palabra* sino también *cosa*. Esta unión entre palabra y cosa, habla y pensamiento, discurso y verdad, nunca existió en la cultura griega. Y de ahí proviene el gran abismo entre ambas culturas. El nombre, según el judaísmo, es el verdadero referente de la cosa, es su rasgo esencial, y no lo contrario, como en el helenismo. Por lo tanto, la pa-

[5] Erich Auerbach, *Mimesis. La representación de la realidad en la literatura occidental*. Tr. de I. Villanueva y E. Imaz. Fondo de Cultura Económica, México, 1950, 531 pp. (Lengua y Estudios Literarios). V. p. 29.

labra nunca será un signo arbitrario, sino que *connota acción, suceso, materia, proceso.* Para Susan Handelman: "La *palabra de Dios* es algo más que el acto de decir: es una fuerza creativa, un instrumento capaz de crear realidades, una concentración de poder y, en este sentido, una *cosa.* La palabra posee las propiedades de la realidad, y es en sí una sustancia palpable, pero no a la manera del ser griego."[6] De este modo, el cristianismo tomó del hebreo el concepto de palabra *sólo en su acepción de realidad esencial* y la combinó con los conceptos griegos de sustancia y ser, dando lugar a un nuevo concepto: el de la *encarnación.* Es decir: la palabra hecha carne, *cosa,* en su sentido literal. La realidad se convirtió en ser sustancial y no en un patrón verbal, como en el judaísmo. Frente al politeísmo griego, el pensamiento rabínico se caracteriza por una doctrina *polisémica,* basada en los múltiples significados que pueden ser descubiertos en cada palabra. Mientras la cultura griega es visual y estética, la judía es auditiva y ética. En el Talmud se establece que la Torá precedió a la creación del mundo: palabra y cosa se compenetran porque la realidad está inmersa en la verbalización divina. En cambio, en el cristianismo se materializan las imágenes y hasta se representan, lo que es concebido como muestra de idolatría desde la perspectiva judaica.

Maimónides expone el pensamiento rabínico en su aspecto multinterpretativo de la letra y de la palabra, con la capacidad para ir de lo literal a lo metafórico y viceversa, por medio de "una tensión dialéctica en la que no se cancelan ni lo uno ni lo otro".[7]

Entre el misticismo y la razón, Maimónides propone y desarrolla la teología negativa. Lo único que puede decirse de Dios en sentido afirmativo es que *Él es Él.* No puede ser caracterizado ni se le pueden otorgar atributos, porque se impugnaría su unidad (en oposición a la Trinidad cristiana, de origen aristotélico). Por lo tanto, desde el punto de vista filosófico, sólo se puede hablar negativamente de Dios: no es finito, no es compuesto, no es débil, no es ignorante. Incluso en el sentido de existencia, tal y como la conocemos, tenemos que afirmar que Dios no existe (puesto que *no* tiene *ni* principio *ni* fin). Afirmar lo que Dios *no* es evita conceptos falsos y abre el camino a la fe. Es así como Maimónides armoniza razón y fe.

---

[6] Susan A. Handelman, *The Slayers of Moses. The Emergence of Rabbinic Interpretation in Modern Literary Theory.* SUNY, Nueva York, 1982, 267 pp. (Modern Jewish Literature and Culture). V. p. 32.
[7] Susan A. Handelman, *op. cit.,* p. 107.

No se le pueden atribuir a Dios la ciencia, la vida, la gloria, la bondad, porque serían cualidades *agregadas* a su esencia. En Dios todo se confunde con su esencia y nada puede ser separado de Él. Es una absoluta Unidad. Si se señalan o mencionan sus atributos es por una necesidad del hombre para hacer inteligible el conocimiento y para proceder al análisis y a la comprensión. La diferencia entre atributos positivos y atributos negativos reside en que los primeros, según el filósofo cordobés, "indican siempre una parte de la cosa que se desea conocer, ya sea una parte de su sustancia, ya sea uno de sus accidentes; mientras que los atributos negativos nunca nos dejan saber, de ninguna manera, cuál es realmente la esencia que deseamos conocer[...]".[8] Este procedimiento conduce, además, a evitar la idea de multiplicidad en cuanto a la idea divina. De lo que se trata es de entender la Unidad como un todo compacto e inseparable, imposible de definir y abierto a la interpretación.

En cuanto a la concepción del Universo, *el Rambam* adopta la concepción aristotélica basada en una serie de esferas concéntricas, cada una con un alma y movida por una inteligencia separada. Estas inteligencias se convierten en sinónimo de los ángeles o intermediarios divinos de la tradición judaica. Acepta el número de nueve esferas y la décima es el Intelecto Activo.[9] Es relevante mencionar que *el Rambam* es de los escasos filósofos medievales que se opuso a la astrología, por su defensa de la razón.

De esta manera, entonces, es posible que el orden en la naturaleza sea: cuatro esferas, cuatro elementos movidos por ellas y cuatro fuerzas emanadas de ellas y que actúan en la naturaleza, en general, como lo hemos expuesto. Igualmente, las causas de todo movimiento de las esferas son en número de cuatro: la figura de la esfera —esto es, su esfericidad—, su alma, su intelecto por el que ella concibe, como lo hemos explicado, y la Inteligencia separada, objeto de su deseo. Es necesario que comprendas bien esto. He aquí la explicación: si ella no tuviera esa figura esférica, no sería posible que tuviese movimiento circular y continuo. Pues la continuidad del movimiento siempre repetido sólo es posible en el movimiento circular. El movimiento rectilíneo, al contrario, aun cuando la cosa movida volviera muchas veces sobre una sola y misma extensión, no podría ser continuo, pues entre dos movimientos opuestos hay siempre un reposo, como se ha demostrado donde correspondía. Está claro,

[8] Maurice-Ruben Hayoun, *op. cit.*, p. 44.
[9] Aristóteles divide el intelecto en dos partes: el *pasivo,* que es el que recibe la materia prima y las percepciones sensoriales; y el *activo,* que actúa sobre éstas para crear e interrelacionar ideas.

entonces, que es condición necesaria de la continuidad del movimiento que vuelve siempre sobre la misma extensión, que la cosa movida se mueva circularmente. Pero sólo el ser animado puede moverse; es necesario, entonces, que exista un alma en la esfera. También es indispensable que haya alguna cosa que invite al movimiento; es una concepción y el deseo de lo que ha sido concebido, como lo hemos dicho. Pero esto puede tener lugar únicamente por medio de un intelecto, porque no se trata acá de huir de lo que es adverso, ni de buscar lo que conviene. Finalmente, es necesario que exista un ser que haya sido concebido y que sea objeto del deseo, como lo hemos expuesto. Hay, por lo tanto, cuatro causas para el movimiento de la esfera celeste; y hay también cuatro especies de fuerzas generales descendidas de ella hacia nosotros, y que son: la fuerza que hace nacer los minerales, la del alma vegetativa, la del alma vital y la del alma racional, como lo hemos expuesto. Luego, si consideras las acciones de las fuerzas, encontrarás que son de dos especies: de hacer nacer todo lo que nace y de conservar la cosa nacida, es decir, de conservar su especie perpetuamente y de conservar los individuos durante cierto tiempo. Es esto lo que se entiende por naturaleza, de la que se dice que es sabia, que gobierna, que produce al animal por un arte parecido a la facultad artística del hombre, y que tiene el cuidado de conservarlo y perpetuarlo, produciendo, primeramente, fuerzas formadoras que son la causa de su existencia y, luego, facultades nutritivas que son la causa por la que dura y se conserva tanto tiempo como le es posible; en una palabra, ésa es la causa divina de la que provienen las dos acciones en cuestión, por intermedio de la esfera celeste.[10]

Es así como Maimónides o *el Español*, como se nombraba a veces a sí mismo, toma de los principios aristotélicos el de Dios como el Primer Móvil y aun sobrepasa esta noción para llegar a la de Dios como la Causa Final del Universo: origen, idea y movimiento de las esferas.

En cuanto al dilema de la vida después de la muerte, Maimónides se basa en que la mente es una potencia que hay que ir desarrollando a lo largo de la vida, por medio del aprendizaje y del estudio, para lo cual la memoria es una de las artes que hay que cultivar. Cuando el cuerpo muere, no es éste, ni los apetitos, ni las pasiones, ni los sentimientos lo que sobrevive, sino aquella porción de la mente que fue ejercitada con mayor intensidad. Esta porción será la que se una al Intelecto Activo y la que alcance la inmortalidad.

La resurrección del cuerpo, dogma cardinal en el judaísmo, no es tratada en la *Guía de los perplejos*, ya que no puede ser explicada

---

[10] Angelina Muñiz-Huberman, *La lengua florida*, pp. 49-50. *Cf.*, Moses Maimonides, *The Guide for the Perplexed*. 2a. ed. Tr. del texto original árabe M. Friedländer. Dover, Nueva York, 1956, 414 pp. V. pp. 165-166.

racionalmente. Sin embargo, en otros escritos maimonidianos se acepta como dogma de fe.

Cuando Maimónides trata el tema de la profecía lo relaciona con el Intelecto Activo. Compara a los profetas con los filósofos por su preocupación por la sabiduría y el aprendizaje. Aclara que los profetas desarrollan la facultad imaginativa, por lo cual sus enseñanzas se transmiten por el género literario o poético; mientras que los filósofos desarrollan la forma del raciocinio. Piensa que la inspiración profética proviene de un don divino y es diferente a la actividad filosófica. En el caso de Moisés, lo clasifica aún más alto que los profetas y deriva su inspiración no del Intelecto Activo, sino de una fuente divina directa. Moisés, por haber sido el transmisor de la Ley Divina, otorgó al judaísmo su carácter de única religión revelada.

El conocimiento último al que aspira el hombre es el conocimiento de Dios y éste se encuentra más allá del alcance de la razón. Actuar de acuerdo con el Intelecto Activo es lo que establece la unión con Dios. De la perfección, del conocimiento y de la piedad se deriva el deseo de Dios y su amor. Maimónides nunca dudó en situar la vida contemplativa en una esfera superior. Sin embargo, la separó del contexto mesiánico, propio del judaísmo, para insistir en la tendencia racionalista que le permitía armonizar la fe con la filosofía de su época. Cuando Maimónides trató en otras obras suyas el mesianismo, le dio un enfoque muy particular, poniendo de relieve no los signos cósmicos o los milagros que señalarían la aparición del Mesías, sino el carácter histórico y un nuevo aspecto de redención, desligado del tono apocalíptico.

INFLUENCIA DE LA *GUÍA DE LOS PERPLEJOS*

La influencia de la *Guía de los perplejos* se sintió con la misma fuerza tanto en el mundo del Islam y de la cristiandad como en el mundo judío. Los sabios mahometanos la estudiaban detenidamente y, por intermedio de las versiones latinas, se leía en las universidades de Montpellier y de Padua. Era frecuentemente citada en París por Alejandro de Hales y por Guillermo de Auvernia. San Alberto Magno la tomó como modelo en muchos motivos teológicos. Santo Tomás cita al Rabí Moisés innumerables veces, ya sea para afirmarlo ya sea para negarlo. Cuando los teólogos cristianos mencionan el uso de las letras y de las palabras a la manera hebrea, se trasluce el pensamiento maimonidiano. En el caso de Ramón Llull, es notorio. Su influencia llegó hasta Baruj Spinoza, en el siglo XVII, quien, aunque lo critica, asimiló de él algunas ideas sobre las profecías, los milagros y los atributos de Dios. En una frase lo alaba como "el primero que declaró abiertamente que las Escrituras deberían acomodarse a la razón".

Dentro del judaísmo, su importancia fue revolucionaria. A su muerte, se desató una polémica sobre sus ideas entre las comunidades del sur de Francia y las de Gerona, precisamente cuando la ortodoxia cristiana estaba empeñada en exterminar la herejía albigense. La lucha contra el racionalismo y la filosofía árabe en las comunidades cristianas provocó la misma reacción en las comunidades hebreas, tal vez por temor a la persecución. Las obras de Moisés Maimónides fueron anatematizadas en las comunidades judeoprovenzales, así como el estudio de la ciencia. Todo lo cual desató la indignación de las comunidades hispanohebreas de Zaragoza, Lérida y Gerona y éstas excomulgaron, a su vez, a los antirracionalistas. El colmo fue cuando la Inquisición de Montpellier intervino, en 1234, y organizó una quema pública de las obras del filósofo cordobés.

Dentro del mundo islámico, las ideas maimonidianas tuvieron una amplia aceptación, ya que existía la tradición del pensamiento aristotélico. Al-Farabi, Avicena y Averroes fueron los comentadores más destacados de las obras de Aristóteles. Asimismo, el mundo de la medicina y de la ciencia había sido preservado por su conocimiento y difusión de las obras de Hipócrates y de Galeno. Maimónides recogió estas fuentes y les dio la forma definitiva con que fueron incorporadas a la cultura europea. Su papel fue el de asimilar en un momento histórico decisivo la información científica, religiosa y filosófica, y darle la forma adecuada y específica que imprimió el carácter sincrético y genial a la totalidad de su obra.

LOS CABALISTAS Y MAIMÓNIDES

Entre los cabalistas de Gerona surgieron dos tendencias: *1)* La de los continuadores de una filosofía aristotélica platonizada con influencia de Maimónides que aceptaba la teoría de las esferas; *2)* La de quienes negaban el racionalismo. Estas dos posiciones se exacerbaron en el año de 1232. El enfrentamiento de fe y razón fue la clave de la polémica, aunque las fronteras entre las dos posiciones no se delimi-

taron con claridad a veces. Alrededor de treinta años antes, Sheshet de
Zaragoza había dirigido una epístola a los sabios de Lunel acerca de la
resurrección de los cuerpos en la que negaba dicha resurrección y se
inclinaba por una escatología espiritualizada, apartándose de los
cabalistas. Esta epístola proporciona una descripción muy detallada
de la atmósfera religiosa de la España del siglo XIII. Todros Abulafia de
Toledo y su hermano Yosef (padre del famoso cabalista Abraham
Abulafia) toman parte en la polémica. Aunque es difícil establecer
exactamente la posición entre cabalistas y racionalistas, hay un texto
de la escuela de Burgos que examina el dilema:

> No está en tus medios pesar los cimientos de la religión en la balanza de
> la razón[...]. Es preferible seguir las huellas de las visiones de los profetas
> y sus misterios, y creer en las palabras y en las adivinanzas [alegorías] de
> los sabios. Aun donde sus palabras estén cerradas y selladas, se hallan, sin
> embargo, inscritas en el texto de la verdad [es decir que, tal vez, deben
> ser entendidas cabalísticamente][...]. Porque todos sus caminos son
> caminos de belleza y sus discursos tienen un profundo significado, y qué
> otra cosa podemos hacer sino apoyarnos en los sabios de la Cábala cada
> vez que no entendemos la interpretación de sus palabras, lo mismo que
> un ciego se apoya en su lazarillo, que lo conduce por el camino correcto.
> Porque todas las plantas de los sabios de la Cábala son un sembrado de la
> verdad y no palabras vacías.[11]

Según iba caldeándose la polémica, intervino en ella el hijo de
Maimónides, Abraham ben Maimónides, quien contestó en varias
cartas y citó algunos de los fragmentos de los opositores. Uno de los
temas se refiere al modo de interpretar el lenguaje literal y el figurado, por ejemplo, en cuanto al antropomorfismo. Los cabalistas
provenzales empiezan a aceptar esta doctrina, a la cual *el Rambam* se
oponía, puesto que niega las bases del judaísmo. Pero algunos cabalistas proponen el aspecto esotérico que proporciona un nuevo sentido, a lo cual el hijo de Maimónides aduce que desconocen el verdadero sentido esotérico. De todos modos, la polémica es difícil de
seguir y no quedan claras las posiciones que se toman. Tal vez sería
más inteligible reducir la cuestión a que los filósofos y seguidores de
Maimónides se basaban en conceptos, y los místicos en símbolos.
Los maimonidianos proyectaban un cuadro contemplativo del
mundo, sustentado en la alegoría y la razón, donde todo tiene un
significado expresable. Los opositores, al proyectar su cuadro del

---

[11] Gershom Scholem, *Origins of the Kabbalah*, pp.405-406.

mundo lo hacían desde el punto de vista del simbolismo y de la irracionalidad, en cuyo caso el significado es inexpresable.

Los cabalistas seguidores de Maimónides, aunque parezca extraño, dejaban de lado el problema de la razón y se centraban en algunos aspectos donde pudiera haber afinidades. Tal es el caso de la *devekut* o comunión con Dios, considerada más importante que el estudio de los libros, mencionada por Maimónides. Lo mismo ocurre con la *kavaná* o intención mística o meditación que acompaña al acto ritual.

Aunque los centros rabínicos de Gerona, Burgos y Toledo se inclinaban por el racionalismo, hubo focos de índole conservadora que fueron apareciendo y que se extendieron a Zaragoza y Barcelona. Finalmente, la controversia sobre Maimónides se dilucidó en Provenza, como hemos mencionado.

IV. LA IDEA DEL EXILIO EN LA CÁBALA

El exilio es una forma histórica vigente desde la Antigüedad hasta nuestros días. El exilio es forma literaria, es forma imaginada y es forma de la memoria.

Es evidente que parte de una realidad, pero de inmediato corta su relación con lo real y pasa a ser asunto de ficción. La única manera de sobrevivir para el exiliado es haciendo uso y práctica de las formas mentales internas. Y esto fue algo que comprendieron e inauguraron los cabalistas.

Los primeros exiliados, Adán y Eva, crearon el modelo del paraíso perdido. Aquello que no podía ser comprobado se convirtió en ficción, en símbolo, en metáfora. La primera expresión literaria es la que narra la ruptura de la unidad: el hombre que abandona su condición divina no se repone de la separación y si acepta la muerte es porque anhela la reintegración en el todo abarcador.

Partir al exilio es partir a la muerte. Quien abandona el claustro materno inicia, en ese momento, su propia muerte: el viaje de tumba en tumba. Inicia la ficción de la vida. Semejante ficción sólo podía darse en la expresión literaria. En la descripción bíblica, el paraíso contiene todos los elementos de la palabra poética. Poesía y lenguaje forman una red tupida de significados y reglas. Las interpretaciones talmúdicas y cabalísticas del texto sagrado tratan, directamente, de la pureza lingüística del idioma hebreo. El nexo es inevitable y acentúa la interdependencia entre poesía, religión y manera de vida. En cambio, en el cristianismo esta relación no puede darse, ya que los libros sagrados dependen de la traducción. Las sutilezas del lenguaje original se convierten en un conducto y no en el mensaje real de Dios al hombre. El error y la incomprensión pueden ocurrir, porque el traductor no ha recibido la revelación.[1] La capacidad nominativa del lenguaje divino (el hebreo) y la simbo-

---

[1] Cf. el capítulo primero: "Language I", de Northrop Frye, en *The Great Code. The Bible and Literature*. Harcourt Brace Jovanovich, Nueva York, 1982, 261 pp. (A Harvest/HBJ Book.)

lización en la naturaleza (piedra, planta, animal, hombre) ponen de manifiesto el género poético. Se inaugura, de este modo, el abismo —o tal vez el vínculo— entre la realidad y la imaginación. El Árbol de la Vida y la Muerte, el Árbol del Bien y del Mal son la clave perpetua del hombre.

Adán y Eva, y con ellos todos los exiliados de la historia, cuentan con la memoria para mantener y fijar el ámbito desaparecido. Uno de los imperativos bíblicos es el de la memoria. La palabra *zajor* aparece no menos de ciento sesenta y nueve veces, referida tanto a Dios como al pueblo de Israel.[2] Un pueblo que sufre el exilio a lo largo de su historia depende de manera poderosa de su memoria. Es uno de los modos de su continuidad. Si la memoria quiere ser transmitida, debe contar, a su vez, con la capacidad relatora. Quien relata, conserva. Quien relata, inventa. Llega un momento en que el exiliado solamente inventa.

El primer exilio bíblico posee, sin embargo, una marcada diferencia con los exilios siguientes. Será el único de orden divino: definitivo e irreversible. La tragedia radica en la pérdida de la inmortalidad y en el olvido del conocimiento. Sólo por medio del sueño y de la memoria el hombre podrá atisbar el mundo perfecto que ha perdido. Por eso, el hombre reinicia el aprendizaje y el laborioso esfuerzo de la comprensión. El conocimiento se convierte en reconocimiento.

El primer exilio ocurre en una dimensión atemporal: si el hombre es inmortal, no conoce el tiempo ni siente la necesidad de medirlo. Cuando la pareja primigenia empieza a procrear, nace el concepto de tiempo. Con los hijos surgen las genealogías: se establece el

[2] Yosef Hayim Yerushalmi, *Zakhor. Jewish History and Jewish Memory.* 2a. ed. University of Washington, Seattle y Londres, 1983. 143 pp. V. pp. 5, 107. Algunas menciones sobre la memoria son las siguientes: "Acuérdate de los tiempos antiguos: considerad los años de generación y generación: pregunta a tu padre, que él te declarará; a tus viejos, y ellos te dirán." (Deuteronomio, 32:7.) "Acuérdate de estas cosas, oh Jacob, pues que tú mi siervo eres: Yo te formé; siervo mío eres tú: Israel, no me olvides." (Isaías, 44:21.) "Porque te olvidaste del Dios de tu salud y no te acordaste de la roca de tu fortaleza; por tanto plantarás plantas hermosas, y sembrarás sarmiento extraño." (Isaías, 17:10.) "Acuérdate de mi aflicción y de mi abatimiento, del ajenjo y de la hiel." (Lamentaciones, 3:19.) "Tendrálo aún en memoria mi alma, porque en mí está humillada." (Lamentaciones, 3:20). "¿Por qué te olvidarás para siempre de nosotros, y nos dejarás por largos días?" (Lamentaciones, 5:20.) "Pueblo mío, acuérdate ahora qué aconsejó Balac rey de Moab, y qué le contestó Balaam, hijo de Beor, desde Sittim hasta Gilgal, para que conozcas las justicias de Jehová." (Miqueas, 6:5.) Y, por último, la famosa sentencia, repetida cada año en la Pascua judía en el exilio: "Si me olvidare de ti, oh Jerusalén, mi diestra sea olvidada. Mi lengua se pegue a mi paladar, si de ti no me acordare; si no ensalzar a Jerusalén como preferente asunto de mi alegría." (Salmo 137:5,6.)

orden cronológico. Caín, el segundo exiliado, vaga por la Tierra como forma de castigo por el fratricidio cometido, que no es sino la comprobación del tiempo que se mide. Pero su relación con Dios es directa aún.

El exilio siguiente es el de orden temporal, decretado por hombres contra hombres. El pueblo judío lo conoce en varios momentos históricos: el babilónico, el romano, el español. Otorga significado palpable a la palabra diáspora. Es el exilio que condena a la separación del ámbito geográfico-sagrado, de lo familiar, de lo conocido, de lo terreno. El hombre que luchaba en su entorno y que hacía su aprendizaje, pierde también este afianzamiento y, desposeído, sale en busca de otro ambiente, de otra familiaridad, de nuevo aprendizaje y de nueva tierra. Se ve obligado a recomenzar el ciclo, a recorrer lo ya recorrido, a principiar lo ya principiado. Igualmente fuerza la memoria, reescribe la historia y reincide en la experiencia.

En ambos casos, el hombre se interroga y trata de explicar el sentido del exilio. La Cábala y las doctrinas cabalistas proponen diversas teorías.

LA *SHEJINÁ* O MORADA DE DIOS

De la riquísima variedad temática de la Cábala, uno de los aspectos más interesantes y de mayor alcance metafórico es el referente a la morada de Dios o *Shejiná*. Este concepto debe ser entendido en términos simbólicos. Los atributos y descripciones implican un proceso de codificación que permite interpretar de manera rápida y concentrada la numerosa serie de valores que pueden ser incorporados.[3] No hay que olvidar que cada fragmento o tema de la Torá está determinado por una unidad literaria básica. Aunque las historias se combinen en grupos y se repitan con variantes, estos grupos constituyen con frecuencia una sección o ciclo. Las unidades literarias se agrupan en varios niveles composicionales. "Así es necesario valorar primero los datos literarios de los niveles más elevados (el paso de 'historias' a 'libro') e integrarlos, después, en el nivel inmediato superior, que está regido por otra red de significados y otras reglas de juego. De este modo, podemos trabajar, paso a paso, sobre la

---

[3] Gershom Scholem, *On the Kabbalah and its Symbolism:* "El pensamiento discursivo de los cabalistas es un tipo de proceso asintótico: las formulaciones conceptuales son un intento de proveer una interpretación filosófica aproximada de infinitas imágenes simbólicas, y éstas deben ser interpretadas como abreviaciones de las series conceptuales." (p. 96.)

estructura jerárquica del texto, alternando continuamente análisis e integración."[4] Este sistema, empleado por Fokkelman en su estudio sobre el Éxodo, es casi un procedimiento cabalístico, en donde cada frase, cada palabra, cada letra, deben ser desentrañadas. Así, para el análisis de la *Shejiná* habrá que ir buscando sus diversas manifestaciones textuales para armar su compleja estructura.

Shejiná significa la morada interior de Dios en el mundo: la presencia divina, recóndita, que hay que llegar a descubrir. En este sentido, equivale a la décima *sefirá*, es decir, a *Maljut* o el reino de este mundo. Como concepto aparece desde la expulsión del Paraíso, en el momento en que el hombre corta su relación directa e inmediata con Dios. Lo que le queda es una especie de sombra o *Shejiná*, un espíritu santo, que aún lo mantiene unido a la divinidad. Pero, si no sabe retener esta potencia, que a la vez es tan sutil, puede caer en el pecado de olvido. Sin embargo, la verdadera proyección del concepto se entiende no sólo por el exilio paradisiaco, sino por el exilio histórico del pueblo de Israel. Pecado y exilio, aunque conceptos diferentes, con frecuencia se entremezclan y casi se identifican.

En las tradiciones talmúdica y rabínica no cabalistas, la *Shejiná* significa Dios mismo manifestado en su omnipresencia en el mundo. Esta omnipresencia divina también suele llamarse el rostro de Dios, entendiéndose que no representa una separación ni una hipóstasis de Dios como un todo. Pero en la tradición cabalista, aun en la más antigua, comenzando por el *Libro del Bahir*, la *Shejiná* es un aspecto de Dios, casi un elemento independiente dentro de la divinidad. Encarna el principio femenino: la madre, la esposa, la hija. Su desplazamiento hacia el exilio histórico fue la base de la popularidad que alcanzó y la seña del descubrimiento, por parte de los cabalistas, de impulsos religiosos primordiales —y míticos— aún latentes en el judaísmo. Fue éste uno de los temas más controvertidos frente a la ortodoxia rabínica. En cambio, para el pueblo significó un consuelo la idea de que parte de Dios mismo se desprendiera y lo acompañara en el exilio.[5]

Otra referencia establecida por esta nueva interpretación de la *Shejiná* es la de atribuirle la morada del alma. Nunca antes se había considerado que el lugar donde habitaba el alma fuera otro que el trono divino. La noción de que su residencia tomara el aspecto

---

[4] J. P. Fokkelman, "Exodus", en *The Literary Guide to the Bible*. Ed. Robert Alter y Frank Kermode. Belknap/Harvard, Cambridge, 1987, 678 pp. V. p. 58.

[5] *Cf.* Angelina Muñiz-Huberman, "La idea del exilio en la Cábala", en *Casa del tiempo*, Universidad Autónoma Metropolitana, México, VIII, 84, abril de 1989, pp. 2-6.

femenino de la divinidad muestra el alcance de las teorías cabalistas y lo innovador de su carácter.

La *Shejiná*, relacionada con el mundo femenino y con al alma, es una representación lunar y, como tal, está sujeta a cambios, fases y opuestos. Puede ser la parte iluminadora o la parte oscurecedora, la piedad o la severidad. En su forma más dramática y extrema es el Árbol de la Muerte. Aunque su manifestación primordial es la de Madre Originadora, sus aspectos contradictorios conforman un simbolismo fuertemente teñido de elementos míticos. En algunas versiones la *Shejiná* tiene su paralelo opuesto en la configuración de Lilit, madre del pueblo profano y regidora de lo impuro. La complejidad de su estructura dificulta la comprensión de su significado.

Los relatos cabalistas abundan en la imagen de la *Shejiná* que acompaña al pueblo de Israel como la reina o la princesa desterradas por el rey. La figura femenina comprende todas sus manifestaciones, desde la madre, la hija, la novia hasta la reina y la princesa. Encarna la sabiduría y está dispuesta a guiar al pueblo en sus andanzas. Como novia o *kalá* aparece en la ceremonia de recepción del sábado. Según una etimología mística equivale a la "consumación de todo" *(kelulá mi-ha-kol)*. En las nupcias sagradas del rey y la reina es ella quien bendice la unión. La *Shejiná* o presencia divina es parte de todo suceso de la vida comunitaria. Según Moisés de León (m. en 1305), cuando llegue el Juicio Final será la encargada de que el alma trascienda su envoltura terrenal y alcance la comunión con el mundo celestial al incorporarse en la mente divina.[6] En otros relatos del *Zóhar* o *Libro del esplendor* son los pecados los que conducen a la separación entre el rey y la reina o *Shejiná*. El destierro de esta última es la consecuencia metafísica de tales pecados.[7] En la versión popular se simboliza el matrimonio sagrado (entre el rey y la reina o Dios y la *Shejiná*) de acuerdo con las siguientes características, según Gershom Scholem:

Los actos humanos en la tierra reflejan o provocan sucesos en el mundo celestial, originando un interjuego que participa tanto de lo simbólico como de lo mágico. El peligro que existe en esta relación sería que la concepción del ceremonial religioso como un vehículo de los efectos de las fuerzas divinas, transformara en la práctica la perspectiva mística en una perspectiva mágica. De este modo, los efectos sociales de la Cábala sobre las costumbres populares judías pueden adquirir un grado de

[6] Gershom Scholem, *Kabbalah*. Keter, Jerusalén, 1988, 492 pp. (Library of Jewish Knowledge). V. p. 161.

[7] *Ibid.*, p. 164.

ambivalencia. Al mismo tiempo, surge una tendencia hacia la demonización de la vida, lo que en última instancia reduce la Cábala a un nivel de superstición popular que elimina su propia fuerza histórica.[8]

Puesto que pecado y exilio marchan juntos, el cabalista anhela expiar el pecado por medio del retorno al Paraíso o a la Tierra Santa, o bien por la reunión de la *Shejiná* con Dios. En el rezo sabático, el concepto de la *Shejiná* es parte del ceremonial de la recepción del séptimo día, el día que irradia luz para el resto de la semana. La imagen simbólica del matrimonio del rey y la reina es la manera como el cabalista se relaciona con la *Shejiná* en el sábado. Por eso el sábado es la novia a la que se le cantan salmos especiales. Estos salmos deben cantarse con los ojos cerrados, ya que la *Shejiná* se describe en el *Zóhar* como: "Una doncella que no tiene ojos y cuyo cuerpo se oculta y, sin embargo, se revela: se revela en la mañana y se oculta durante el día: ataviada de adornos que no existen."[9] Una hermosa doncella que no tiene ojos porque los ha perdido de tanto llorar en el exilio. Así, por la lectura sabática, la *Shejiná* puede identificarse también con la Torá o libro sagrado y con la tradición metafórica del Cantar de los Cantares.

Entre los himnos sabáticos que aluden a la imagen críptica de la *Shejiná* el siguiente, llamado *Lejá dodi* ("Ven, amado mío"), es uno de los más conocidos. Aunque aparece tardíamente en Safed, hacia el siglo XVI, recoge la tradición medieval de los cabalistas reforzada por la situación de los judíos de España que al ser expulsados en 1492 emprenden, de nuevo, otro exilio más. Tal parece que se hubiera creado un ritual para quienes aún continuaban en la diáspora.

LEJÁ DODI

Ven, amado mío, al encuentro de tu novia;
el *shabat*[10] aparece, salgamos a recibirlo.

Cuida y recuerda con una sola expresión
y háblanos de lo esencial: que Dios es uno
y su nombre es uno y por su nombre
serán la belleza y la gloria.

---

[8] *Ibid.*, p. 194.
[9] *Zóhar*, III, 95a.
[10] La palabra *shabat* (sábado) pertenece al género femenino en hebreo, por lo cual la equivalencia simbólica con *kalá* (novia), también femenina, es natural. Es decir, el sábado es la novia del creyente.

Ven, amado mío, al encuentro de tu novia;
el *shabat* aparece, salgamos a recibirlo.

Vayamos hacia el *shabat*,
pues es la fuente de la bendición:
desde el principio y desde la eternidad
hasta el fin de los tiempos
y en el pensamiento inicial.

El templo del rey se eleva en la ciudad regia.
Levántate y sal del caos:
ya es suficiente que hayas estado
en este valle de lágrimas
porque Él tendrá compasión de ti.

Ven, amado mío, al encuentro de tu novia;
el *shabat* aparece, salgamos a recibirlo.

Sacúdete el polvo y levántate.
Vístete con los trajes más bellos de mi pueblo
y acércate a Ben Isahai, el betlemita.

Ven, amado mío, al encuentro de tu novia;
el *shabat* aparece, salgamos a recibirlo.[11]

La recepción del sábado (*kabalat shabat*) comprende la idea de reunión, de reintegración de la *Shejiná* con Dios, de matrimonio sagrado. Pero, sobre todo, borra por unas horas la noción de exilio y el hombre vuelve a ser parte de la divinidad. Por unas horas, la meditación, la lectura de la Torá y de la Cábala serán la bendición, el puente que una al hombre con la esencia divina. En el sábado, el rezo y el pensamiento pueden devolver el Paraíso perdido. No hay que olvidar que el sábado en sí es un día exiliado, cuya repetición cíclica asegura al hombre la presencia de Dios. De ahí que sea el día místico por excelencia.

LAS VELAS NOCTURNAS

Otro modo de acortar el exilio es el de las vigilias nocturnas, dedicadas al estudio sagrado y a la recuperación de la *Shejiná* en su

---

[11] Fragmento tomado del libro de rezos *Majzor shaaré rajamim le Iom Kipur.* Impr. Venecia, México, 1984, 529 pp. V. pp. 34-35. *Cf.* Angelina Muñiz-Huberman, *Tierra adentro.* Joaquín Mortiz, México, 1977, 177 pp. (Serie del Volador). V. pp. 168-169.

aspecto de novia de Dios. El rito consiste en dividir la noche en tres guardias o velas en las que se entonan himnos y cánticos que deploran el exilio terrestre y el exilio divino. El ceremonial adquiere su forma definitiva con los cabalistas del círculo de Gerona, a mediados del siglo XIII.

Dentro de la fase nocturna, el símbolo de la *Shejiná* se traslada a la Luna que, en la etapa menguante, pierde parte de su unidad, desciende de las alturas y sin luz propia vaga en el gran cosmos. El símil inmediato corresponde a la situación del hombre sin tierra que vive en oscuridad y en vacío. Alrededor de las fases lunares se establecen determinadas prácticas que unen al hombre con la naturaleza y con la esencia divina. Los símiles con el exilio son aprovechados de inmediato y el consuelo que proporcionan provee al hombre desamparado una esperanza o una razón de acopio de fuerzas. De igual modo, la presencia del elemento femenino, como fuerza mítica, es relevante.

La división de la noche en guardias y la elaboración de himnos especiales de los cabalistas entronca con la tradición medieval cristiana de las canciones de vela. Julio Torri menciona los escasos vestigios que restan en lengua castellana y el hecho de que "en la latina se conserva una canción de vela, 'contruvada', hacia mediados del siglo X, cuando los húngaros asediaban a la ciudad italiana de Módena", que debió ser "una exhortación de los clérigos a los soldados que defendían las murallas".[12] En la literatura castellana del siglo XIII contamos con el ejemplo clásico de la cantiga de vela de Gonzalo de Berceo que aparece en el *Planto o Duelo que fizo la Virgen el día de la passión de su fijo Jesu Christo*. El *¡Eya velar!* es un canto popular dirigido a los soldados que cuidan el sepulcro de Jesucristo. Menéndez y Pelayo lo denomina "cantarcillo de judíos". Los primeros versos dicen así:

> ¡Eya velar, eya velar, eya velar
> Velat aljama de los judíos
> ¡eya velar!

---

[12] Julio Torri, "Epílogo", en Luis Rius, *Canciones de vela*. Segrel, México, 1951, 84 pp. Dicho texto latino es el siguiente:

> *O tu qui servas armis ista moenia,*
> *nolite dormire, moneo, sed vigila:*
> *dum Hector vigil exstitit in Troja,*
> *non eam cepit fraudulenta Graecia...* [p. 80]

que non vos furten el Fijo de Dios
¡eya velar![13]

A diferencia de otras interpretaciones de este canto de vela y, sobre
todo, de la de Leo Spitzer, lo que me interesa destacar es la asociación
del tema de la vela con la aljama de los judíos. En este caso, la asociación del cristiano podría referirse no sólo al aspecto religioso o de
denigración para el pueblo de Israel, sino al hecho de que el estudio
de la Cábala se efectuara durante las divisiones nocturnas en velas.
Probablemente Gonzalo de Berceo, también dado a la meditación
nocturna, conocía esta antigua costumbre. La tradición se remonta
tanto a la de los guardianes del Templo de Jerusalén como a la mención bíblica de la división de la noche en tres partes, cada una llamada *ashmoret*. La primera *ashmoret* se extendía hasta las diez de la noche,
la segunda hasta las dos de la madrugada y la tercera hasta la salida
del Sol. Otra manera de dividir era en cuatro partes, cada una de tres
horas. En Éxodo 14:24 se menciona la vela de la mañana *(ashmoret
haboker)*: "Y aconteció a la vela de la mañana que Jehová miró al
campo de los egipcios desde la columna de fuego y nube."
La *Shejiná* se manifiesta en cada vela. Muestra la morada de Dios y
su constante presencia para el hombre devoto que cuida al pueblo de
Israel. Si bien participa de una concepción mística en los escritos
cabalistas, es aceptada, de inmediato, en un vívido contexto popular.
Se trata de una imagen enraizada tanto en el pensamiento abstracto
como en el funcionamiento práctico de la vida: los cabalistas llegaron
a denominarse a sí mismos, "miembros de la *Shejiná*". Su constante
flexibilidad y adaptabilidad a las circunstancias históricas como concepto, hace de ella una fuente inacabable de exégesis. Pero, sobre
todo, es dadora de expresión lingüística y de creación poética. Sus
posibilidades interpretativas siguen existiendo.

La transmigración o *gilgul*

La imagen del horror del exilio desarrolló la doctrina de la metempsicosis o *gilgul*, que adquirió gran popularidad a partir de la expulsión de España. El alma exiliada atravesaba por distintos estados,
desde su marginación hasta su desnudez, y describía los azares de todo

---

[13] El cantarcillo completo se encuentra en Leo Spitzer, "Sobre la cántica 'Eya
velar' de Berceo", en *Nueva revista de filología hispánica*, IV, 1950, pp. 50-56.

el pueblo expulsado. La falta de una tierra o de un hogar se convirtió en la falta de Dios y, por lo tanto, en la pérdida de la espiritualidad y de la moralidad. De ahí que la Ley fuera imprescindible para recuperar el orden y poder, de algún modo, destruir la fuerza negativa del exilio.[14]

La idea del *gilgul* o transmigración del alma se desarrolla intensamente con las teorías cabalistas de Isaac Luria en la escuela de Safed, durante el siglo XVI. La realidad del exilio, junto con la traslación del cuerpo, conduce a la idea de que también el alma se desplaza. Así, el alma exiliada, en busca de un plano de elevación, parte de la expulsión del Paraíso, de la Caída. Si Adán encarna todas las almas de la humanidad, encarna también la posibilidad de la transmigración. Sin embargo, quien ha sabido cultivar una vida sin pecados no pasa por el proceso del *gilgul* y espera el momento de su incorporación en el alma de Adán. En cualquier caso, se trata de aplicar la idea del exilio a los viajes del alma.[15]

En la literatura española del siglo XVII hay un autor de sumo interés para este tema. Antonio Enríquez Gómez, también llamado Enrique Enríquez de Paz, elabora parte de su obra de acuerdo con temas del exilio y de los antiguos cabalistas. Antonio Enríquez, segoviano, de familia de conversos portugueses, es perseguido por la Inquisición por su relación con judaizantes. Escapa de España y llega a Francia donde obtiene un puesto en la corte de Luis XIII. Después se refugia en Amsterdam, acogido por la comunidad sefardí. Al enterarse de que había sido quemado en efigie en Sevilla, exclama: "Ahí me las den todas." Su estilo irónico le permite burlarse de la escolástica, censurar la Inquisición y seguir el modelo de la novela picaresca para criticar, entre otras cosas, la limpieza de sangre y el sentido del honor. En su *Vida de don Gregorio Guadaña*, que forma parte del libro llamado *El siglo pitagórico*, utiliza el tema de la metempsicosis, tomado tanto de teorías herméticas y neoplatónicas como de conocimientos que, acaso, pudiera haber tenido acerca de textos cabalistas. "Basándose en la fábula de la transmigración, refiere las transformaciones de un alma que encarna sucesivamente en diferentes cuerpos pertenecientes a distintos estados sociales, de lo cual se vale para trazar una alegoría de intención satírica."[16] El tema del exilio es presente y agudo tanto en su obra

[14] Gershom Scholem, *Major Trends in Jewish Mysticism*, p. 250.
[15] *Ibid.*, pp. 280-284.
[16] Juan Luis Alborg, *Historia de la literatura española. Época barroca*. 2a. ed. con índice de nombres y obras. Vol. II, Gredos, Madrid, 1974. V. pp. 491-492.

poética como en la narrativa. En uno de sus poemas sobre la salida de España, refleja la misma tristeza y los mismos temas de la poesía sefardí que ha llegado hasta nuestros días:

DEJÉ MI ALBERGUE

Dejé mi albergue, tierno y regalado,
y dejé con mi alma mi albedrío,
pues todo en tierra ajena me ha faltado.

Hablaba el idioma siempre grave,
adornado de nobles oradores,
siendo su acento para mí sŭave.

Eran mis penas, por mi bien, menores;
que la patria ¡divina compañía!,
siempre vuelve los males en favores.

Ave mi patria fue, ¿mas quién dijera
que el nido de mi alma le faltara,
y que las alas de mi amor perdiera?

Si pérdida tan grande se alcanzara
con suspiros, con lágrimas y penas,
con mi sangre otra vez la conquistara.

Mas, ¡ay de mí!, que en la extranjera llama
aún no soy mariposa, que muriendo
goza la luz de lo que adora y ama.[17]

EL MESIANISMO

El mesianismo es un fenómeno profundamente ligado a la idea del exilio. Al revivirse la sensación de fin de los tiempos y principio de una era nueva, el Mesías es el intermediario que propicia la salvación. Ante la pérdida de la estabilidad y del asentamiento que durante siglos había gozado la comunidad hispanohebrea, los místicos e iluminados surgen con el tinte del mesianismo y ofrecen al pueblo la recuperación de la fe y la posibilidad de llenar el vacío. La materia apocalíptica es

---

[17] *La novela picaresca española.* 2a. ed. Estudio prel., selec. y notas por Ángel Valbuena Prat. Aguilar, Madrid, 1946, 2051 pp. V. p. 1680.

equiparada con un proceso cosmológico que recuperara espacios del alma divina y del alma individual. De nuevo, el hombre separado puede aspirar a una unión de esencias y a una integración de pasado y futuro, aunque en un presente incierto y peligroso. Al mismo tiempo, recobra y define con precisión el sentido de responsabilidad y de dignidad, borrando la seña ignominiosa del exilio.

Concebido de esta manera, el exilio forma parte del proceso de la creación, lo que constituye la originalidad del pensamiento cabalista. Si el exilio sobrepasa la idea de ser una prueba o un castigo del hombre, se convierte, entonces, en una misión que cumplir. El propósito de esta misión es liberar el alma humana de sus ataduras terrenas, elevarla a la luz divina e integrarla en el todo cósmico. Abarca, además, la idea de redención, pues el pueblo desterrado y lanzado en todas direcciones aspira al perfeccionamiento del alma entre cada uno de los seres. La idea del mesianismo se traslada de un solo ser —el Mesías— al pueblo de Israel en su totalidad. Cada hombre debe salvarse a sí y a su prójimo. El exilio se transforma en un rayo de luz que muestra las fuentes ocultas de la sustancia vital de la creación.[18]

El mesianismo se vio reforzado por la expulsión de los judíos de España en 1492. El movimiento cabalista recogió la inquietud de los hispanohebreos de que se acercaba el fin de los tiempos y de que advendría la salvación. El hecho de la expulsión se consideraba como la primera muestra de que era inminente la llegada del Mesías y de que una catástrofe de tal magnitud sólo podría ser de índole apocalíptica, con su consecuente redención. Que la expulsión de España ocurriera en la misma fecha de la destrucción del segundo Templo de Jerusalén, el 9 del mes de *av*, reforzaba aún más el sentido de la catástrofe.[19] Ésta es la explicación de por qué entre 1492 y 1540, aproximadamente, proliferan los movimientos mesiánicos en las comunidades sefardíes.

El movimiento mesiánico de una generación después de la expulsión de España está representado por el cabalista Abraham ben Eliezer ha-Leví. Según sus estudios y basado en la tradición hebrea, la redención se había iniciado en 1492 y la fecha final acaecería en 1531. Aunque en fecha posterior, el caso de la familia Carvajal, en el México colonial, responde a estas mismas inquietudes. Luis de

[18] Gershom Scholem, *The Messianic Idea in Judaism and Other Essays on Jewish Spirituality*, Schocken, Nueva York, 1971, 376 pp. (Religión). Cf. pp. 37-48.
[19] Según una antigua leyenda judía, el nacimiento del Mesías habrá de tener lugar el 9 de *av*, la misma fecha de la destrucción del Templo de Jerusalén.

Carvajal *el Mozo,* podría describirse como un visionario o profeta, "ebrio de Dios", según Seymour B. Liebman,[20] o como una especie de Mesías que soñaba con seres celestiales.

ISAAC LURIA: EL EXILIO Y EL MESIANISMO

Otro gran cabalista obsesionado por el exilio español, Isaac Luria (1534-1572), concibe en Safed nuevas ideas sobre el exilio y el mesianismo. Para Luria el exilio era una marca no sólo del pueblo de Israel, sino del Unniverso en su totalidad y hasta de Dios mismo. Su sistema se basa en tres conceptos primordiales: la limitación o *tsimtsum,* la destrucción o *shevirá* y la reparación o *tikún.* El primer concepto se refiere al apartamiento de Dios al realizar la creación: es decir, Dios se ocultó para dar lugar a la creación. Se exilió de Sí mismo en un infinito más concentrado. El segundo concepto explica cómo las emanaciones divinas *(sefirot)* deberían contenerse en recipientes que fueran rotos por la propia potencia de la luz de Dios. Y el tercero es la corrección armónica de la ruptura anterior. Los tres conceptos están ligados a la idea del exilio en donde Dios se ha alejado, se han roto las ataduras (los recipientes o vasijas) y posteriormente ocurrirá la reparación o redención.

> Desde un punto de vista histórico, el mito de Luria constituye una respuesta a la expulsión de los judíos de España, un suceso que, más que cualquier otro en la historia judía, hasta la catástrofe de nuestra época, dio prioridad a la pregunta: el porqué del exilio de los judíos y cuál es su vocación en el mundo. Esta pregunta, la pregunta del significado de la experiencia histórica de los judíos en el exilio, es planteada aquí [en la filosofía de Luria] aún más profunda y fundamentalmente que en el *Zóhar.* Es el meollo de las nuevas concepciones que son la esencia del sistema de Luria.[21]

La concepción cabalista de Isaac Luria puede considerarse como una filosofía mítica del exilio y de la salvación, de fin de los tiempos y de la redención. Su vitalidad y la enorme influencia que ejerció sobre el pueblo judío, así como el consuelo y esperanza que proveía, derivados de una experiencia histórica recién sufrida, explican su ascendiente sobre varias generaciones.

[20] Seymour B. Liebman, *Los judíos en México y América Central. Fe, llamas, Inquisición.* Siglo XXI, México, 1971. 481 pp. V. p. 192.
[21] Gershom Scholem, *On the Kabbalah and its Symbolism,* p. 110.

EXILIO Y LENGUAJE

La experiencia del exilio puede reflejarse también en el lenguaje. El idioma propio, entre los otros idiomas de las tierras extrañas, sufre, de igual modo, desplazamiento y se preserva en formas de una lenta evolución o de una reservada idealización. Esto fue lo que ocurrió con el idioma español que llevaron consigo al exilio los judíos sefardíes. (Y previa y paralelamente, lo que había ocurrido con el idioma hebreo.) Y lo que sigue ocurriendo con cualquier exilio moderno. Así, el lenguaje pasa a ser la esencia del Universo, como lo había sido en el Génesis por su calidad nominativa.

Sin embargo, para ciertos cabalistas, el exilio lingüístico es de otro orden y está relacionado con el misticismo. Partiendo de uno de los propósitos fundamentales del estudio de la Cábala, la búsqueda del verdadero nombre de Dios y la interpretación del tetragrámaton (las cuatro letras hebreas de la raíz divina), se expone la teoría de que dicho tetragrámaton también ha sido desgarrado por el exilio.

Natán de Gaza, el profeta y colaborador de Shabetai Tseví (1626-1676),[22] explica cómo las cuatro letras YHVH (Yavé o Jehová) han sido divididas al partir el pueblo de Israel al exilio. Las dos primeras letras, YH (*yod, hei*), son la esencia de Dios, y las dos siguientes, VH (*vav, hei*), representan la emanación divina *Maljut* (el reino) o la *Shejiná*. Al desprenderse esta última, no queda sino redimir el exilio para poder recobrar el nombre de Dios. Es decir, la recuperación de la unidad lingüística. Esta división será borrada en la época mesiánica cuando, de nuevo, la palabra divina sea una y el tetragrámaton simbolice la unión perfecta e indisoluble de Dios y su *Shejiná* para nunca más separarse. En otras palabras, cuando se consuma el matrimonio alquímico o *hieros gamos*.

El método cabalista aplicado al desarrollo de la lingüística que emplea Natán de Gaza no tiene fin, y cada nueva combinación de letras o frases va volviendo más complejo el mensaje y sus implicaciones. Así, el nombre de Dios, impronunciable (YHVH) como es, puede alterar el orden de sus letras y dar lugar a nuevas palabras e interpretaciones. La luz divina refleja cada una de las letras, de manera que la Causa de las Causas se hace presente en la revelación de las palabras nuevas que van siendo creadas. Se confirma, de este modo, el carácter sagrado de la lengua hebrea. Sin embargo, y esto

---

[22] Shabetai Tseví, quien se proclamó Mesías, había nacido un 9 de *av* y murió en *Iom Kipur* (Día del Perdón).

es algo peculiar de la herencia sefardí, el idioma español también alcanza un grado de sacralidad, y la conservación del romancero se logra por este proceso de simbolización cabalista. Esto explica por qué Shabetai Tseví incorpora al ritual cabalista el romance de "La linda Melisenda", cuya primera mención fue hecha por Ramón Menéndez Pidal en 1948:

> Los romances al servicio del fervor religioso nos dan una nota interesante. Se trata de los cantos religiosos del judío español Sabbatai Ceví *[sic]*, falso Mesías, cuya acción proselitista, comenzada en Esmirna, su patria, el año 1648, y propagada desde 1651 a Salónica, Constantinopla, El Cairo y Jerusalén, conmovió a todo el pueblo judaico. Sabbatai solía alternar con el canto de los salmos las canciones profanas vueltas a lo divino, ejerciendo fuerte impresión sobre sus oyentes, al favor siempre de su hermosa voz y de su hermosa presencia. Un pastor protestante holandés, que se hallaba en Esmirna en 1667, refiere que aquel Mesías entonaba, con alusiones místicas al Cantar de los Cantares, cierta canción amorosa española, de la cual da, traducidos al holandés, doce versos:[23]

> > Subiendo a un monte,
> > bajando por un valle,
> > me encontré a Meliselda,
> > la hija del emperador,
> > que venía del baño
> > de lavar sus cabellos.
> > Su rostro era resplandeciente
> > como una espada,
> > sus pestañas como un arco de acero,
> > sus labios como corales,
> > su carne como leche.[23]

[23] Ramón Menéndez Pidal, *De primitiva lírica española y antigua épica*. 2a. ed. Espasa-Calpe, Madrid, 1968, 154 pp. (Austral, 1051). V. p. 93. Menéndez Pidal incluye algunas de las versiones modernas de este romance recogidas en Salónica, Constantinopla, Sofía y Jerusalén. *Cf.* otra versión en Angelina Muñiz-Huberman, *La Lengua florida*. Universidad Nacional Autónoma de México y Fondo de Cultura Económica, México, 1989, 302 pp. (Lengua y Estudios Literarios). V. p. 94:

> Esta noche, mis compañeros,
> durmí con una doncella,
> que en los días de mis días
> no topí otra como ella.
> Melisenda tiene por nombre,
> Melisenda galana y bella.
> A la bajada de un río
> y a la subida de un vado,
> encontrí con Melisenda,

Para los cabalistas seguidores de Shabetai Tseví, Melisenda podía compararse con la *Shejiná*, según la tradición de feminizar la morada de Dios, y la figura del emperador representar a la divinidad. El resto de la transcripción mística sigue el código metafórico del Cantar de los Cantares, en donde se establece un diálogo amoroso entre Dios y el pueblo de Israel.

Es indudable que si el exilio se relaciona con algún aspecto mental del hombre es con la memoria y con la imaginación. La memoria oral y la memoria escrita se proyectan en otra memoria: la imaginaria. La imaginaria es tan poderosa que puede llegar a desarrollar un nuevo aspecto de la historia. Puede recrear la historia y los mundos metafóricos, y dar lugar a una metafísica congruente y mesiánica. Sólo así, repito, se entiende la aparición cuantiosa de neoprofetas, a raíz de la expulsión de España y de la reelaboración de los más complejos símbolos y teorías cabalistas. La Torá, como un libro abierto que mantiene sus dos versiones, la oral y la escrita, los conceptos de Dios y de pueblo, lo específico y lo general, lo obvio y lo sutil, lo directo y lo hermético, es, para los cabalistas, fuente inagotable de consuelo en el exilio.

El exilio como forma de origen histórico y de expresión lingüística desarrolla textos en los que la condición imaginativa se pone a prueba y por su carácter hagádico (narrativo) impulsa la manifestación literaria: imagen, metáfora y símbolo son sus alambiques sublimadores.

> la hija del imperante,
> que venía de los baños,
> de los baños de la mare,
> de lavarse y entrenzarse,
> y de mudarse una camisa.
> Ansí traía su cuerpo
> como la nieve sin pisare;
> la su cara corelada
> como la leche y la sangre;
> los sus cabellicos rubios
> parecen sirma de labrare;
> la su frente reluciente
> parece espejo de mirares;
> la su cejica enarcada,
> arcos ya son de tirares;
> la su nariz empendolada,
> pendolica de notares;
> los muxos corelados,
> merjanicos de filares;
> los sus dientes chiquiticos,
> perla de enfilares.

V. 1492: LA CÁBALA FUERA DE ESPAÑA

LA RUPTURA DE 1492

EN EL capítulo LIV de la Segunda Parte de *El ingenioso hidalgo Don Quijote de la Mancha,* se lee lo siguiente:

—Bien sabes, ¡oh Sancho Panza, vecino y amigo mío!, cómo el pregón y bando que Su Majestad mandó publicar contra los de mi nación *puso terror y espanto en todos nosotros;* a lo menos en mí lo puso de suerte, que me parece que antes del tiempo que se nos concedía para que hiciésemos ausencia de España, ya tenía el rigor de la pena ejecutado en mi persona y en la de mis hijos. Ordené, pues, a mi parecer, como prudente, bien así como el que sabe que para tal tiempo le han de quitar la casa donde vive y se provee de otra donde mudarse; ordené, digo, de salir yo solo, sin mi familia, de mi pueblo, y ir a buscar donde llevarla con comodidad y sin la priesa con que los demás salieron; porque bien vi, y vieron todos nuestros ancianos, que aquellos pregones no eran sólo amenazas, como algunos decían, sino verdaderas leyes, que se habían de poner en ejecución a su determinado tiempo; y forzábame a creer esta verdad saber yo los ruines y disparatados intentos que los nuestros tenían, y tales, que me parece que fue inspiración divina la que movió a Su Majestad a poner en efecto tan gallarda resolución, no porque todos fuésemos culpados, que algunos había cristianos firmes y verdaderos; pero eran tan pocos, que no se podían oponer a los que no lo eran, y no era bien criar la sierpe en el seno, teniendo los enemigos dentro de casa. Finalmente, con justa razón fuimos castigados con la pena del destierro, blanda y suave, al parecer de algunos, pero al nuestro, *la más terrible que se nos podía dar. Doquiera que estamos lloramos por España; que, en fin, nacimos en ella y es nuestra patria natural;* en ninguna parte hallamos el acogimiento que nuestra desventura desea, y en Berbería, y en todas partes de África donde esperábamos ser recebidos, acogidos y regalados, allí es donde más nos ofenden y maltratan. *No hemos conocido el bien hasta que le hemos perdido; y es el deseo tan grande que casi todos tenemos de volver a España, que los más de aquellos, y son muchos, que saben la lengua como yo, se vuelven a ella, y dejan allá a sus mujeres y a sus hijos desamparados; tanto es el amor que la tienen; y agora conozco y experimento lo que suele decirse: que es dulce el amor a la patria.*[1]

[1] Miguel de Cervantes Saavedra, *Don Quijote de la Mancha.* Texto y notas de Martín de Riquer. Vol. II. Segunda parte. Juventud, Barcelona, 1967. V. pp. 932-933. (Las cursivas son de la autora, salvo que se indique lo contrario.)

Estas palabras, puestas en boca de Ricote, personaje que se hace pasar por morisco, pueden muy bien referirse a la situación de los hispanohebreos expulsados en 1492.[2] Nunca un hecho histórico conmovió a un pueblo de una manera tal. Casi catorce siglos de permanencia en España fueron arrancados de cuajo y uno de los pueblos hispánicos, tan arraigado como el cristiano, fue enviado al destierro sin que le quedara claro el porqué. Si Maimónides se firma *el Español*, si todo el pueblo judío de España se denomina hasta la fecha "sefardí", si su lengua es el judeoespañol, ¿cómo su patria dejaba de ser España? En época de tolerancia esto no hubiera causado conflicto y su identidad hubiera sido la de españoles de religión judía. Ya un rey español se había enorgullecido de serlo de tres religiones. Pero como la historia no es asunto lógico, ni se caracteriza por la justicia o la tolerancia, las cosas no ocurrieron así. Los judíos expulsados de España partieron al nuevo exilio con lo mejor de su tierra: la lengua. Esta lengua, que yo he denominado florida, y que para ellos tuvo el equivalente de santa, a la par de la hebrea. Lengua, por lo tanto, para hablar de Dios y con Dios.

La conservación de la lengua española por los judíos sefardíes es un fenómeno único en su especie. Es una constancia de identidad: es la forma de ser reconocido y de establecer un hogar en cualquier parte del mundo: el hogar del idioma que, en tierra extraña, proporciona el calor de compartir una profunda manera de ser, de existir, de vivir. Los cantos, los poemas, la literatura, la filosofía, la ética y el habla cotidiana, todo se expresa de la misma manera. Y el ritual y el vestuario y el ritmo y el modo de andar, todo responde a los sonidos de la lengua materna. Lengua que, en el exilio, es consuelo único.

> A ti lengua santa,
> a ti te adoro,
> más que toda plata,
> más que todo oro.
> Tú sos la más linda
> de todo lenguaje;
> a ti dan las ciencias
> todo el avantage.
> Con ti nos rogamos
> al Dio de la altura,

---

[2] El juego cronológico que pretende Cervantes (los moriscos fueron expulsados más de un siglo después), le permite aludir de manera ambigua a la dolorosa situación de todo desterrado.

Padrón del Universo
y de la natura.
Si mi pueblo santo
él fue captivado
con ti mi querida
él fue consolado.[3]

Para los judíos asentados en España, el éxodo era un tema de la
Biblia y, aunque pudiera pensarse en un eventual regreso a la Tierra
Santa, también España era tierra de promisión. Por eso, cuando
vivieron y revivieron en carne propia la nueva diáspora, las manifestaciones espirituales y místicas se exacerbaron. La tradición cabalista, que venía desde el siglo XIII, encontró nuevos cauces para
explicar e interpretar un hecho de tal magnitud. Así fue como se
acudió a la imagen de la morada de Dios o *Shejiná* como un aspecto
de la divinidad que se desprendía de ella y acompañaba al pueblo de
Israel en su destierro. Así se desarrollaron el nuevo mesianismo y el
neoprofetismo. Los cabalistas adaptaron sus enseñanzas a los tiempos y crearon teorías místicas que trataban de explicar la expulsión.
De entre ellos he escogido a tres, por representar corrientes distintas: Yosef Caro, Isaac Luria y Shabetai Tseví.

YOSEF CARO ENTRE DOS CIUDADES MÁGICAS: TOLEDO Y SAFED

El destino puede regir la vida de los hombres en torno de los
lugares que habitan. Un paisaje, una montaña, un desierto, el mar,
el reflejo solar sobre las piedras de una ciudad, para un poeta o para
un místico son el marco ideal en el cual imaginar el mundo cargado
de significados que les es propio.

La primera tierra o el lugar de origen, aun abandonados en la
infancia, aun relegados por el exilio, siguen siendo ansiados y busca-
dos por las almas nostálgicas. Los peregrinajes y el destierro conducen al final al punto de partida. El círculo se cierra: de Toledo a
Safed, Yosef Caro completa su historia.

Nace Yosef Caro en 1488, según la tradición más aceptada, en
Toledo, ciudad de las cortes de los reyes, de la sabiduría de Alfonso
X y de su Escuela de Traductores; de las transmutaciones de los

---

[3] Antiguo poema sefardí recogido en Angelina Muñiz-Huberman, *La lengua florida*,
p. 8.

alquimistas y del agua límpida del Tajo. Enclavada en lo alto de la montaña, para Góngora, precipitante se viene abajo. Para Garcilaso, evoca el dulce lamento de pastores. En ella, el infante don Juan Manuel sitúa la historia de don Illán, el gran maestro nigromántico. Rabelais denomina a su personaje Picatris, "rector de la Facultad Diabológica de Toledo". El Greco la escoge como su morada. Toledo es la capital mágica de España. Como lo es Safed en la Tierra Santa, donde muere Yosef Caro en 1575.

El fin del siglo XV es un momento histórico decisivo en la vida política, religiosa, social y cultural de España. Es también un momento importante en la vida de las comunidades hispanohebreas. Sin embargo, el desarrollo de los sucesos será totalmente opuesto en ambos casos. Para España significará el surgimiento del concepto de nacionalidad, el afianzamiento de la religión cristiana y la hegemonía política del reino de Castilla. Para las comunidades hispanohebreas será el principio del fin: la fecha de 1492 marca una nueva diáspora aciaga para el pueblo judío: la expulsión de tierras de Sefarad o, en su defecto, la conversión al cristianismo. Ya un siglo antes, en 1391, la matanza de judíos sevillanos, azuzada por el arcediano Ferrán Martínez, fue el primer aviso de que las condiciones de vida del hispanohebreo estaban condenadas a un cambio radical y sumamente peligroso.

Los judíos habían habitado en el territorio ibérico, según hallazgos arqueológicos, desde los siglos I o II de nuestra era.[4] Pero su antigüedad provenía de épocas más remotas, como se esforzaron en afirmar muchos conversos para probar así su inocencia en la muerte de Cristo. Pretendían ser descendientes de los viajeros de la famosa nave de Tharsis del rey Salomón que establecieron colonias en la costa levantina.

Para los judíos, los casi catorce siglos de permanencia en Sefarad no podían borrarse fácilmente. Habían creado, por primera vez en la historia de la diáspora, una literatura, una filosofía, una ciencia, una arquitectura tan propias y originales que, el periodo de los siglos X al XIII, fue llamado Época de Oro. Los hispanohebreos no sólo destacaron en cultura, sino que llegaron a ser importantes personajes dentro del gobierno de los reinos, como consejeros, ministros o embajadores. En un periodo en que la historia de España

---

[4] Son varias las lápidas judías y otros restos datados entre los siglos I y IV. El sarcófago de Tarragona con las inscripciones trilingües (latín, griego y hebreo) y los símbolos judíos grabados, también de esa fecha, indican la existencia de una comunidad bien establecida.

se caracterizó por la convivencia de tres pueblos y de tres religiones,[5] el papel del judío fue el del intermediario cultural y diplomático. La Escuela de Traductores de Toledo no podría haber existido sin la presencia de los sabios judíos que, junto con sus colaboradores árabes, nos dieron obras vertidas al castellano como el *Calila e Dimna*, el *Sendebar*, las *Antigüedades judías* de Flavio Josefo.

La primitiva lírica española confirmó su anterioridad sobre el resto de las líricas europeas por la conservación de las jarchas en los textos de poetas como Josef *el Escriba,* Yehudá ha-Leví, Moshé ibn Ezra, Shmuel ibn Nagrella y otros. Esta tradición lírica continuó y desembocó en la obra de Sem Tob, de Carrión, iniciador de la poesía lírica moderna española. Pero la manifestación más original del pensamiento hebreo fue la Cábala. Es larga la lista de los cabalistas sefardíes, con la obra del *Zóhar* o *Libro del esplendor* a la cabeza. Entre ellos, Yosef Caro imprimió un cariz especial al movimiento místico que fundó.

Son pocos y oscuros los datos sobre su vida. De origen toledano, lo más probable es que, después del edicto de expulsión contra los judíos en 1492, su familia partiera a Portugal y que de allí iniciara el éxodo por varios países de la cuenca mediterránea. Hacia 1537 se considera que Yosef Caro ya estaba establecido en Safed y que su reputación se había extendido por las academias rabínicas de Oriente y de Occidente.

De Toledo a Safed: dos extremos del mapa y, sin embargo, dos ciudades hermanas, dos ciudades místicas. En el siglo XVI, Safed era una ciudad de intensa vida espiritual y de contemplación mágica. Al igual que Toledo, enclavada en lo alto de la montaña, el aire la purifica y el misterio la rodea. Safed, ciudad que será famosa en todo el Oriente por el oficio de los hilados y teñidos de lana que llevaron consigo las familias españolas.[6]

Safed se convierte en el lugar de la ascesis: punto de reunión de los cabalistas emigrados de España y, entre ellos, Yosef Caro es el centro. Sus enseñanzas marcan las vías del proceso místico. La revelación divina está asociada a varios temas:[7]

1) La aparición del profeta Elías como maestro celestial e iniciador de los ritos. Acude para resolver dudas o para señalar el camino

[5] Los árabes invadieron la península ibérica en 711 y fueron derrotados precisamente en 1492.

[6] Sobre la vida en Safed, consúltese Angelina Muñiz-Huberman, *Tierra adentro.* Mortiz, México, 1977, 177 pp. (Serie del Volador). V. pp.173-177.

[7] R. J. Zwi Werblowsky, *Joseph Karo. Lawyer and Mystic.* Oxford University, Londres, 1962, 315 pp. (Scripta Judaica, IV). *Cf.* pp. 40 y *ss.*

del conocimiento y de la ley. Considerado el Hermes de los cabalistas, se presenta como la autoridad para discutir sobre problemas exegéticos.

2) El sueño como fuente de revelación. La visiones y los sonidos durante el trance onírico recalcan la experiencia mística: aclaran o explican lo que no puede ser comprendido durante la vigilia. Algunas obras místicas son verdaderos diarios de sueños. El propio Yosef Caro inspiró sueños que fueron muy apreciados por sus discípulos y seguidores de la Academia de Safed.

El sueño puede ser inducido, como medio semimágico de plantear preguntas. Incluso existen fórmulas dirigidas al Ángel de los Sueños para pedirle una seña que permita resolver la duda. Las fórmulas se escriben en un trozo de papel que se coloca debajo de la almohada al ir a dormir y que suelen estar redactadas como la siguiente:

> Ángel de los Sueños: Me dirijo a ti en el Nombre [de Dios], grande, todopoderoso y temible para que me visites esta noche y contestes mi pregunta y petición, ya sea por medio de un sueño, de una visión, de un versículo de las Escrituras, de una palabra o de un escrito, de tal modo que no lo olvide [al despertar]. Amén.[8]

3) Otro procedimiento peculiar y de carácter menos mágico es el de elaborar formas discursivas y especulativas sin un esfuerzo o pensamiento consciente. Esta técnica podría llamarse de "pensamiento automático". Para vaciar la mente de todo pensamiento, Moisés *el Cordobero* recomienda efectuar caminatas, de preferencia descalzo, por la Galilea y los campos alrededor de Safed. A estas deambulaciones se las suele comparar con el exilio de la *Shejiná* o porción que se desprende de Dios. Luego de la larga caminata, se elevan oraciones en algún lugar sagrado y, por último, se dejan fluir libremente los pensamientos que van surgiendo. Esta técnica puede compararse a la de la "escritura automática" de Santa Teresa, cuando explica que su mano es guiada por Dios y que ella solamente deposita en el papel la revelación recibida.

Es indudable que estas técnicas para la experiencia mística siguen el procedimiento neoplatónico de ascenso del alma por medio de la purificación de la materia y de las pasiones. La actitud contemplativa culmina en la comunión del intelecto humano con el Intelecto Activo de Dios. La profecía es, por lo tanto, la máxima realización

[8] *Ibid.,* pp. 47-48.

del "intelecto adquirido". Sin embargo, hay que advertir que la
filosofía judía de la Edad Media, bajo la influencia de Maimónides,
borra la distinción entre profecía y vida contemplativa. Se funden en
una sola actitud y son inseparables. No ocurre así con el pensamiento
de Santo Tomás, donde profecía y contemplación no convergen. Así,
el misticismo judío, más que un estado de éxtasis o de comunión, se
convierte en un asunto de "conocimiento" que debe ser comunicado.
La transformación cabalista del siglo XVI consistió en agregar el elemento "mágico", sobre todo en los textos de la escuela de Safed.

Yosef Caro y los cabalistas safedianos vivieron un momento
histórico de gran espiritualidad, marcada por el ascetismo y la escatología. La expulsión de España, como ya hemos mencionado, fue
un hecho tan desgarrador que sólo podía ser atenuado un poco por
la experiencia mística. Fue entonces cuando se descubrió un nuevo
modo de entender la salvación, poniendo de relieve no al individuo
sino a la comunidad. La comunidad entera salió al exilio, pero no
fue sola; una parte de Dios, la *Shejiná*, la acompañó, con lo cual el
pueblo recibió el regalo "más dulce que la miel" de su presencia.
Así, la presencia de Dios fue la comunión o la devoción *(devekut)* y la
fidelidad no sólo del individuo, sino de la comunidad entera. Por lo
mismo, se tenía la sensación de estar viviendo un momento histórico apocalíptico o de fin de los tiempos.

Las vías de purificación o *scala contemplationis* para alcanzar la
presencia de Dios o su comunión *(devekut)*, fueron establecidas en
Safed por Jaim Vital:

1) Purificación ascética y santificación.

2) Meditación espiritual, alejada de todo pensamiento material o
de sensaciones corporales, que desemboque en el vacío mental. Sin
embargo, no se oblitera la capacidad imaginativa, sino que se ejerci-
ta en asuntos elevados.

3) Ascenso imaginativo del alma hacia su fuente originadora en el
mundo superior. Jaim Vital adapta el pensamiento de Maimónides
en cuanto a la profecía, por lo cual el ascenso meditativo tiene lugar
sólo en la imaginación: "hasta que la imagen alcanza su más alta
fuente y ahí rayos de luces se imprimen en su mente como *si los
imaginara y viera de la misma manera en que su facultad imaginativa normal le representa cuadros de contenido mental tomados del mundo*".[9] Este
ascenso meditativo logra los mismos efectos del alma que escapa del
cuerpo hacia el cielo.

[9] *Ibid.*, pp. 69-70.

4) Contemplación de las diez *sefirot* o emanaciones divinas y de la luz que reflejan. Una vez que se lleva a cabo el ascenso meditativo de una en otra escala, la raíz del alma se sumerge en el mundo divino y se concentra en la luz de las *sefirot*. Luego, se trata de hacer descender la luz sobre el alma racional y, por medio de la imaginación, se la sigue haciendo descender hasta el alma animal, donde todas las cosas se representan por los sentidos internos o externos de la facultad imaginativa.

Siguiendo las vías de purificación anteriores se logra la comunión con Dios y se establece el vínculo profético. Otro medio que coadyuva al proceso, y no extraña en este ambiente místico-mágico, es la aparición de ángeles. Hay cierto tipo de ángel llamado *maguid*, creado por el hombre devoto, que es su guía y que le revela los misterios. Sin embargo, dentro de la angelología pertenece a un grupo muy especial: no se trata del ángel conocido como mensajero celestial, sino que proviene de la palabra emitida y de las acciones piadosas. Nace de las palabras de la Torá y es una especie de hipóstasis de la moral y del grado espiritual alcanzado por el hombre. Por lo tanto, su creación y presencia dependen totalmente de la conducta y del lenguaje humanos. Equivale a la capacidad angélica que cada hombre puede llevar en sí y que, de manera voluntaria, desarrolla o no. La creación del *maguid* es una prueba más del carácter intelectual del misticismo judío y de su honda relación con la ética y la lingüística.

Dentro de la obra mística de Yosef Caro, el *maguid* ocupa un lugar primordial. Es el medio por el cual se le revelan los misterios cabalísticos. Una vez que el ángel o *maguid* penetra el alma y el cuerpo, se emiten palabras de sabiduría, dando lugar a la revelación. Cuando el ángel parte, ocurre la comprensión del mensaje o iluminación. Quien acoge al *maguid* es como si hubiera descubierto en sí la verdad oculta: las ideas se aclaran, el pensamiento se ordena. El maguidismo no es solamente un fenómeno de éxtasis ocasional o de estado de trance: pueden escribirse libros enteros o tratados cabalistas bajo su influencia. La obra de Yosef Caro, *Maguid mesharim*, puede considerarse de esta categoría, ya que le ha sido dictada por el espíritu que lo visita en la madrugada y que le pone palabras en su boca. Él mismo lo describe así:

Es el sábado en la noche[...]. He comido y bebido un poco. He estudiado la *Mishná* [10] al principio de la noche y me he dormido hasta el amanecer.

[10] *Mishná Torá* es el compendio de la totalidad de la Ley oral, obra de Maimónides.

Cuando desperté el sol ya brillaba y me he entristecido, diciéndome: por qué no me desperté cuando aún era de noche para que el habla me llegara como de costumbre. Entonces he empezado a recitar de la *Mishná* y al terminar de leer cinco capítulos, "la voz de mi amado me ha tocado"[11] la boca sonando y hablándome.[12]

El nuevo ángel se aparece después del estudio de la Ley y del cumplimiento de los diez mandamientos. Pero si los mandamientos no son cumplidos a la perfección, entonces el ángel que se aparece estará compuesto de bien y de mal, de verdad y de falsedad. De ahí que sea una criatura del hombre capaz de revelarle misterios. Sin embargo, se trata de un ángel diferente de los ángeles celestiales, puesto que en la revelación los agentes son independientes del hombre y no creados por él.

Nos encontramos ante el hecho de que el hombre adquiere una potencia y un significado extraordinarios, basados en su comportamiento. Al mismo tiempo, este mensaje se transmite por palabras y éstas connotan la más extrema responsabilidad: son palabras que han sido escogidas y no dejadas al azar. De nuevo, la lengua ocupa el lugar sagrado:

Expliquemos ahora el asunto de la profecía y del espíritu santo[…]. *Es imposible* que algo proveniente de la boca del hombre sea en vano y no hay nada que sea completamente inefectivo[…] porque *cada palabra que es emitida crea un ángel[…].* En consecuencia, *cuando un hombre lleva una vida recta y piadosa, estudia la Ley, reza con devoción, entonces los ángeles y los espíritus santos surgen de los sonidos que pronuncia[…]* y estos ángeles son el misterio de los *maguidim* y *todo depende de la medida de nuestras buenas obras.*[13]

Estos ángeles que no son perfectos, pues han sido creados por el hombre, fluctúan entre lo cierto y lo incierto. Su rango y su dignidad dependen de la calidad de la acción humana. Sus características pueden variar según la teoría específica de cada cabalista. Moisés *el Cordobero* les atribuye un tipo de discurso automático que es articulado por boca del hombre piadoso.

Aunque Yosef Caro eligió la teoría de los ángeles como el centro de su obra y sus propias experiencias no dejan de ser sorprendentes, lo interesante, en su caso, es cómo supo equilibrar sus experiencias

---

[11] *Cf.*, Cantar de los Cantares, 1,2.
[12] Z. Werblowsky, *op. cit.*, p. 259.
[13] *Ibid.*, p. 78.

místicas con su comportamiento como erudito bíblico y con la redacción de obras primordiales para el judaísmo. El *Shuljánaruj (La mesa puesta)* es el epítome de las doctrinas judías y una de las obras más populares hasta el presente, que otorgó unidad a las leyes y rituales que se habían multiplicado divergentemente. Fue también una obra producto del exilio, que unificaba y proporcionaba identidad a las comunidades judías dispersas por el mundo. Su valor social —dejando a un lado la Biblia, el Talmud y el Libro de Rezos— ha sido incalculable en la historia judía. Por si fuera poco, en el *Diario* de Yosef Caro está recogida su vida espiritual que sirve de ejemplo de la profunda actividad mística general del momento histórico que vive. Su pensamiento representa la etapa final de los movimientos cabalistas previos a Isaac Luria y a Shabetai Tseví.

Isaac Luria

El mundo de la imaginación rige la breve vida de Isaac Luria (1534-1572) hasta tal punto que no se preocupó por sistematizar o dejar por escrito sus teorías. Sin embargo, su influencia fue una de las más poderosas. Sus discípulos se encargaron de difundir y de redactar su pensamiento, basándose en las conversaciones que sostuvieron con él. Su seguidor más importante, Jaim Vital (1543-1620), recogió las ideas principales en cinco volúmenes llamados *Las ocho puertas (Shemoná shearim)*. Por él sabemos cómo la mente de Isaac Luria era la de un visionario. Cómo los laberintos del mundo oculto del misticismo le eran tan familiares como las calles de Safed. Cómo su mirada penetraba cualquier objeto y lo animaba de sentido, sin que hiciera distinción entre la vida orgánica y la inorgánica, porque para él las almas estaban presentes en todas partes. En los paseos con sus discípulos por los campos de Safed solía tener visiones en las que hablaba con los sabios del pasado, parado ante sus tumbas. El mundo literario y el *Zóhar* se los imaginaba como reales y creía con absoluta piedad en sus páginas. Rechazaba, en cambio, los escritos basados en las percepciones humanas y en los hechos de la inteligencia.

Aunque Jaim Vital recogió de inmediato las enseñanzas de Luria, no se cuenta entre sus difusores activos, pues prefirió guardar el secreto. Incluso no permitió publicar en vida sus obras. Sin embargo, copias clandestinas de éstas circulaban en Safed. Quien fue el propagador del lurianismo fue otro cabalista, Israel Sarug, poseedor de alguna de esas copias clandestinas, lo que le permitió hacerse pasar por discípulo de Luria. Dotado de una gran originalidad intelectual, se consideraba más empapado de las doctrinas luriánicas que los propios discípulos y supo innovarlas. Proveyó una base filosófica neoplatónica, lo que no existía en el lurianismo original y alcanzó gran popularidad en Italia entre 1592 y 1598.

Un seguidor de Sarug, el sefardí Abraham Cohen Herrera, de Florencia, fue el único cabalista que escribió sus obras en español y una versión latina compendiada permitió la difusión del lurianismo en el mundo cristiano. De este modo, se difundieron las versiones en Italia, Holanda, Alemania y Polonia desde el siglo XVII y aún eran muy populares en el XVIII.

La doctrina de Isaac Luria se basa, de manera general, en tres conceptos clave: el *tsimtsum* (contracción de Dios), la *shevirat hakelim* (ruptura de los recipientes) y el *tikún* (corrección armónica después de la ruptura).[14]

La doctrina del *tsimtsum* se menciona brevemente en antiguos tratados y no aparece en el *Zóhar*. Es, por lo tanto, la gran contribución de Isaac Luria. Sobre todo por el sesgo que le da a su interpretación. La palabra se refiere a un suceso cósmico y originalmente significaba una proyección o emanación de Dios hacia fuera. Luria invirtió este concepto y lo presenta como una concentración de Dios hacia dentro. Es decir, *tsimtsum* no es la concentración de Dios en un punto, sino su alejamiento de ese punto; por lo cual la existencia del Universo es un proceso de "encogimiento" en Dios. No es el Dios que se comunica o se revela. Es el Dios que contrae su esencia y se retrae en un proceso de involución. Al ocurrir esta involución queda un espacio primordial o pleroma pleno de su esencia y equivale a una forma de exilio divino; por eso puede ser considerado también como una forma de amor. En este espacio o pleroma que estaba habitado por la luz de Dios tienen lugar sucesos de carácter intradivino: surgen los arquetipos de todo ser, las formas, las estructuras determinadas por las *sefirot*, el hombre primordial *(Adam Kadmón)*, las manifestaciones del Dios creador. Pero este proceso de encogimiento no ocurre una sola vez sino que es continuo. Cada nuevo acto de creación o de manifestación implica la concentración

---

[14] Para la explicación de esta doctrina, seguiré las ideas de Gershom Scholem según sus obras *Major Trends in Jewish Mysticism* (pp. 244-286) y *On the Kabbalah and its Symbolism* (pp. 109-117).

y la involución. Es decir, el proceso cósmico es doble: el retiro de la luz de Dios a su interior y la luz que emana de él al exterior. Como ocurre con la respiración, compuesta de dos procesos inseparables: inspiración y expiración. Estas ideas están relacionadas con otras doctrinas filosóficas como las que expone Platón en el *Timeo* y con las de origen gnóstico que aparecen en el *Libro del gran logos*.

El siguiente aporte teosófico de Luria es el de la ruptura de los recipientes o *shevirat ha-kelim* y la corrección armónica de dicha ruptura o *tikún*. En el espacio de luz creado por la involución de Dios *(tsimtsum)*, *Adam Kadmón* es el primer ser que emana de la luz. Es, por lo tanto, la forma más elevada en que se manifiesta la divinidad después del *tsimtsum*: es el hombre primordial. Las luces de las *sefirot* emanan de sus ojos, boca, nariz y oídos. Al principio, estas luces se fundían en la totalidad de las *sefirot*, por eso no necesitaban recipientes que las contuvieran. Pero luego, las luces de los ojos de *Adam Kadmón* se reflejaban en todas direcciones y cada *sefirá* se convertía en un punto aislado. Nada permanecía en su lugar, y desde entonces, cada ser es un ser en exilio, por lo cual fue necesario contener las *sefirot* en recipientes. Sin embargo, ocurrió la primera ruptura al penetrar la luz en los recipientes y de ahí pasó a toda la creación que se caracteriza siempre por tener alguna falla, ruptura o algo sin terminar. Fue así como penetró el mal en el mundo.

Al romperse los recipientes de las *sefirot* debería corregirse el error para restituir la armonía. La restauración *(tikún)* provino de las luces que surgían de la frente de *Adam Kadmón*. Este proceso cosmológico simboliza la falla de todo ser creado y la necesidad de enmienda. Connota la salvación, que no es sino la restitución o reintegración en el todo.

El cabalismo luriánico profundizó en el aspecto mítico del exilio y de la salvación, afianzando los lazos históricos del pueblo judío y ofreciendo un consuelo cuya influencia se sintió durante varias generaciones.

SHABETAI TSEVÍ

El terreno ya estaba preparado para la llegada de una figura como la de Shabetai Tseví. Las circunstancias histórico-místicas por la salida de España y el desarrollo de las teorías cabalistas sólo necesitaban un precipitante que llevara a un éxtasis colectivo. Tal fue el caso de los sucesos que provocó Shabetai Tseví. Su historia sigue siendo controvertida, pero es indudable que se trató de un iluminado de alcances insospechados. Es tan subyugante su vida y hechos que Gershom Scholem le dedicó su obra magna, *Shabatai Tzvi, el mesías místico*,[15] en donde afirma que el shabetaísmo fue el movimiento mesiánico más importante dentro del judaísmo, después de la destrucción del segundo Templo.

Shabetai Tseví había nacido en 1626 en Esmirna, el 9 del mes de *av*, fecha de la destrucción del Templo de Jerusalén y de la expulsión de España, en día sábado, de ahí su nombre. Fecha teológica, pues según una tradición rabínica el 9 de *av* habría de nacer el Mesías. Desde su nacimiento se habían conjugado ciertos elementos que lo marcarían como persona especial. Aunque su vida se desarrolló en ambiente sefardí, no hay constancia de que su familia proviniera de España. El apellido Tseví no es de origen hispanohebreo, en cambio, el apellido materno se desconoce y sólo se sabe que su madre se llamaba Clara. La familia había emigrado de Grecia a Turquía, lo cual no indica por fuerza origen sefardí. Sin embargo, tampoco ha sido comprobado que fuera *ashkenazi* o alemán. Se sabe que hablaba varios idiomas y entre ellos el ladino, e incorpora en el ritual un romance español. Pero, no importa cuál fuera su origen, la identificación con las comunidades sefardíes es absoluta.

Su obra no puede separarse de la figura de Natán de Gaza, quien se nombró su profeta y fue el alma del movimiento. Natán de Gaza, un joven de veinte años cuando conoce a Shabetai Tseví, dotado de un temperamento entusiasta y brillante, ve en él al Mesías. En 1665, aunque ya en algunas ocasiones Shabetai se nombraba a sí mismo el Mesías, aún era desconocido entre el pueblo. Natán será quien organice el movimiento y lo conduzca a su culminación. El carácter enfermizo, melancólico y maniaco-depresivo de Shabetai, con periodos de exaltación y periodos de pasividad, hubiera imposibilitado una acción de la trascendencia que emprendió, en cambio, su profeta Natán. Un seguidor y colaborador, Samuel Gandor, empleó estas palabras para describirlo:

Se dice que Shabetai Tseví ha estado doblegado durante quince años por la siguiente aflicción: le persigue un sentido de depresión que no le deja un momento tranquilo y ni siquiera le permite leer, sin que sea capaz de decir a qué se debe su tristeza. Permanece así hasta que la depresión se

[15] Gershom Scholem, *Sabbatai Tsevi. Le Messie Mystique. 1626-1676*. Tr. del inglés Marie-José Jolivet y Alexis Nouss, Verdier, París, 1983, 975 pp. (Les Dix Paroles.)

aleja de su espíritu y entonces retoma con gran alegría sus estudios. Ha sufrido esta enfermedad por muchos años y ningún médico ha podido encontrar el remedio. Es uno de esos sufrimientos que son infligidos por el cielo.[16]

Sus estados alternantes entre "iluminaciones y caídas", como el propio Shabetai los designa, afectan no sólo su carácter, sino su concepción religiosa. Bajo la influencia de los ataques maniaco-depresivos es capaz de cometer actos contra la religión y de caer en antinomias que, después, él mismo no sabe por qué los cometió. Estos actos son considerados por sus seguidores "actos extraños o paradójicos" *(maasim zarim)*. Durante ellos es visitado por ángeles o por demonios, se le aparece la *Shejiná* o tiene visiones eróticas, viola la ley y sufre tentaciones. Se aparta de la comunidad y se interna en el desierto para hacer penitencia. Se debate en periodos de oscuridad y periodos de claridad. Quizá su única constante fuera su gusto por la música y su especial dote de cantor. Cuando se encontraba preso en la fortaleza de Gallípoli se rodeó de músicos y entonaba salmos y romances españoles. Su versión e interpretación del romance de "La bella Melisenda" conmovía a los oyentes y se incorporó al ritual sefardí.[17]

Shabetai Tseví no dejó escritos, pero su doctrina fue recogida por sus seguidores y sus enseñanzas transmitidas fielmente. Su verdadera originalidad consistió en los actos de antinomia que cometía durante los estados de exaltación que, sin embargo, los consideraba como actos sacramentales; por lo que su enfrentamiento con la ortodoxia rabínica fue inmediato. Natán de Gaza descubrió esta ley que gobernaba su temperamento y la formuló en términos conscientes y coherentes, dando lugar al movimiento shabetiano.

En su estado de iluminación [Shabetai] era el arquetipo viviente de la paradoja del pecador santo, y muy bien pudiera ser que, sin que él fuera capaz de expresarlo, la violación de la ley sagrada se le convirtiera, en esos momentos de exaltación, en la imagen del *tikún* [restauración armónica]. Y esto y nada más es la verdadera herencia de Shabetai Tseví: el carácter casi sacramental de los actos antinómicos, que tomaron la forma de ritual, permanecieron como un *shibolet* del movimiento hasta en sus brotes más radicales. En su estado "normal" el shabetaísmo no es otra cosa sino una antinomia. La ejecución de tales actos era un rito, un

[16] Gershom Scholem, *Major Trends in Jewish Mysticism*, pp. 290-291.
[17] Véase el capítulo IV "La idea del exilio en la Cábala", *supra.*

acto festivo de un individuo o de un grupo, fuera de lo ordinario, sumamente perturbador y nacido de la más profunda agitación de las fuerzas
emotivas.[18]

Natán de Gaza (1644-1680), joven estudiante del Talmud, había
conocido a Shabetai Tseví durante la permanencia de éste en
Jerusalén en 1662 y, probablemente, recibió una impresión
imborrable. Varios años después relató en una carta cómo se sintió
llamado a ser profeta:

Estudié la Torá en pureza hasta la edad de veinte años y cumplí con el
gran *tikún* que Isaac Luria prescribe a quien ha cometido grandes faltas.
Aunque, loado sea Dios, yo no he cometido advertidamente ningún pecado, lo cumplí en caso de que mi alma estuviera manchada en algún
estado anterior de la transmigración. Cuando alcancé la edad de veinte
años empecé a estudiar el *Zóhar* y algunos de los escritos de Luria. Pero
como quien se purifica a sí mismo recibe la ayuda del cielo, Él me envió
algunos de Sus santos ángeles y espíritus benditos y me reveló muchos de
los misterios de la Torá. En ese mismo año, fortalecido por las visiones de los
ángeles y de las almas benditas, me sometí a un largo ayuno en la semana
siguiente a la fiesta de *Purim*. Luego de haberme encerrado, en santidad
y en pureza, en un cuarto apartado, al terminar de entonar el rezo ma-
tutino y cubierto de lágrimas, el espíritu me visitó, el pelo se me erizó,
mis rodillas temblaban y veía la *mercabá* [carroza divina] e imágenes de
Dios todo el día y toda la noche. Se me concedió la verdadera profecía
como a cualquier otro profeta, cuando la voz me habló y comenzó con
estas palabras: "Así habla el Señor." Con la mayor de las claridades mi
corazón supo hacia quién se dirigía mi profecía [hacia Shabetai Tseví], y
hasta esta fecha no he vuelto a tener una visión tan grande, pero permanecía oculta en mi corazón hasta que el Salvador no se revelara en
Gaza y se proclamara el Mesías. Sólo entonces, el ángel me permitió
declarar mi visión.[19]

Y a continuación ocurrió el hecho más interesante en la historia
de Shabetai Tseví, quien se encontraba entonces en Egipto y supo
por una carta de su amigo Samuel Gandor que un iluminado
proclamaba el secreto de su alma y sufría por él. Así que abandonó
su labor en Egipto y se trasladó a Gaza para ayudar al iluminado a
encontrar la paz. Esto quiere decir que la razón por la que Shabetai
fue a visitar a Natán era para ayudarle a encontrar la paz y no como
el Mesías o porque se hubiera puesto de acuerdo con él. Por una

---

[18] Gershom Scholem, *Major Trends in Jewish Mysticism*, pp. 293-294.
[19] *Ibid.*, pp. 294-295.

carta de Salomón Laniado se sabe que, en esa época, Shabetai atravesaba por uno de sus periodos de normalidad y que se sentía arrepentido de sus transgresiones. Al visitar a Natán y pasar varias semanas juntos peregrinando por los lugares santos, finalmente fue convencido por el joven iluminado de que él era el Mesías. De este modo, Natán se convirtió en su profeta, dotado de las cualidades que le faltaban a Shabetai: actividad infatigable, originalidad teológica y habilidad literaria. Lo proclamó Mesías en 1665 y encabezó el movimiento. Posteriormente, Abraham Miguel Cardozo, de origen marrano,[20] sería el otro gran teólogo del shabetaísmo.

Natán de Gaza, en su *Tratado de los dragones (Derush ha-taninim)*, describe los estados depresivos de Shabetai y trata de interpretarlos de acuerdo con la Cábala. En este tratado escrito durante el encarcelamiento de Shabetai en Gallípoli, antes de la apostasía, no aparecen rasgos de herejía mística, y guarda relación con el cabalismo luriánico. Incorpora la teoría de las serpientes o dragones como fuerzas del mal que luchan contra el alma del Mesías o "serpiente santa". Equipara el valor numérico en hebreo de *najash* (serpiente) y *mashiaj* (mesías). El Mesías se encuentra encerrado en el reino del mal y la impureza (sus estados maniaco-depresivos y sus actos paradójicos), que debe ser transformado. En esta primera doctrina, Natán establece las bases para lo que, después de la apostasía, será la herejía mística.

Gershom Scholem afirma que el shabetaísmo

representa la primera rebelión seria dentro del judaísmo desde la Edad Media; fue el primer caso en que las ideas místicas condujeron directamente a la desintegración del judaísmo ortodoxo de "los creyentes". Su misticismo herético produjo una explosión de tendencias nihilistas más o menos veladas entre algunos de sus seguidores. Por último, alentó un ambiente de anarquismo religioso sobre una base mística que, donde coincidió con circunstancias externas favorables, tuvo un papel importantísimo en la creación de una atmósfera moral e intelectual propicia para el movimiento reformista del siglo XIX.[21]

Algo semejante ocurrió con el cristianismo que, a raíz de los movimientos místicos y esotéricos, despertó el racionalismo del siglo XVIII, como ha demostrado Frances A. Yates en los casos de Inglaterra y Alemania.

[20] Se denomina "marrano" al judío sefardí converso que continúa practicando su religión en secreto.
[21] Gershom Scholem, *Major Trends in Jewish Mysticism*, p. 299.

En el momento en que Shabetai Tseví es encarcelado a su llegada a Esmirna en 1666 por el temor de que el entusiasmo que provocaba entre las masas estallara en una rebelión contra el poder turco, los hechos empiezan a desencadenarse de una manera rápida e imprevisible. Se le traslada a la fortaleza de Gallípoli y todos temen por su vida. La comunidad judía logra hacerle llevadero su encarcelamiento obteniendo ciertas comodidades para él y le envía frecuentes visitantes. De pronto, ocurre lo inesperado. Shabetai Tseví anuncia que va a convertirse al islamismo. Son muchas y contradictorias las versiones de qué lo mueve a hacerlo. Pero, en lugar de que el movimiento pierda fuerza en ese instante, adquiere su carácter de herejía mística y sigue adelante cobrando adeptos. Desde luego que, entre la ortodoxia, se convierte en un movimiento perverso y anatematizado del que se tratan de borrar todas las huellas, tanto de los dirigentes como de la doctrina en sí.

Fueron varios los factores que contribuyeron al éxito de este nuevo misticismo. La expulsión de España fue el detonante que dio lugar al conflicto del exilio en su doble faceta de salvación en el caso personal y en el histórico. La gran disyuntiva que se establece es cómo explicar la experiencia interna frente a la realidad externa que ya no funciona como símbolo. La idea de la Cábala tradicional era interpretar el mundo exterior como un símbolo de la vida interior. Cuando esto ya no puede explicarse así por la catástrofe que fue la expulsión de España —es decir, el mundo exterior ha destruido al mundo interior—, ¿dónde queda la idea de Dios? Saltándonos siglos de historia, este tipo de pregunta volvió a sacudir al pueblo judío ante el Holocausto. La respuesta que aporta Shabetai es la de señalar la contradicción inherente: si el pueblo no ha pecado, por qué el castigo. Lo que propone es resolver el conflicto por medio de la paradoja. Si Shabetai es el Mesías, debe traer la salvación para el pueblo y debe expiar en sí las faltas. Por esto comete el acto más grave que pudiera imaginar: la apostasía, con lo cual es liberado de la prisión, y dedica el resto de su vida a combinar esas ideas contradictorias y a una doble actuación religiosa.

Sin embargo, es tan poderosa su influencia —se cuenta que el Gran Visir estaba fascinado por él—, que aún después de renegar sigue siendo la esperanza de gran parte del pueblo de Israel. Natán de Gaza persiste en la elaboración del shabetaísmo y en escribir obras como la magna *Séfer ha-beriá (Libro de la teoría de la creación)* de 1670. Pero, sobre todo en las comunidades sefardíes de origen marrano, el movimiento está arraigado fuertemente. Una posible explicación puede ser la propia experiencia de aquellos sefardíes que habían conocido y estaban acostumbrados a una dualidad religiosa, a una conflictiva vida doble que les hizo creer en el Mesías apóstata como un reflejo de sus propios sufrimientos. Es frecuente, entre ellos, que recurran a la imagen de la reina Ester como "marrana" en la corte del rey Asuero, donde no hablaba de su origen y, no obstante, seguía siendo fiel a su religión. Abraham Miguel Cardozo, marrano, dedica toda una literatura, desarrollada a lo largo de varias décadas, a las doctrinas de Shabetai y a la nueva mística herética. Consideraba que todo el pueblo judío estaba condenado a ser marrano, pero que Dios eligió al Mesías para que él solo encarnara en sí este supremo sacrificio, pues poseía la fuerza para hacerlo.

La nueva doctrina se centraba en la idea de que el Mesías, para cumplir su misión, debería condenarse por sus propios actos. Lo cual es confirmado por el profeta Natán: "Porque si no fuera el Salvador, no le ocurrirían estas desviaciones; cuando Dios permite que Su luz brille sobre él, comete muchos actos que son extraños y maravillosos a los ojos del mundo, y ésa es la prueba de su verdad."[22] Estos actos voluntarios indican que hay que descender al reino del mal para vencerlo desde dentro y que el pecador santo será el Salvador. La dialéctica de la doctrina establece una realidad que se convierte en irreal y contradictoria. La existencia es una permanente lucha de opuestos entre sí y no es de extrañar que Dios y su Mesías contengan la contradicción y la desintegración. No está de más recordar que una compleja obra de la literatura española, de índole apocalíptica, *La Celestina,* escrita mucho antes, a finales del siglo XV, por Fernando de Rojas, converso, afirmaba el caos como la norma de un mundo que se desintegraba.[23]

[22] *Ibid.,* p. 314.
[23] Américo Castro en *"La Celestina" como contienda literaria (castas y casticismos).* Revista de Occidente, Madrid, 1965. 175 pp., así como en el resto de su obra, estudia las características del hispanohebreo y de qué modo su literatura destacó por un dualismo en conflicto.

SEGUNDA PARTE

DERIVACIONES

VI. LA CÁBALA EN LOS TIEMPOS

QUIEN se interna en el mundo de la mística siente el llamado de forma tan precisa que no puede desoírlo ni apartarse de él. Aun en nuestro mundo vacío y sin dioses. O por eso mismo.

Quien busca y rebusca en su interior y deja que las múltiples voces afloren. Quien escucha. Quien oye. Quien se esfuerza por entender. Está a un paso de sumergirse en fuentes inagotables cuyas corrientes imprevistas conducirán a extraños parajes.

Quien no se conforma con la realidad aparente, quien se rebela ante la forma, quien estrella el cristal que contiene y atraviesa la pared medianera. Está dispuesto a penetrar en lo que de oculto tienen los significados. En volver a tomar la palabra, no en lo oído ni en lo visto, sino en lo táctil. En colocar la palabra en la palma de la mano para sentirla como ser viviente. Que la palabra pueda tener las mismas cualidades prismáticas del espíritu huidizo del hombre.

Así se llega a la conclusión de que únicamente la palabra encarna el misterio humano y divino. Desde el principio, la tarea de Dios fue crear palabras para que el mundo surgiera. La palabra como acto mágico. Dios mismo, cuyo verdadero nombre desconocemos, es el Nombre.

De ahí que la Cábala se haya basado en una doble vertiente interpretativa: no es una la Torá (Pentateuco), sino dos, y la segunda es la revelada, la que nos propone el significado oculto de la creación. El libro por excelencia de la Cábala, el *Zóhar*, es el resplandor que ilumina no sólo cada palabra, sino cada letra y, aún más, cada espacio blanco entre letra y letra. La expresión de los cabalistas, "Fuego negro sobre fuego blanco", es el texto abierto a la explicación iluminada. Cada palabra de la Torá sólo se revela a quien la ama, y quien comprende el secreto del amor comprende que cada palabra de que está compuesto el texto es única e inalterable: no se puede agregar ni quitar nada. Pero lo que sí se puede es desentrañar su significado. Éste es el camino para entender por primera vez el verdadero sentido de la Torá y convertirse en su amante místico. De tal modo que, cada palabra de la Torá, lleva implícita en sí la capacidad hermenéutica para cada alma que

se acerque a ella. Las cifras "setenta" o "seiscientos mil" no son sino
el símbolo de su inagotable semantismo.

Hay una teoría que presupone que el orden de la Biblia se dio a
partir de la pérdida del Paraíso, ya que la Torá inicial incluía todo el
vocabulario unido, sin necesidad de separación alguna entre palabra y palabra, y podía ser leída y comprendida de un solo golpe de
vista. Cuando el hombre pierde el Paraíso y desciende en la esfera
cósmica, adquiere la mortalidad y su capacidad intelectual también
se reduce. Por eso la Torá tuvo que volver a ser creada, esta vez divi-
diendo las palabras y adjudicando significados. Los restos que
quedan de la época primigenia se reflejan en la escritura bíblica sin
vocales, puntuación ni acentos. Las mismas letras podrían unirse en
palabras que contaran historias diferentes, por lo cual el texto pen-
tatéutico no es cerrado.

Lo que se exige del iniciado en la Cábala es un método de concentración que amplíe su capacidad de abstracción de los mundos
estáticos; una dirección hacia las técnicas metafóricas del lenguaje y
una concepción cósmica que trascienda lo habitual. Además, la
necesidad de explicar lo inexplicable desarrolla la búsqueda de formas dentro del pensamiento mítico, algo que alcanza gran arraigo
en la mente popular. Tal es el caso del exilio dentro del judaísmo. A
diferencia de otros textos, el exilio, en la Cábala, no es sólo humano
e histórico, sino que adquiere proporción divina y cósmica, al
describir que una parte de Dios mismo se separa de Dios. La *Shejiná*
es esa parte que se separa y su carácter mítico se refuerza por representar el elemento femenino dentro de la divinidad. Dicha representación simbólica se traslada a la imagen de la reina desterrada por el
rey, o a la de la hija por su padre.

A partir del exilio de España en 1492, aparece otra explicación
ante la catástrofe y ante la renovación del primer exilio bíblico. Como
se ha dicho, Isaac Luria propone tres símbolos: el *tsimtsum* o contracción y ocultamiento de la esencia divina; la *shevirá* o rompimiento de
los recipientes, y el *tikún* o corrección armónica de las rupturas. Los
dos primeros procesos, de tipo disgregador, indican que nada se
encuentra en su lugar apropiado y que el exilio es de todas las cosas y
personas. El tercer proceso es la redención del pueblo de Israel y el
fin del exilio.[1] Para quienes volvieron a vivir el exilio, esta vez en
carne propia y de manera tan cruel, sintieron que el mito se reencar-
naba y el pensamiento luriano alcanzó profundo arraigo.

[1] Véase el capítulo v "1492: La Cábala fuera de España", *supra*.

La Cábala es, pues, un método de contemplación religiosa, un sistema teosófico basado en las *sefirot* o emanaciones de la divinidad que emplea ciertas técnicas para interpretar las letras del alfabeto hebreo con el propósito de alcanzar la elevación mística. Las *sefirot* o emanaciones comprenden los diez nombres más comunes de Dios que, en su conjunto, forman su gran Nombre único. Dichas emanaciones o atributos son: *Hojmá* (Sabiduría), *Biná* (Entendimiento), *Hésed* (Compasión), *Yesod* (Fundamento), *Maljut* (Reino), etc., más una *álef (A)* impronunciable, que sería el verdadero nombre de Dios. De igual modo, las veintidós letras del alfabeto hebreo también contienen en sí el nombre de Dios.

Sin embargo, los cabalistas no parten de la idea de que el significado pueda ser comunicado, sino de que hay que iniciar un proceso de meditación que permita sobrepasar el significado superficial que obtenemos por el lenguaje humano y aspirar a encontrar el verdadero significado oculto que encierra la Torá. Los tres principios fundamentales que permiten alcanzar este conocimiento son: *1)* El principio del nombre de Dios; *2)* El principio de la Torá como un organismo, y *3)* El principio del infinito significado del mundo divino.[2] Los cabalistas parten de los tres niveles tradicionales de interpretación: el literal, el narrativo y el filosófico-alegórico, pero agregan uno más: el del misterio teosófico o proceso oculto de la vida divina. Con estas bases, el pensamiento cabalista desborda las fronteras del judaísmo e inunda otras religiones y otros sistemas de pensamiento.

LA CÁBALA EN EL MUNDO CRISTIANO

La fuerza de la Cábala fue tal que trascendió el mundo judaico y penetró firmemente en el pensamiento cristiano. Desde el mismo siglo XIII cuando se origina, el filósofo e iniciador de la literatura catalana, Ramón Llull, recibe la influencia directa de la Cábala, se dedica a estudiarla y labra el primer eslabón en el proceso de lo que se ha llamado la cristianización de la Cábala. El proceso culmina con Marsilio Ficino y, sobre todo, con Pico della Mirandola, en la Italia renacentista. Después, no sólo habrá de influir en los pensadores católicos, sino que se extenderá por el mundo anglicano y protestante.

La Cábala es básica para entender la obra de autores como Johannes Reuchlin, Francesco Giorgi, Enrique Cornelio Agripa,

---

[2] Véase el capítulo I "Los principios de la Cábala", *supra*.

Giordano Bruno. En la iconografía renacentista, los símbolos cabalísticos llegan a ocupar un primer plano como, por ejemplo, en la obra de Alberto Durero, lector cuidadoso de Reuchlin y de Agripa, y con preocupaciones místicas. Sus grabados de la *Melancolía I* y de *San Jerónimo,* incorporan sus conocimientos de la Cábala al incluir en ellos los tres mundos: el elemental, el celestial y el supracelestial; las figuras geométricas: círculo, cuadrado y triángulo; la proposición matemática cuya lectura de números en cualquier dirección suma siete, y la revaloración positiva del humor melancólico, bajo el signo astrológico de Saturno, signo atribuido a los judíos y que, en la Edad Media, era de índole negativa.

Si la influencia de la Cábala se siente entre los países reformistas y luteranos, tampoco se quedan atrás los anglicanos de la época isabelina. Efectivamente, en la Inglaterra del siglo XVI surge un movimiento encabezado por el matemático John Dee y auspiciado por la reina Isabel I que propone una relación hermético-cabalística con la ciencia, según veremos más adelante.[3]

RAMÓN LLULL

Ramón Llull (Mallorca, 1232-*ca.*1315) fue quien introdujo las formas cabalísticas en la materia cristiana. En su obra *Ars magna* incorpora la teoría de la búsqueda del nombre de Dios y de sus emanaciones o atributos. Las *sefirot* se traducen en la terminología latina como las *dignitates Dei.* Éstas son: *Gloria, Sapientia, Bonitas, Virtus, Eternitas, Splendor, Veritas, Magnitudo, Fundamentum,* que equivalen a las hebreas. A estas nueve *dignitates Dei,* Llull suma una letra *A* impronunciable para obtener como resultado el nombre de Dios. Siguiendo la técnica de Abraham Abulafia para el proceso meditativo, desarrolla la combinación *(ars combinandi)* de las letras del alfabeto en series múltiples. Introduce el cambio del alfabeto hebreo por el latino.

El método luliano tuvo gran influencia, sobre todo siglos después, durante el Renacimiento y la época isabelina. Quien practicara el arte combinatorio no sólo aprendería una ciencia universal, sino también un método ético y contemplativo que le permitiría ascender por la escala de la creación hasta las esferas más elevadas.

[3] He tratado este tema en la conferencia: "La Cábala en los tiempos", *Memorias de las Jornadas Culturales sobre la Presencia Judía en México.* Coordinación de Difusión Cultural de la Universidad Nacional Autónoma de México y Tribuna Israelita, México, 1987, pp. 63-68.

La peculiaridad del Arte luliano es el uso de las letras del alfabeto combinadas con figuras geométricas, para resolver problemas. El "Alfabeto" y las cuatro figuras básicas [círculo, cuadrado, triángulo, círculos concéntricos] [ilustraciones. *a, b, c, d*] del Arte, se encuentran en el *Ars brevis*. Estas cuatro figuras pueden considerarse como las básicas, aunque algunas de las Artes no abreviadas emplean más letras y expanden las figuras. Como puede verse (ilustr. Ia), el "Alfabeto" del *Ars brevis* consiste de nueve letras a las que se les otorgan seis series de significados. La primera serie es absoluta y comprende: B = *Bonitas*; C = *Magnitudo*; D = *Duratio*, E = *Potestas*; F = *Sapientia*; G = *Voluntas*; H = *Virtus*; I = *Veritas*; K = *Gloria*. La letra *A* representa una trinidad: *Essentia, Unitas, Perfectio*.

La segunda serie de significados de *B* a *K* [no incluida en las ilustraciones] consiste de nueve *relata* que se agrupan naturalmente en series de tres, de la siguiente manera: B = *Differentia*; C = *Concordantia*; D = *Contrarietas*; E = *Principium*; F = *Medium*; G = *Finis*; H = *Majoritas*; I = *Aequalitas*; K = *Minoritas*. A esta serie de significados le siguen nueve (o más bien diez) preguntas, y nueve sujetos sobre los que el Arte va a tratar, a saber: B = *Deus*; C = *Angelus*; D = *Coelum*; E = *Homo*; F = *Imaginativa*; G = *Sensitiva*; H = *Vegetativa*; I = *Elementativa*; K = *Instrumentativa*.

Además de estas cuatro series de significados —como preguntas y sujetos *absoluta* o *relata*— las letras de B a K pueden significar también nueve virtudes y nueve vicios.

Después del "Alfabeto" vienen las "figuras" del Arte, que son de carácter geométrico o, por lo menos, de apariencia geométrica. La primera [ilustr. *a*] muestra las letras de *B* a *K* en un círculo, interconectadas entre sí con líneas. En la segunda [ilustr. *b*], las letras del círculo se agrupan en series de tres en tres triángulos dentro del círculo, inscritos con la segunda serie de significados de *B* a *K*. La tercera [ilustr. *c*] es parte de un cuadrado dividido en compartimentos que contienen las combinaciones de *B* a *K*. La cuarta [ilustr. *d*] está compuesta de tres círculos concéntricos inscritos de *B* a *K*; el círculo exterior se encuentra fijo, pero los dos interiores son movibles. Por último, el *Ars brevis* muestra, después del "Alfabeto" y las "figuras", la *Tabula generalis*, en la que aparecen combinaciones de las letras *B* a la *K* colocadas en columnas.[4]

Ramón Llull, basado en el procedimiento combinatorio de Abraham Abulafia, convierte los símbolos del judaísmo en símbolos cristianos. Introduce el tema de la trinidad en la letra *A* (Esencia, Unidad y Perfección). En los sujetos de las letras *B* a *K*, describe uno de sus símbolos preferidos: la escala de la creación que parte del mundo

[4] Frances A. Yates, *Lull & Bruno. Collected Essays*. Vol. I. Routledge & Kegan Paul, Londres, 1982, 279 pp. V. pp. 10-11. [Hay edición del Fondo de Cultura Económica con el título *Ensayos reunidos, I. Lulio y Bruno*. Tr. Tomás Segovia, México, 1990. (Colección Popular.)]

elemental, al vegetativo, al animal, al humano, al celestial, al angelical y al divino. De este modo se conforma la creación cósmica y los conceptos abstractos se insertan en la armonía universal. El juego de los significados abre la posibilidad interpretativa a la manera cabalista.

En el *Liber contemplationis in Deum*, escrito hacia 1272, Llull se propone redactar una enciclopedia sobre la creación. Pasa revista al macrocosmo y al microcosmo en una vena de extremado fervor místico. Trata sobre las emanaciones de Dios o *dignitates Dei*, la revelación, la salvación, el hombre en relación con la ética y con la sociedad, los artículos de la fe, el poder del amor y de la oración, la angelología, la astrología, la filosofía, la teología. Sin embargo, como también recibe la influencia del pensamiento árabe, se empeña en demostrar lógicamente sus principios.[5] Procedimiento que, asimismo, Maimónides había utilizado en sus análisis filosófico-teológicos.

[5] Son famosos sus versos en catalán que resumen la lógica de Algazel:

> Per affermar e per neguar
> a.b.c. pots aiustar,
> mudant subject e predicat
> relativament comparat
> en conseguent antesedent.
> Ech vos que a. es conseguent,
> b. son contrari exament,
> c. es antesedent so say,
> d. per son contrari estay:
> a. es animal, home es c.
> b. ab c. en a. no's cové;
> ni a. ab d. en c., so say;
> e per aço dir eu porray
> que a. e c. son una re,
> e per contrari b. e d.,
> e tot qui es c., a. es
> convertir no ho pots per res;
> una causa son a. e b.,
> contra la c., qu'axi's cové
> axi es mul, qui es a. e b.,
> contra la c., mas greu s'enté;
> aço matex pots dir de d.,
> qui es a.b. contra la c.,
> en mul o en tot palafré
> e says que la c. e la d.
> una cosa son contra b.
> contra la a. en moltó,
> perqu'eu say que c. a. d. so
> una causa contra leó.

En Tomás y Joaquín Carreras y Artau, *Historia de la filosofía española. Filosofía cristiana de los siglos XIII al XV*. Vol. I. Real Academia de Ciencias Exactas, Físicas y Naturales, Madrid, 1939. V. pp. 355-356.

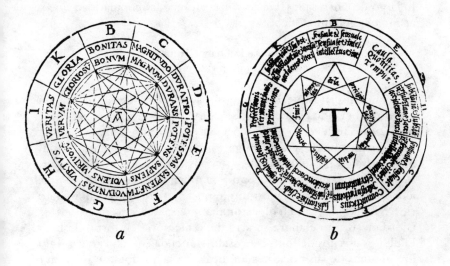

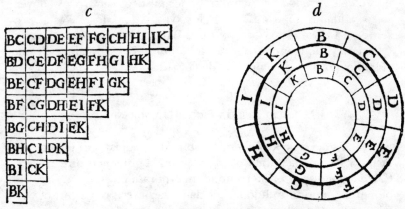

Ilustraciones del Ars brevis *de Ramón Llull*

La influencia de Llull sobre el pensamiento occidental se sintió a lo largo de cinco siglos. Su sabiduría alcanzó tal popularidad que se acuñó el siguiente dístico:

> Tres sabios hubo en el mundo:
> Adán, Salomón y Raimundo.

Sus manuscritos fueron difundidos rápidamente en Italia y pudieron haber sido conocidos por Dante. Sus concepciones geométricas acaso influyeron en la teoría arquitectónica italiana, aunque éste es tema abierto a la investigación.[6] En el Renacimiento, el lulismo se arraigó profundamente y se convirtió en una de las directrices. Pico della Mirandola reconoce lo mucho que su sistema le debe a la obra del filósofo mallorquín, especialmente al arte combinatorio. Nicolás de Cusa coleccionaba y copiaba sus manuscritos. Giordano Bruno elabora su arte de la memoria en torno de la de Llull. Los escritos de John Dee están en deuda con él. Paracelso utiliza algunas de sus nociones médicas. En la Sorbona se introdujo una cátedra sobre Llull en el siglo XVI. Descartes admite que lo tenía presente al elaborar su método sobre la ciencia universal, y el sistema de Leibniz recoge sus enseñanzas.

En España, la tradición iniciada por Ramón Llull continuó de manera viva en autores como el infante don Juan Manuel, Enrique de Villena, Arnaldo de Vilanova, en los místicos y entre los conversos o cristianos nuevos. En los siglos XVI y XVII no deja de estar presente en Cervantes, Calderón de la Barca, Juan Ruiz de Alarcón, Quevedo y, de manera refleja, en la literatura colonial mexicana, culminando con sor Juana Inés de la Cruz.

MARSILIO FICINO Y PICO DELLA MIRANDOLA

En la Italia del siglo XV, los dos filósofos del neoplatonismo, Marsilio Ficino y Pico della Mirandola, recibieron la influencia directa de la Cábala, aunque el primero no la incorporase en su obra. En cambio, el segundo introdujo la Cábala en la síntesis renacentista y estaba convencido de que por medio de ella se confirmaban las verdades del cristianismo. La idea que aporta Pico della Mirandola es la de que el nombre de Jesús (o tetragrámaton) lleva implícito en su

---

[6] Frances A. Yates, *op. cit.*, p. 67.

combinación cabalística de letras, el nombre del Mesías. Sin embargo, es de advertir que, en el proceso de cristianización de la Cábala, fueron incorporadas otras fuentes no judaicas procedentes de la magia medieval, del hermetismo, de los himnos órficos y de textos neoplatónicos, por lo cual muchas de las enseñanzas tradicionales fueron desvirtuadas.

Marsilio Ficino (1433-1499) cita en su libro *De la religión cristiana* un pasaje del *Sefer ha-Bahir* o *Libro de la claridad* y menciona la literatura apologética de los conversos hispanohebreos. Bajo la influencia de muchos de los sefardíes expulsados de España en 1492 que se acogían a las tierras italianas, entre otros, el importantísimo León Hebreo, las teorías de los cabalistas empezaron a ser difundidas entre los pensadores italianos. A finales del siglo XV y durante el XVI, estas ideas prendieron por su intensidad místico-religiosa y por su aspecto de reforma de la religión que se pensó en adaptar al catolicismo. Para Ficino, a pesar de no haber entrado de lleno en los estudios cabalistas, significó un nuevo acercamiento a los problemas teológicos. Se dejó influir por el pensamiento mágico y por los escritos de Hermes Trismegisto, el supuesto sabio egipcio que se consideraba contemporáneo de Moisés. En *De vita coelitus comparanda,* se basa en el *Asclepius* de Hermes Trismegisto para exponer sus ideas sobre las influencias celestiales en la vida del hombre y en el fluir cósmico. Trata de la animación de las estatuas por poderes astrales, algo que, lejanamente, recuerda la figura del *gólem.* Aunque creyente de la magia, sólo acepta la "natural", es decir, trata de los elementos y de las relaciones de éstos con los astros y evita los "demonios astrales". Menciona sortilegios y talismanes que pueden atraer la influencia de los planetas. Se detiene en el tema de la melancolía y su relación con cierto tipo de temperamento (el loco, el artista, el intelectual), tema que prevalecerá en el Renacimiento en casi todas las manifestaciones artísticas. El humor melancólico o saturnino se había atribuido en la Edad Media al judío, pero durante el Renacimiento hay una revalorización y pasa al campo artístico y estudioso. El famoso grabado de Durero: *Melancolía I* contribuye poderosamente a este cambio. Marsilio Ficino es el precursor del núcleo hermético-cabalístico del neoplatonismo renacentista y de la concepción del hombre como un mago. Posteriormente, tanto el teatro inglés isabelino como el español del Siglo de Oro utilizarán la figura del mago con estas características.

Giovanni Pico della Mirandola (1463-1494) se propuso la síntesis de los pensamientos griego, judío y cristiano en una religión univer-

sal y humanista. Herencia proveniente de Llull y, a su vez, de Abulafia.
Hizo públicas sus "novecientas tesis" para ser discutidas ante los sabios
de la época, pero la curia romana se opuso a ello. Como parte de las
novecientas tesis incluía "setenta y dos conclusiones cabalísticas" que
"confirman la religión cristiana con las bases de la sabiduría hebrea".[7]
Otras conclusiones se referían a fuentes de diverso origen: hermético,
neoplatónico, órfico, caldeo. Sin embargo, las setenta y dos conclusiones cabalísticas pueden considerarse una versión simplificada de la
Cábala hispanohebrea. Según Frances A. Yates,

> para Pico la Cábala era una confirmación de la verdad del cristianismo, la
> consideraba una fuente judeocristiana de una antigua sabiduría que no
> únicamente comprobaba esta verdad, sino también toda la antigua
> sabiduría de los gentiles que él tanto admiraba y especialmente las obras
> de Hermes Trismegisto. Así, pues, la Cábala cristiana es verdaderamente
> la piedra angular del edificio del pensamiento renacentista en su aspecto
> "oculto", por medio del cual tiene importantísimas conexiones con la his-
> toria de la religión de esa época.[8]

Un misterioso personaje, de origen sefardí, que se amparó bajo el
nombre de Flavio Mitrídates, ayudó a Pico della Mirandola en sus
estudios e interpretaciones del hebreo y le proporcionó algunos
manuscritos cabalistas.[9] Bajo su dirección, pudo llegar a exponer el
argumento de que el nombre de Jesús, IESU, es el tetragrámaton o
nombre inefable de Dios, que equivale a YAVÉ, pero con una *shin*
(ese) que hace posible la pronunciación de las vocales y simboliza la
Encarnación o el Verbo hecho carne, es decir, la palabra audible.
Este argumento fue retomado por cabalistas posteriores y es uno de
los principios de la Cábala cristiana. "De esto seguía la consecuencia
de que como la Cábala confirmaba la verdad de la fe cristiana, para
Pico y sus discípulos fue evidente que los cristianos podían y debían
adoptar los métodos y técnicas cabalísticas de meditación religiosa.
Así se abrió el camino para la aceptación, por parte de los cristianos,
de la filosofía cabalística oculta."[10]

---

[7] Frances A. Yates, *La filosofía oculta en la época isabelina*. Tr. Roberto Gómez Ciriza.
Fondo de Cultura Económica, México, 1982, 331 pp. (Popular, 232). V. p.37.

[8] *Ibid.*, p. 39.

[9] Sobre este personaje y su relación con el filósofo italiano, Frances A. Yates men-
ciona la siguiente bibliografía: Chaim Wirszubski, "Giovanni Pico's Companion to
Kabbalistic Symbolism", en *Studies in Mysticism and Religion,* presentados a Gershom
Scholem, Jerusalén, 1967, pp. 353-362.

[10] Frances A. Yates, *La filosofía oculta [...],* p. 41.

Otros aspectos que desarrolla Pico son los de la comunión con Dios, el alma que se separa del cuerpo, los espíritus angélicos como intermediarios, la ascensión mística por las esferas del universo, el orden de las *sefirot* o emanaciones divinas y los astros del cielo. Incorporó y asimiló el neoplatonismo de Ficino y pretendió identificar la Cábala con la magia hermética. Instituyó la base de la Cábala cristiana entendida como magia natural, es decir, referida a su versión armónica y angélica y con propósito de meditación mística.

Tanto Marsilio Ficino como Giovanni Pico della Mirandola recibieron la influencia de la Cábala hispanohebrea anterior a la expulsión de 1492. Sin embargo, como se sabe, la Cábala judía en el exilio prosiguió su evolución y se enriqueció con nuevas teorías, como las desarrolladas por Yosef Caro, Isaac Luria y Shabetai Tseví. Los círculos de los dos pensadores italianos contribuyeron a un entendimiento más amplio de la tradición judeocristiana, aunque sin olvidar que uno de sus propósitos fundamentales era el de la conversión al cristianismo, como lo había sido también el lulismo.

REUCHLIN, GIORGI Y AGRIPA

Johannes Reuchlin (1455-1522) o *Capnión* ("humo"), como gustaba llamarse, es uno de los humanistas principales de Alemania. Docto en las tres lenguas básicas de la tradición cultural: griego, latín y hebreo, viajó a Italia para conocer de cerca el círculo de Giovanni Pico della Mirandola y empaparse de la literatura hebrea que se publicaba en esa época. Asimila los temas de la literatura cabalista y se lanza a escribir *De verbo mirifico* en 1494 y posteriormente *De arte cabalistica* en 1517.

Utiliza el tema de la melancolía en referencia al temperamento de sus personajes judíos.[11] Alude a Saturno como el planeta del judaísmo. Alaba el idioma hebreo como idioma divino y angélico, dirigido a la busca del verdadero nombre de Dios. De los Padres de la Iglesia prefiere a San Jerónimo por ser el mejor hebraísta y patrón de los cabalistas, figura paralela en la pintura de Durero a la del *Ángel de la melancolía*. San Jerónimo y su orden fueron también de la preferencia de los hispanohebreos conversos.[12]

---

[11] La persistencia de ciertas ideas puede mantenerse durante siglos. Es curioso mencionar que Susan Sontag en un ensayo sobre Walter Benjamin, centra su análisis en las características del temperamento melancólico en la literatura contemporánea. V. "Under the Sign of Saturn", en *A Susan Sontag Reader*. Intr. Elizabeth Hardwick, Farrar/Straus/Giroux, Nueva York, 1982. pp. 385-401.

[12] El caso de la Orden de los Jerónimos en España fue notorio por haber contado

La obra de Reuchlin *De arte cabalistica* es el primer tratado cristiano sobre el tema. Difunde la teoría de las letras hebreas en el sistema de la interpretación lingüística. Explica el significado del nombre del Mesías, Jesús, según la técnica del tetragrámaton: Jesús equivale a Yavé, más una letra *shin* que es el verbo hecho carne, en lo cual sigue a Pico della Mirandola. Provocó una polémica entre quienes se negaban a aceptar estas teorías. Reuchlin representaba la nueva ciencia con su deseo de suprimir la escolástica y el pensamiento reaccionario. Sus ideas se compararon con el principio del movimiento religioso de la Reforma, aunque su posición difería de la de Lutero, ya que para él la experiencia mística ocupaba el primer lugar. En la dedicatoria de *De arte cabalistica* al papa León X, Reuchlin menciona su propósito y fuentes:

> Por lo tanto, tomando en consideración que a los estudiosos les han faltado únicamente las obras de Pitágoras, que todavía permanecen ocultas, dispersas aquí y allá en la Academia Laurentina, creo que no os sentiréis disgustado si hago públicas las doctrinas que Pitágoras y los pitagóricos se dice que tuvieron, para que dichas obras que hasta ahora han sido desconocidas por los latinos, sean leídas por vuestra benévola orden. Marsilio difundió a Platón en Italia, Lefèvre d'Etaples entregó las obras de Aristóteles a los franceses, y yo, Reuchlin, completaré el grupo y explicaré a Pitágoras a los alemanes, que ha renacido bajo mi esfuerzo en la obra que os he dedicado. Pero esta tarea *no podría llevarse a cabo sin la Cábala de los judíos, porque la filosofía de Pitágoras tiene sus orígenes en los preceptos de la Cábala,* y cuando desapareció de la memoria de nuestros antepasados en la Magna Grecia, *revivió en los volúmenes de los cabalistas.* Luego, estas obras fueron casi completamente destruidas, por lo que yo he escrito *Sobre el arte cabalístico,* que es una filosofía simbólica que permite que las doctrinas pitagóricas sean mejor conocidas por los estudiosos. Sobre estas doctrinas yo no afirmo nada, sino que presento, simplemente, un diálogo entre Filolao hijo, un pitagórico, y Marrano, un musulmán, que se encuentran después de sus largos viajes en una posada de Francfort para escuchar a Simón *el Judío,* un sabio conocedor de la Cábala[...].
>
> En este compendio escrito por vuestro humilde servidor, Reuchlin, encontraréis, Santo Padre León, las opiniones y doctrinas contenidas en la filosofía simbólica de Pitágoras y en la Cábala de los sabios antiguos.[13]

entre sus miembros con gran cantidad de conversos que, incluso, llegaron a judaizar y fueron reprimidos por la Inquisición. Las obras de Américo Castro y Albert A. Sicroff abundan en este tema. (V. la bibliografía general.)

[13] *The Portable Renaissance Reader.* 12a. ed. Ed., intr. James Bruce Ross y Mary Martin McLaughlin. Viking, Nueva York, 1967, 756 pp. (P. 61). V. pp. 410-411.

A continuación de la dedicatoria, Johannes Reuchlin introduce la primera pregunta que se le hace a Simón para que empiece a describir qué es la Cábala. Parte de la afirmación de que todos los vivientes tienden a lo alto para recibir las emanaciones divinas o *sefirot*. Por medio de la Cábala se transforman las percepciones externas en internas, luego en imágenes, en pensamiento, en razón, en inteligencia, en espíritu y, por último, en luz. Para alcanzar este proceso hay que efectuar un trabajo de ascesis moral e intelectual. Se deben ejercer varias disciplinas: las matemáticas, la geometría, la metafísica, la lingüística. Se debe estar en la madurez y se debe saber escuchar. Luego se establece el procedimiento de la exégesis cabalista, que Simón explica así, casi a la manera alquímica:

Cuanto el oro difiere de la plata, tanto se ve que la Cábala es diferente del arte cabalística, si bien las dos especies sean comprendidas bajo un mismo género, el del instinto espiritual. Pero el uno procede del otro, el oráculo de los hierofantes, de suerte que el oro de una especie es ciertamente bueno, pero el otro es mejor, a la manera del oro de Ofir, del que se dice en el Pentateuco (Génesis 2:12) que el oro de esta tierra es bueno. No está escrito "mejor", como algunos creen, sino bueno. Y en Isaías (13:12) se dice de Ofir: "yo tornaré al hombre mejor que el oro fijo, mejor que el oro de Ofir". Así, todo lo que los mejores amantes de las artes sacan de la Escritura por ciencia natural es semejante al buen oro, y se llama obra de *bereshit*. Lo que recibimos por las ciencias espirituales se llama obra de *mercabá*, y es semejante al oro mejor y más puro. Según el dicho de los cabalistas: el *ma'asé bereshit* es la sabiduría de la naturaleza, y el *ma'asé mercabá* es la sabiduría de la divinidad.[14]

En la segunda parte del libro se trata el pitagorismo, los números, la resurrección y la metempsicosis. En la tercera, se retoma el tema de la Cábala, con referencia al *shabat*, las vías de la luz, las letras hebreas, las *sefirot*, los nombres de Dios y de los ángeles.

Francesco Giorgi (1466-1540), nacido en Venecia y perteneciente a la orden de los franciscanos, comienza sus estudios de la Cábala inspirado en Giovanni Pico della Mirandola y en el neoplatonismo. Sin embargo, el hecho de vivir en Venecia, donde la comunidad judía estaba muy arraigada[15] y el flujo de los expulsados de España

---

[14] F. Secret, *La Kabbala cristiana del Renacimiento*. Tr. Ignacio Gómez de Liaño y Tomás Pollán. Taurus, Madrid, 1979, 392 pp. (Ensayistas, 166). V. pp. 80-81.

[15] Esta es la razón por la cual Shakespeare sitúa su obra dramática *El mercader de Venecia* en esta misma ciudad.

fue muy importante, le brindó la oportunidad de conocer muchos más textos hebreos que el propio Pico. El cabalismo de Francesco Giorgi está, por lo tanto, muy bien fundamentado y se dirige más claramente que el de los otros italianos a una demostración de orden cristiano. Sus principales obras son: *De harmonia mundi* (1525) y *Problemata* (1536).

Giorgi utiliza el procedimiento combinatorio de las letras hebreas y explica el tetragrámaton de Jesús a la manera de Pico y de Reuchlin. Asimismo, intercala las coincidencias del gnosticismo con la Cábala hebrea y las enseñanzas del llamado Hermes Trismegisto. Incluye las corrientes neoplatónicas en boga, la tradición numerológica pitagórica, la filosofía de la armonía del mundo y, como algo propio, la teoría de Vitruvio sobre la arquitectura y su comparación con la construcción del Templo de Salomón. Resulta muy interesante que muchas de las grandes construcciones de la época y aun posteriores tuvieran como modelo el Templo, como un acercamiento de tipo místico, relacionado con la alquimia y con la Cábala. El caso del Escorial es notorio. Giorgi compartía la idea generalizada de equiparar a Vitruvio con Moisés en cuanto a la explicación de cómo el hombre fue encontrando los distintos materiales, hojas, ramas, madera, barro, que le permitirían empezar a construir sus lugares de alojamiento.[16] Incluso pudo llevar a la práctica sus teorías cuando el Dux de Venecia le consultó sobre la construcción de una nueva iglesia franciscana. Ahora podría representar en la tierra la imagen del universo de acuerdo con las matemáticas y la geometría cósmicas con el gran Arquitecto dirigiendo la obra y reproduciendo el microcosmo como reflejo del macrocosmo.

Francesco Giorgi se convirtió en un personaje clave para la política de la época. Cuando Enrique VIII de Inglaterra estaba buscando apoyo legal para su divorcio de la reina Catalina de Aragón, envió secretamente a uno de sus caballeros, Richard Croke, aleccionado por el que habría de ser arzobispo de Canterbury, Thomas Cranmer, para que se entrevistara con Giorgi y los principales rabinos de Venecia a fin de obtener bases bíblicas que permitieran el divorcio del rey.[17] Éste fue el comienzo de la influencia de Francesco Giorgi y de su obra *De harmonia mundi* sobre la vida y cultura de Inglaterra. Para John Dee, maestro y guía de los autores

---

[16] Helen Rosenau, *Vision of the Temple. The Image of the Temple of Jerusalem in Judaism and Christianity.* Oresko, Londres, 1979, 192 pp. V. p. 157.

[17] Frances A. Yates, *La filosofía oculta[...]*, pp. 59-61.

isabelinos, la obra del veneciano ocupaba un lugar privilegiado en su biblioteca. Robert Fludd, en el periodo jacobino (Jacobo I), aplicó las teorías de Giorgi a sus estudios sobre la música y, aún más, hay quienes piensan que, entre las fuentes del movimiento rosacruz de los siglos XVII y XVIII, podría mencionársele también.

La doctrina mística de Giorgi es de orden sintético, pretendiendo abarcar ramas de la filosofía y del pensamiento en una armonía coherente. Incluye, además de textos cabalistas y del Cantar de los Cantares, a Hermes Trismegisto, a Orfeo, a san Francisco de Asís, a Platón y los neoplatónicos, a Plotino, a san Agustín. Todos estos elementos los integra en una unidad o *Monas* a la que el destino espiritual del hombre aspira a reintegrarse.

En su sistema celestial, los planetas y las estrellas emiten influencias benéficas y no se correlacionan con la magia de la astrología ni de los horóscopos. Los planetas se rigen por las jerarquías angélicas y las *sefirot*. Saturno ocupa el lugar más elevado y cercano a la divinidad, siguiendo la nueva inclinación de quitarle su signo negativo. Marte olvida su carácter irascible y pasa a ser la virtud del temple. Sobre el tema del verdadero Nombre de Dios escribe gran número de páginas que toman en cuenta la teoría del alfabeto hebreo y de sus combinaciones. Por último, en el peligroso tema de la magia afirma que la Cábala sólo trata de los poderes angélicos y elimina los demoniacos. "Giorgi lleva más allá semejante filosofía, concentrándose fuertemente en las jerarquías angélicas seudodionisiacas. Si las operaciones de un mago son cuidadas por ángeles cristianos, éste seguramente no puede errar y sin duda será un personaje angélico y no diabólico. Con todo, la Cábala cristiana no dejó de despertar sospechas, y las obras de Giorgi […] serían condenadas."[18]

Enrique Cornelio Agripa, de Nettesheim (1486-1522), fue considerado durante siglos como mago y charlatán. La crítica contemporánea, sobre todo la desarrollada en el Instituto Warburg de la Universidad de Londres, con Yates, Thorndike, Walker, Gombrich, entre otros, ha reivindicado a estos autores neoplatónicos que, por haber sido objeto de prejuicios, al considerarse la Cábala como algo negativo, fueron dejados de lado por los académicos.

La obra básica de Agripa, *De occulta philosophia*, posee dos valores fundamentales: es una recolección de los tratados de magia y esoterismo medievales, y es un compendio del elemento mágico que per-

---

[18] Frances A. Yates, *La filosofía oculta[...]*, p. 68.

meaba el neoplatonismo renacentista. Los críticos e historiadores que, en su afán de dar una imagen idealizada del Renacimiento, borraron este aspecto en sus estudios, impidieron una visión global de la época. Obras como *La Celestina*, algunas novelas ejemplares de Cervantes y pasajes del *Quijote*, parte del teatro calderoniano y del Siglo de Oro, de la mística, de la picaresca y otros textos literarios no podrían ser explicados sin tomar en cuenta estas tendencias que fluían subterráneamente en ese momento de la historia.

En *De occulta philosophia* si bien se incluye lo mágico-cabalístico a la manera de Ficino y de Pico, se agrega el elemento demoniaco y los poderes operativos del mago que se inclina al dominio del mal.[19] Pero también se ha interpretado su obra como un esfuerzo de evangelización erasmista que combina el humanismo prerreformista con una filosofía poderosa de carácter evangélico reformador, a la manera de Erasmo, aunque adicionada de una fuerte dosis de magia. Estas mezclas tan extrañas son algo muy propio de Enrique Cornelio Agripa y de la época.

De cualquier modo, es un personaje lleno de misterios y contradicciones. Viajero infatigable, como si perteneciera a sociedades secretas o grupos de alquimistas, siempre estaba en movimiento, de un lado para otro, para terminar con su vida en la cárcel de Grenoble. Estuvo en Inglaterra en la misma época que Erasmo de Rotterdam, sin que sea seguro si lo conoció. A quien sí se sabe que trató fue a John Colet, con quien estudió y discutió el método exegético cabalista. Hacia 1511 llega a Italia, poco después de Erasmo, y esa estancia en el país es para ambos muy significativa, pues les permite apreciar de cerca la erudición humanista y tener a mano las fuentes del saber clásico. Además, Agripa se empapa de la tradición hermética y de la Cábala con los herederos directos de Ficino y Pico. Se relaciona con altos prelados de la Iglesia que aspiraban a la reforma católica, con judíos conversos y cabalistas, y pudo entrevistarse con Francesco Giorgi. Después se traslada a Metz, donde ya se sentía la influencia de Martín Lutero. Luego, lo encontramos en Ginebra, entre círculos de ocultistas y como el ini-

---

[19] "La magia de Ficino, tan refinada, artística, personal y siquiátrica, lo mismo que la profundamente pía y contemplativa magia cabalística de Pico, se halla absolutamente privada de las terribles implicaciones operativas que caracterizan la magia de Agripa. Sin embargo, tanto una como otra constituyen el fundamento de este edificio que es el resultado directo de la *prisca theologia* permanentemente vista como *prisca magia* y en particular de la alianza entre el Moisés egipcio y el Moisés de la Cábala." En Frances A. Yates, *Giordano Bruno y la tradición hermética*. Tr. Doménec Bergadá, Ariel, Barcelona, 1983, 529 pp. V. p. 169.

ciador de movimientos religiosos de reforma. Más tarde, aparece en Francia, donde publica algunas obras y frecuenta a médicos, humanistas, alquimistas, lulistas. Trató al erudito y hermetista Lefévre d'Etaples y fue mencionado por Rabelais como "Herr Trippa". En 1528, en Amberes, se dedica a la impresión de sus libros, mientras su fama crece. Es solicitado, en Londres, como defensor de la reina Catalina de Aragón en la querella del divorcio, pero a diferencia de Giorgi, se abstuvo de participar. En esta época se cartea con Erasmo y discuten algunos aspectos de la teología cristiana y de la Cábala, aunque Erasmo tenía gran aversión por los estudios judaicos y rechazaba el carácter mágico del ceremonial cristiano. En este momento histórico tres grandes pensadores: "Erasmo, Lutero y Agripa son aspectos distintos de la misma fuerza espiritual que estaba derrotando al pasado y abriendo la puerta al porvenir."[20] A estos nombres podemos agregar los de otros pensadores en el terreno hispánico, como Juan Luis Vives y los hermanos Juan y Alfonso Valdés.

En *De occulta philosophia*, Enrique Cornelio Agripa expone su tratado de magia, mezcla de hermetismo y cabalismo:

En los dos primeros capítulos Agripa presenta el esbozo del libro: el Universo se divide en tres mundos (elemental, celestial e intelectual), cada uno de los cuales recibe la influencia del que está arriba de él; de este modo, la virtud del Creador desciende por medio de los ángeles al mundo intelectual, de las estrellas al mundo celestial, y de allí a los elementos y a todas las cosas de que forman parte en el mundo terrenal. De acuerdo con esta concepción, la obra se divide en tres libros. El primero es sobre la magia natural, o sea la magia del mundo elemental; enseña cómo poner en relación las diferentes sustancias según las simpatías ocultas que existen entre ellas, para llevar a cabo operaciones de magia natural. El segundo libro es sobre la magia celestial, o sea cómo atraer y usar la influencia de las estrellas; Agripa califica esta clase de magia de matemática, porque sus operaciones dependen de los números. Y el tercer libro es sobre la magia ceremonial, es decir, la magia dirigida hacia el mundo supercelestial de los espíritus angélicos, más allá del cual está el *opifex* Único, o Creador mismo.[21]

En palabras de Agripa, he aquí la introducción a su obra:

Debido a que hay tres clases de mundos, a saber: el elemental, el celestial y el intelectual, y cada inferior es gobernado por su superior y recibe sus

[20] Frances A. Yates, *La filosofía oculta* [...], p. 79.
[21] *Ibid.*, pp. 84-85.

influencias, de modo que el Arquetipo mismo y el Creador soberano nos comunica las virtudes de su omnipotencia a través de los ángeles, los cielos, las estrellas, los elementos, los animales, las plantas, los metales y las piedras, habiendo hecho y creado todas las cosas para nuestro uso, he aquí por qué no es sin razón que los magos creen que podemos penetrar naturalmente por los mismos grados y por cada uno de estos mundos, hasta el mismo mundo arquetípico, fabricador de todas las cosas, que es la causa primera de la que dependen y proceden todas las cosas, y disfrutar no solamente de estas virtudes que las cosas más nobles poseen, sino también procurarnos otras nuevas; y eso es lo que hace que se encarguen de descubrir las virtudes del mundo elemental por medio de la medicina y de la filosofía natural, sirviéndose de diferentes mezclas de cosas naturales, captando al punto las virtudes celestes mediante los rayos y las influencias del mundo celeste, siguiendo las reglas y la disciplina de los astrólogos y matemáticos. En fin, fortalecen y confirman todas estas cosas a través de algunas ceremonias santas de las religiones y a través de las potencias de las diversas inteligencias.

Procuraré explicar en estos tres libros, el orden y la manera con que es menester servirse de estas cosas. El primer libro contendrá la magia natural, el segundo la celeste y el tercero la ceremonial. Mas no sé si se podrá perdonar en un espíritu tan limitado como el mío y en un hombre carente de estudio el haber emprendido desde mi juventud, con tanta osadía, una obra tan difícil y oscura; por tanto, no pretendo que se asigne más fe de la debida a lo que he dicho y diré a continuación, mientras no haya sido aprobado por la Iglesia y por la asamblea de los fieles.[22]

Aunque Agripa toca el tema de la cábala cristiana y se preocupa por explicar el nombre de Jesucristo como el nombre de Dios, la importancia otorgada a la magia práctica y sus elementos lo apartan de la tradición exegética hebrea. En este sentido, las líneas paralelas divergen y cada Cábala se afianza en propósitos diferentes. De nuevo, ocurre el fenómeno de orden lingüístico que hemos explicado otras veces: la dificultad, en el cristiano, de separar el sentido literal del metafórico, y de seguir por todos sus complejos derroteros un camino místico y abstracto de discusión e interpretación. De inmediato surge el pensamiento pragmático y los obstáculos se interponen.

---

[22] Enrique Cornelio Agripa, *La filosofía oculta*, 2a. ed., Kier, Buenos Aires, 1982, 440 pp. V. p. 7.

JOHN DEE Y EL TEATRO ISABELINO

La figura de John Dee (1527-1608) puede aparecer como controvertible: fue un extraordinario matemático y geómetra, un convencido cristiano reformista, un "invocador" de los ángeles, un emisario o enviado diplomático especial, un representante de la melancolía inspirada. En fin, un protegido de la reina Isabel I, quien de la cúspide pasó a morir en el olvido, perseguido y tachado de "hechicero".

Esta figura de cortesano que cae por intrigas y envidias fue fuente de inspiración para los autores dramáticos de su época. Su personalidad se transparentó como el mago del bien o se oscureció como el mago del mal. Christopher Marlowe lo acusó y degradó en su *Doctor Fausto*. Ben Johnson lo ridiculizó y se mofó de él en *El alquimista*. Shakespeare lo exaltó y ennobleció en *La tempestad*, y se apiadó de él en *El rey Lear*.

Las ideas de John Dee y la influencia hermético-cabalística son una presencia constante, a veces disfrazada y otras expuesta, en la obra shakespeariana. Tal vez el personaje que mejor encarne la obsesión de la melancolía por intermedio de la nueva versión de la Cábala cristiana sea Hamlet, en constante duda y deambular por los tres mundos de que habla Agripa. Un tratado de la época, publicado en Londres en 1621, es la *Anatomía de la melancolía* del médico Robert Burton, a su vez, aquejado del mal, que encierra las posibilidades de análisis científico para materia psíquica y en la ambigua frontera entre realidad y fantasía. En el *Examen de ingenios* de Juan Huarte se describe el temperamento del melancólico que muy bien pudo ser el modelo de otro personaje literario en la misma ambigua frontera, Don Quijote.

Sobre la historia de las comunidades judías en Inglaterra es importante mencionar que habían sido expulsadas desde 1290 y que, por lo tanto, las obras isabelinas que describían personajes judíos lo hacían a partir de estereotipos y no de experiencia real. Si bien el regreso oficial de los judíos empezó a tratarse durante el gobierno de Oliverio Cromwell y bajo la dirección del rabino Menasé ben Israel, a mediados del siglo XVII, se sabía de la existencia anterior de grupos aislados de marranos (emigrados de España, Portugal y los Países Bajos) o incluso de conversos que se hicieron adeptos de la Cábala cristiana y que contribuyeron a su difusión. El mismo Menasé ben Israel era un entusiasta cabalista luriano. Finalmente, con la restauración de la monarquía por Carlos II, se otorgó permiso a los judíos de restablecerse en Inglaterra y de poder practicar su religión.

Según Frances A. Yates, el interés que surge en la literatura isabelina acerca de la filosofía oculta y el hecho de que las obras empiecen a estar pobladas de espíritus buenos y malos, de hadas, de brujas, de demonios y de fantasmas no se debe únicamente a tradiciones populares sino a la influencia de los estudios herméticocabalísticos del momento. John Dee, el filósofo de ese momento, es quien va a difundir las teorías en boga. En sus obras cita a Pico della Mirandola, a Giorgi, a Enrique Cornelio Agripa, a Reuchlin, al "divino" Platón, a los pitagóricos. Y, con esa falta de fronteras establecidas que hemos mencionado es, al mismo tiempo, un teórico científico de las matemáticas. Viaja por Europa como enviado especial de la reina Isabel en algún proyecto no muy claro de reunir adeptos para una reforma global y filosófica, probablemente encaminada a minar las fuerzas del catolicismo. En el fondo, aspiraba a sustituir la escolástica por las nuevas tendencias hermético-cabalísticas.

A la mezcla de ciencias y seudociencias que John Dee incorpora en sus obras se agrega la alquimia y, tal vez, como Agripa, perteneció a alguna sociedad secreta interesada en el ocultismo con fines políticos. En este aspecto, la relación de Felipe II con los alquimistas de su época es un asunto conocido y ya tratado, pero no deja de ser importante volver a mencionarlo bajo esta nueva luz.[23] John Dee, en la obra *Monas hieroglyphica,* combina los conocimientos astrológicos con los símbolos alquímicos, los cuatro elementos, las matemáticas, la geometría y una "gramática cabalística". De esta última, aunque dice que está basada en el uso de las letras hebreas, no incluye los caracteres hebreos. Al dotar a esta especie de magia con un poder político-religioso, estaba reforzando la idea imperial de la reina como aparecía en otras obras, a la manera de *The Faerie Queene* de Philip Spencer, quien había pertenecido al círculo de Giordano Bruno.[24] El mesianismo de los sefardíes que empezaban a llegar a Inglaterra, junto con el estudio particular de la Cábala en proceso de cristianización, pudo dar lugar a una interpretación de este tipo.

La época de esplendor de John Dee es un contraste con sus últimos años, después de la muerte de la reina Isabel, cuando desaparece en la miseria y la pobreza. Al fracasar la fusión entre reforma

---

[23] *Cf.,* Francisco Rodríguez Marín, "Felipe II y la alquimia", conferencia leída en el salón de actos de la Real Academia de Jurisprudencia, Madrid, 1927, 32 pp.

[24] Sobre este tema, V. Frances A. Yates, *Astraea. The Imperial Theme in the Sixteenth Century,* Ark, Londres, 1985, 233 pp.

religiosa y movimiento hermético-cabalista, el mago renacentista se convierte en un personaje negativo ejemplificado en Fausto. Solamente Shakespeare rescatará su figura en un momento en el cual se inicia la cacería de brujas en toda Europa.

DE LOS SIGLOS XVIII AL XX

Durante los siglos XVIII y XIX los estudios sobre la Cábala pierden vitalidad, se derivan hacia una visión errónea de su aspecto mágico y caen en el descrédito. Se proponen teorías descabelladas, como que el cabalismo es un spinozismo o panteísmo, un derivado del gnosticismo o, incluso, que es un movimiento de ateos ocultos. Tales teorías disparatadas, la mayoría de autores cristianos, aparecieron bajo seudónimo, como Elifás Leví, Papua, Frater Perdurabo. En el campo judaico, eruditos como Jakob Emden (1769) y Samuel Luzzato (1820), historiadores como Juda Rapaport y Henrich Grätz niegan el cabalismo. Este último lo califica de "sarta de mentiras". Para ellos, el concepto de racionalismo y de progreso impedía cualquiera otra interpretación, sobre todo si era de carácter intuitivo o místico. Los únicos escritos que analizaban de manera profunda y conocedora la literatura cabalística fueron los de Elyakim Milsajagui (muerto en 1854), por desgracia perdidos en su mayoría o inéditos.

Habrá que esperar el siglo XX, y la obra de Gershom Scholem, para revalorar y estudiar este fenómeno místico; y para entender que se trata de una forma legítima de abarcar el judaísmo y de explicarlo en su interioridad, así como en su relación con el mundo externo. Una forma que explique el sentido religioso y sus metamorfosis históricas unida a las crisis de la vida.

Esta nueva actitud permite el hallazgo de campos de investigación vastos y fructíferos. Examinada de cerca, la Cábala ya no nos parece más un sistema de contornos bien definidos; surge, en cambio, como un movimiento importante que se manifiesta bajo aspectos muy diversos y sin el cual la fisonomía del judaísmo no podría ser estudiada. Visto desde este ángulo, el mundo de los místicos no se nos presenta como un fruto del sinsentido y del azar, y mucho menos como una importación extranjera e ilegítima. Al estudiar los símbolos cabalísticos hemos podido descubrir una nueva fuente donde se ha comprobado que estaban destilándose ciertos problemas cruciales de la historia judía.[25]

[25] Gershom Scholem, *Le Nom et les Symboles de Dieu dans la Mystique Juive*. Tr. Maurice R. Hayoun y Georges Vajda. Cerf, París, 1983, 205 pp. (Patrimoines Judaïsme). V. p. 202.

Los estudios de la Cábala pueden dirigirse hacia otros campos, como los de la lingüística y la semiótica, donde el interés se centra en el poder y significado de la palabra. Y, desde luego, guarda una conexión muy íntima con el proceso de la creación poética. Su influencia puede notarse en autores de Kafka a Borges, en el grupo de los "Contemporáneos" de México y, en general, en un nuevo renacer de la poesía actual. La Cábala, ya sea entendida como fenómeno místico, como iniciación poética o como búsqueda de perfeccionamiento espiritual, redondea el misterio de la creación, muestra la puerta del lenguaje florido, exige el desprendimiento del amante devoto que se entrega al verdadero amor. En último caso, otorga el raro don de recibir la iluminación o de esperar recibirla, en un borde que permite, aunque de manera fugaz, participar de la chispa divina de la eternidad.

[25] Gershom Scholem, *Le Nom et les Symboles de Dieu dans la Mystique Juive*. Tr. Maurice R. Hayoun y Georges Vajda. Cerf, París, 1983, 205 pp. (Patrimoines

VII. LAS "ARTES" DE RAMÓN LLULL

La vida de Ramón Llull (1232-*ca*.1315) se desarrolla en uno de los periodos más ricos del pensamiento occidental. El siglo XIII representa el auge del escolasticismo, pero también de las escuelas cabalistas provenzales y catalanas. Es el siglo de las luchas heréticas y de los debates teológicos. De las últimas Cruzadas y de la matanza de los albigenses. Inquietudes guerreras, intrigas políticas y grandes tratados filosóficos conforman el complejo tejido de esta época. Época de pasiones desatadas, de ideologías en conflicto, de correspondencias y de contradicciones. De comienzo del pensamiento precientífico y de sobrevivencia, al mismo tiempo, de materias mágicas como lo pudieran ser la alquimia y la astrología. Época, en fin, que puede concentrarse en la fórmula dialéctica del *sic et non*.[1]

Si quisiéramos encontrar un solo personaje histórico que integrara en sí todas y cada una de las características vitales y espirituales de aquel periodo, con sólo tratar de Ramón Llull sería suficiente. Su vida y su obra así lo atestiguan. El lulismo sobrepasó los ámbitos espacio-temporales y su influencia se sintió aún siglos después de su muerte.

El mallorquín Ramón Llull puede ser considerado como el iniciador de la literatura catalana, tanto por su estilo como por su obra monumental. Hombre visionario, quimérico, idealista y aventurero fue una mezcla de profeta y de poeta, de cortesano y de ermitaño, de iluminado y de pecador. Supo combinar sus extensos viajes por los continentes europeo, asiático y africano con la producción de una abundantísima obra literaria (alrededor de quinientos títulos, más los que le fueron adjudicados).

Se embarcó en una cruzada individual al juzgarse llamado a lograr la conversión de los moros africanos. Luego de observar que los métodos de conquista bélica habían fracasado y tras del desastre de las dos últimas Cruzadas, elaboró un nuevo método de batalla: el de la persuasión. Llull estaba convencido de que la obra misionera en África solamente tendría éxito si se acompañaba de una exposición racional de las verdades de la fe cristiana. De ahí que se dedicara a escribir una nueva filosofía, partiendo de la premisa de que sería

[1] Algunas de las ideas aquí expuestas aparecen en mi ensayo: "Las *Artes* de Ramón Llull", en *Sábado* (supl. liter. de *Unomásuno*), núm. 619, México, 12 de agosto de 1989, pp. 1-3.

capaz de mostrar, por medio de argumentos lógicos, el tema que se propusiera. La originalidad del método filosófico que inventó consistía en la disposición de tablas y círculos concéntricos que le permitían combinar los distintos principios y conceptos para obtener las deducciones correctas de ellos. A este método lo llamó *ars combinandi* o arte combinatorio, donde se refleja la influencia del cabalista Abraham Abulafia. Pero, aunque parezca sorprendente, inició sus estudios en la madurez (cerca de los cuarenta años), empezando por aprender a leer y escribir, y por conocer el arte de las lenguas clásicas y extranjeras (latín, árabe y hebreo, entre otras), la filosofía, la historia y la teología. En estos menesteres invirtió varios años, por lo cual su obra, sobre todo el *Ars magna,* no fue apreciada por los estudiosos de su época y tuvo que esperar al Renacimiento para ser valorada. Giordano Bruno, Leibniz, Nicolás de Cusa y hasta Descartes fueron sus admiradores y seguidores en muchos casos. El *Libro del orden de caballería* tuvo gran influencia sobre el concepto de lo caballeresco durante el reinado de Isabel I. Había sido traducido entre 1483 y 1485 por William Caxton y coincidía con el afán de revivir la tradición artúrica que habría de perdurar hasta la corte isabelina y aun después.[2]

Su obra, tan amplia y de tan variada temática, puede ser estudiada desde varias perspectivas: filosófica, teológica, poética o literaria. En nuestros días, investigadores como Frances A. Yates, Hillgarth, Pring-Mill, E. W. Platzeck, Allison Peers, Carreras y Artau, y Millás Vallicrosa se han especializado en el lulismo.

Lo más notorio de su vida y creación es su obstinada originalidad y su anticonformismo: su constante apego a la intuición en cualquier momento de su vida; sus arranques, visiones y éxtasis, sus periodos de excitación y de depresión, muestra del temperamento melancólico. Sus discusiones con Duns Escoto en la Sorbona o con el papa en Roma. Sus tres viajes a Africa para enseñar el Evangelio y sus enfrentamientos en plazas públicas con defensores del islamismo. Hasta que la última vez, a la edad de ochenta y tres años, fuera lapidado y regresara malherido a morir en Mallorca. Iniciándose, entonces, la serie de relatos legendarios que aún hoy es difícil de separar del contexto histórico.

Su fuerte individualidad y su falta de dogmatismo (en una ocasión pensó en reunir lo mejor de las tres religiones monoteístas en una

---

[2] Sobre este tema, *cf.* Frances A. Yates, *Astraea. The Imperial Theme in the Sixteenth Century,* Londres, Ark, 1985, 233 pp. V. pp. 106-111.

sola que las abarcara y unificara) lo orillaron a una aventura espiritual capaz de asimilar el misticismo oriental (árabe y hebreo), por un lado, con el racionalismo occidental, por el otro. Su arte combinatorio también se manifiesta en esta actitud. Su *Libro del Amigo y del Amado* fue escrito "a la manera sufí", pero su doctrina filosóficoteológica está basada en las teorías de los cabalistas hispanohebreos contemporáneos suyos. Cuando Marsilio Ficino y Pico della Mirandola, en el Renacimiento, difundieron y cristianizaron la Cábala, lo hicieron a partir de las *Artes* lulianas.

El proceso de conversión de Llull y de abandono de la vida libertina fue desarrollado lentamente, con altibajos y en medio de dudas y vacilaciones. En uno de mis libros lo he descrito así:

Ramón recibe la revelación.

Siete días ha tardado. Siete días ha esperado. Y al octavo ha sido.

El primer día fue para amar piedra y tierra. Cada piedra y cada grano de tierra. Arrodillado, fue acariciando suavemente y sintiendo y sopesando el mundo a sus pies. Desmoronó el polvo entre los dedos y alzó los guijarros pulidos para besarlos. Durmió sobre la roca y bebió agua de la que corría por una cañada.

El segundo día fue para amar cada planta y cada flor, cada hoja y cada árbol. No solamente los fue palpando en su piel, no solamente reconoció cada aroma, no solamente distinguió cada matiz de color: todo lo fundió en una única impresión que le borró formas y fronteras y le mezcló coloridos y esencias y entre un manchón de perfume envolvente, rodó al suelo y permaneció sin conocimiento hasta que se puso el Sol.

El tercer día fue para amar todo animal creado por Dios. Desde el ave, libre y de alto vuelo, hasta el mínimo insecto, apegado y terrero. Invocó al lobo y al león y puso su mano sobre sus cabezas cuando ellos se inclinaron ante él.

El cuarto día fue para meditar. Descubrió que su razón le permitía ordenar y comprender la armonía del mundo. Elevó los ojos al cielo y supo cuál era el verdadero tamaño del hombre. Esa noche no durmió por contemplar las constelaciones, los doce signos y los múltiples astros. Las preguntas que se hizo no todas se las pudo responder.

El quinto día conoció el palacio de cristal. Entró en el círculo diáfano y luego en el siguiente y luego en el siguiente, hasta llegar al punto de su concentricidad. Una vez alcanzado el centro, la transparencia fue absoluta y el único elemento, el aire. Así fue como se transmitió el sonido del cristal.

El sexto día, en medio de una luz fulgurante, se le representó la gloria de los ángeles. Que no era otra cosa sino la esencia de cada cualidad: la bondad, la grandeza, la duración, el poder, la sabiduría, la justicia, la voluntad, el amor.

El séptimo día, despojado del rigor, del orgullo y de las ataduras, ascendió el último escalón. Se borró su conciencia y su alma giró en el vértigo cósmico. El soplo divinal refrescó y calmó. Ramón podía oír la palabra de Dios.

Y fue en el octavo día cuando supo cuál habría de ser su obra. Doblar el arco del silencio. No empeñarse en aberrante lucha por convertir a los infieles, como dijeron los demás. Sino en trasladar el mundo que le bullía por dentro a esos signos y símbolos que tuvo que memorizar bien. Escribir tantos y tantos libros de maravillas e ingenios, de artes mayores y árboles ejemplificales, de encantos y conjuros, de ciencias y saberes.[3]

Ramón Llull no escribió su autobiografía. Su *Vida coetánea* fue dictada a un monje, y su novela *Blanquerna*, con frecuencia tachada de autobiográfica, en todo caso representa una proyección de su personalidad. Para J. N. Hillgarth,[4] su autobiografía sería su obra filosófica. Su pensamiento es intensamente personal y fiado a la inspiración. Con frecuencia interrumpe sus escritos para hacer llamados a Dios y a sus lectores o para lamentarse por la falta de éxito de su *Ars magna*. De tal modo que vida y obra están íntimamente compenetradas.

A partir de su conversión, del abandono de los quehaceres mundanos, y gracias a la influencia de Ramón de Peñafort, gran maestre de la orden de los dominicos, dedicó nueve años de su vida al aprendizaje de gramática, latín, árabe, hebreo, filosofía y teología. Esta decisión fue muy acertada pues el conocimiento de las lenguas semíticas, así como de las religiones judía y musulmana, le dieron una ventaja única sobre los grandes escolásticos contemporáneos suyos, san Alberto Magno, santo Tomás de Aquino, san Buenaventura, Duns Escoto. De ellos, solamente Roger Bacon sabía árabe. Su desventaja consistió en que, por la falta de bibliotecas adecuadas en Mallorca, su preparación filosófica pertenecía más al siglo XII que a su época. Sin embargo, su posterior permanencia en la Sorbona salvó este escollo.

Tres de sus obras, anteriores a la partida a París, escritas en árabe, reflejan esas circunstancias. Tales obras, de las cuales contamos hoy únicamente con sus versiones catalana y latina, probablemente traducidas por el propio autor, son: el *Compendio de lógica de al-Ghazzali,* el *Libro de contemplación* y el *Libro del gentil y los tres sabios.* En ellas,

[3] Angelina Muñiz-Huberman, *De magias y prodigios. Transmutaciones,* México, Fondo de Cultura Económica, 1987, 101 pp. (Letras Mexicanas). V. pp. 26-27.
[4] J. N. Hillgarth, *Ramon Lull and Lullism in Fourteenth-Century France,* Oxford, Clarendon, 1971, 185 pp.

por influencia del pensamiento de Oriente, se muestra la diferencia de la lógica luliana frente a la occidental. En su caso, la lógica era un mero instrumento subordinado a la teología, mientras que en el París del siglo XIII era una disciplina independiente.

Aquí ya aparecen los elementos simbólicos de círculos y triángulos, aunque sin las ilustraciones de obras posteriores. También aparece la representación de términos filosóficos por letras del alfabeto, según el modelo de la lectura e interpretación cabalísticas. Estas tres obras son el origen del futuro arte combinatorio, con sus complejas técnicas semimecánicas que incluyen la notación simbólica y los diagramas intercambiables.

En el *Libro de contemplación* se describe la teoría de los atributos divinos o dignidades, basada en las *sefirot* hebreas. Escribir, para Ramón Llull, fue un mandato divino, a partir de la revelación en el monte de Randa. Dios le da a conocer los principios sustanciales y accidentales de todas las cosas y le enseña a hacer dos figuras: la representación de las *dignitates Dei* o dignidades divinas por medio del árbol sefirótico y la representación técnica del arte combinatorio. Esta doctrina habrá de perfeccionarse en un libro posterior, *Ars generalis ultima*.

Los atributos divinos o *sefirot*, según la Cábala, son nueve. Llull los traduce del hebreo por: Bondad, Grandeza, Eternidad, Potencia, Sabiduría, Voluntad (o Amor), Virtud, Verdad y Gloria. A estos nueve atributos se les agrega una letra *A* innombrable (*álef*, en hebreo) que conformaría el verdadero concepto de Dios.

Una característica notable del lulismo es que asigna una notación literal a conceptos tan altos y abstractos como son los nombres, atributos o dignidades de Dios. Así, la serie de las nueve dignidades ya mencionadas (*Bonitas, Magnitudo*, etc.) en el *Arte [Ars generalis ultima]* se convierte en las nueve letras BCDEFGHIK, representando la *A* ausente lo inefable absoluto. Llull coloca estas letras en ruedas concéntricas que giran de manera que se obtengan todas las combinaciones posibles. Y como la bondad, grandeza, etc., de Dios se manifiestan en todos los niveles de la creación, con las figuras de su *Arte* Llull puede ascender y descender por todo el Universo, encontrando siempre de la *B* a la *K* sus relaciones. Las encuentra en la esfera supercelestial, nivel de los ángeles; en la esfera celeste, nivel de las estrellas; en el hombre, nivel humano, y por debajo del hombre, en los animales, plantas y materia toda de la creación. La teoría elemental entra en acción en estos niveles: si los cuatro elementos son ABCD, estas letras actúan conjuntamente con BCDEFGHIK, relación que asciende por la escala de la creación hasta las estrellas, en las cuales existen formas de los elementos. Más arriba de las estrellas, en la esfera angélica, el sistema se purifica de cualquier materialidad, desaparecen los contrastes y oposiciones existentes en las esferas inferiores, llegándose a una altura en la que lo contrario coincide, y se ve que todo el *Arte* converge para demostrar que la esencia divina más alta es un Tres.

Esta esquemática descripción, aunque pueda dar cierta idea del *Arte*, es de una simplicidad que se presta a interpretaciones sumamente erróneas, porque dicho *Arte* y sus expresiones son inmensamente complejos. Por ejemplo, puede tener formas basadas en más de nueve dignidades, y sus combinaciones de notaciones con letras casi hacen pensar en una especie de álgebra. La geometría tiene una cierta participación, ya que se usan tres figuras: el triángulo, el círculo y el cuadrado. Al subir y bajar por los niveles de la creación, el artista aplica a cada uno de ellos estas figuras. Lo geométrico es simbólico: el triángulo simboliza lo divino; el círculo, los cielos (que en el lenguaje de Llull siempre significa los siete planetas y los doce signos del Zodiaco), y el cuadrado, los cuatro elementos [agua, aire, fuego y tierra].[5]

Otra de sus obras, el *Árbol de la ciencia*, responde al intento de clasificar todo el conocimiento humano bajo un plan unificado. Esta obra tardía, junto a los diferentes tratados de Llull sobre cosmología, física, derecho, medicina, lógica, psicología, astronomía, geometría, constituye, en realidad, la preparación para su obra final, *Ars generalis ultima* de 1308, obra más filosófica que polémica.

A estas alturas, Llull ya había olvidado el propósito original del *Ars magna*, sobre la conversión de los infieles y, siglos después, Leibniz consideró al pensador mallorquín como una *clavis universalis*, la llave de todo el conocimiento, por la amplitud de las materias que toca. Por intentar "descifrar el alfabeto del mundo, ser capaz de leer en el gran libro de la naturaleza los signos grabados por la mente divina, descubrir la plena correspondencia entre las formas originarias y la cadena de las razones humanas".[6]

En su *Arte general*, Ramón Llull se proponía reducir la creación a una unidad divina, y para eso era necesaria la completa unificación de la cristiandad. Ya en *Blanquerna* había expresado la idea de que "en el mundo no haya más que un lenguaje, una creencia, una fe".

[5] Frances A. Yates, *La filosofía oculta en la época isabelina*, tr. Roberto Gómez Ciriza, Fondo de Cultura Económica, México, 1982, 331 pp. (Colección Popular, 232). V. pp. 27-28.
[6] Paolo Rossi, *Clavis universalis. El arte de la memoria y la lógica combinatoria de Lulio a Leibniz*, tr. Esther Cohen, México, Fondo de Cultura Económica, 1989, 275 pp. (Filosofía). V. p. 15.

La novedosa visión de Llull fue comprender que la cristiandad europea era muy reducida, pues en el siglo XIII, después de las invasiones mongólicas, era inminente la conversión de grandes masas al islamismo, como, en efecto, sucedió. Aunque la mayor parte del mundo cristiano se alarmaba, muy pocos se decidieron a hacer algo. Entre estos pocos se contaron Llull y Roger Bacon.

La filosofía y la teología lulianas son apologéticas y de inspiración franciscana, basadas en la persuasión pacífica. La idea de una cruzada (que, en su caso particular, fue individual) se anunció tardíamente en su vida, y aún así, como un medio y no un fin. Llull luchó por estas ideas no sólo en España, Roma y el norte de África, sino en París con los grandes teólogos de la época. En oposición a los aristotélicos y los averroístas, proponía una unidad orgánica de la verdad, la filosofía y la teología. Esta unidad no sólo se refería a las distintas escuelas de pensamiento cristiano, sino que, como ha sido mencionado, abarcaba también el pensamiento islámico y judío. Con esta tres vías de pensamiento, Llull logró crear un sistema perfectamente coherente. El resultado fue único en el Occidente medieval, aunque sin olvidar que, en última instancia, provenía de la tradición platónica.

Los contemporáneos del filósofo mallorquín, tanto árabes y cristianos como judíos, participaban de una visión del mundo derivada, más o menos directamente, del neoplatonismo. Esta visión incluía la creencia común en la escala de la creación o la cadena del ser: desde Dios, los ángeles, las esferas celestes y de los cuatro elementos, hasta el hombre, los animales, las plantas y los minerales. Incluía también la influencia pitagórica de la música de las esferas. Esta visión del mundo perduró hasta el siglo XVII, proveyendo un terreno común de discusión. Asimismo, Llull incorporó otras ideas propias de su época, como la de la organización de la realidad de acuerdo con un simbolismo numérico-geométrico y la del hombre como un microcosmo. También se ha sugerido que las figuras circulares de su *Arte* son un intento de reflejar las esferas neoplatónicas, cuya compleja e irregular danza se le había revelado en Randa.

Otras fuentes importantes para la filosofía luliana fueron las provenientes de la Cábala, como materia de estudio místico. Llull conocía y trataba a varios rabinos de Barcelona, sobre todo al famoso cabalista Moisés ben Najmán. Incluso el rey Jaime II le había concedido una licencia para predicar los sábados y domingos en las sinagogas y los viernes y domingos en las mezquitas. Se sabe de un escrito suyo en catalán, intitulado: *Als savis jueus de Barcelona, Mestre Abram Denanet e Mestre Aron i Mestre Bon Jue Salamon i altres savis que son en la aljama, Ramón Llull, salut.*[7] El cabalismo se había extendido por las comunidades judías de España, del sur de Francia y del norte de Africa, en reacción contra el racionalismo de Maimónides. Sin embargo, hay que hacer notar que aunque Llull derivase su doctrina de las dignidades divinas de los textos cabalistas, esto no le impidió atacar al judaísmo en su *Liber praedicationis contra judeos*, sobre todo en cuanto a los dogmas de la Trinidad y de la Encarnación.[8]

Un repaso de los alcances de la filosofía luliana no puede dejar de lado sus aportes e innovaciones dentro del arte de la memoria. Esta tradición europea, cuyo texto más antiguo es el *Ad Herennium* de los romanos, servía para desarrollar la capacidad de la memoria y era materia indispensable en el estudio, en la lectura, en la oratoria. Los tratados sobre ella son innumerables y podemos afirmar que dicha tradición sigue viva y se utiliza, con métodos modernos, en todo tipo de estudio contemporáneo. También en este terreno Ramón Llull destacó con sus propias ideas originales al respecto.

Ya hemos mencionado que aunque su vida se desarrolló en el siglo del escolasticismo, sus preferencias se dirigían al neoplatonismo del periodo anterior. En primer lugar, intentó basar el arte de la memoria en los nombres de Dios y sus emanaciones o atributos. Esta relación con las ideas platónicas lo acercó más al pensamiento posterior renacentista que al medieval, lo que hizo que fuera más apreciado con el paso de los siglos. En segundo lugar, no le interesó la interacción entre la memoria y las artes visuales, sino que prefirió la notación literal que introducía diagramas casi algebraicos o científicamente abstractos. Y, en tercer lugar, como aspecto más significativo dentro de la historia del pensamiento, Ramón Llull agregó la idea de movilidad en el arte de la memoria. Las figuras de su arte no son estáticas, sino revolventes. Diseña las figuras en círculos concéntricos marcados por las notaciones literales que simbolizan conceptos. Cuando estos círculos o ruedas giran se obtiene una combinación conceptual infinita. En otras series de figuras revolventes los triángulos dentro de un círculo también se relacionan con conceptos.

[7] Ramón Llull, *Liber predicationis contra judeos*, 1a. ed., crítica, intr. y notas por José Ma. Millás Vallicrosa, Madrid-Barcelona, Consejo Superior de Investigaciones Científicas, Instituto Arias Montano, 1957. V. p. 21 y notas 17, 18, 19.

[8] También atacó al islamismo en textos como: *Diputatio de fide catholica contra sarracenos et contra quoscumque negantes Trinitatem et Incarnationem.*

Esto parece un mecanismo simple, sin embargo, la gran revolución luliana consistió en que, de este modo, intentaba representar el movimiento interno de la mente humana.[9]

El pensamiento de Ramón Llull se convirtió en una de las fuentes más originales dentro de la evolución filosófica occidental. El hecho de emplear la lengua catalana para expresar tales menesteres marcó el inicio de la tradición literaria de dicha lengua, aunque también utilizara otros idiomas, como el latín y el árabe, para propósitos de difusión. Como ya ha sido mencionado, su influencia se sintió durante cinco siglos en el panorama europeo y aun en el colonial mexicano, pues entre los papeles de los Archivos de la Inquisición los hay relativos a su vida y obra.[10] En fin, figura controvertida pero, por eso mismo, con grandes ideas que hoy pueden volver a ser interpretadas con nueva luz.

Y tratando de luz, de ahí se derivó uno de los calificativos atribuidos a Ramón Llull: el *Doctor Iluminado,* quien desde el monasterio de Miramar recibía la luz divina para escribir sus *Artes,* según él mismo cuenta:

> Un saber nuevo yo he encontrado;
> por él lo cierto será claro
> y se destruirá lo falso.
> Serán los moros bautizados,
> judíos, tártaros y errados,
> por el saber que Dios me ha dado.[11]

LLULL Y EL SIMBOLISMO DE LA CÁBALA

El saber de Llull, manifestado en sus diversas *Artes,* es un intento de síntesis del pensamiento judeo-islámico-cristiano. La revelación divina que recibe es de tipo intelectual y le permite conocer las bases de su sistema filosófico total. A la manera tradicional de los místicos, Dios iluminó su mente y es Él quien le dicta la forma y manera de ejecutar su obra. Aprende por Él cuáles son los princi-

---

[9] Frances A. Yates, *The Art of Memory,* Chicago, The University of Chicago, 1966, 400 pp. V. pp. 173-198.

[10] Sobre la vida de Ramón Llull, la acusación de hereje y posterior reivindicación, puede consultarse en el Archivo General de la Nación la serie *Inquisición,* vol. 1517, exp. 12, f. señaladas.

[11] Ramón Llull, *Obra escogida. Vida coetánea. Libro de maravillas. Árbol ejemplifical. Desconsuelo (bilingüe). Canto de Ramón (bilingüe),* intr. Miquel Batllori, tr. y notas Pere Gimferrer, Madrid, Alfaguara, 1981, 617 pp. (Clásicos Alfaguara, 23) V. p. 513.

pios esenciales y accidentales de todas las cosas. De este modo, en el *Arte de encontrar la verdad*, descubre la doctrina de las dignidades de Dios y las técnicas del *ars combinandi*. Aspira a fundamentar la unidad orgánica de la verdad, la filosofía y la teología. Al entrelazamiento de las tres fuentes monoteístas agrega también el sustrato neoplatónico, existente y reconocible en ellas.[12]

> La parte central de la teología luliana está constituida por su doctrina de las dignidades, grupo peculiar de Nombres divinos que individual y conjuntamente señalan su esencia. Estas dignidades son principios generales universales, pero respecto de Dios constituyen su esencial naturaleza. Son las siguientes: Bondad, Grandeza, Eternidad, Poder, Sabiduría, Voluntad, Virtud, Verdad, Gloria, distinción de Personas, Consustancialidad personal, Principio, Medio, Fin e Igualdad. Estas dignidades pueden ser consideradas: por sus razones reales, por sus actos, intrínsecamente (procesiones divinas interiores) y extrínsecamente (por su relación con las criaturas). Las dignidades son razón y causa de un modo real de ser. Por ejemplo, la Bondad es causa de todo cuanto es bueno mediante el acto de bonificar; el poder de lo que es poderoso, etc. Son también actos, porque si no tuviesen actividad permanecerían ociosas, y ni Dios conocería sus dignidades, ni éstas manifestarían la grandeza de Dios. Pero estos actos, en sentido directo y propio, son intrínsecos, coesenciales y reales, en cuanto no puede concebirse en Dios pluralidad, accidentalidad ni privación. Por su cuantificación son máximos, o sea, infinitos. Por su predicación se atribuyen a Dios, pero sin que entre el Sujeto (Dios) y lo predicado (dignidades) haya diferencia sustancial; Dios y sus dignidades poseen la misma esencial deidad, naturaleza y sustancia. Finalmente podemos considerarlas de un modo intrínseco, o sea, según corresponde a su propia naturaleza manifestándose coesencialmente en Dios; o bien respecto de sus relaciones con las criaturas, ya que Dios ha querido mostrarse extrínsecamente por medio de ellas.[13]

Pensadores como los filósofos Carreras y Artau, y otros, no mencionan o no insisten en la influencia de la mística judía en la obra de Llull. Estudian las demás fuentes, también mencionadas aquí, pero soslayan la más cercana, aunque, también, desde un punto de vista cristiano, la más espinosa. En cambio, autores como Américo Castro, Albert A. Sicroff, Haim Beinart, Frances A. Yates y otros, ponen de relieve la importancia de la influencia hebrea. En

---

[12] J. N. Hillgarth, *op. cit.*, pp. 16-17.
[13] Miguel Cruz Hernández, *El pensamiento de Ramón Llull*, Valencia, Fundación Juan March y Castalia, 1977, 452 pp. V. pp. 192-193.

resumen, las principales influencias que recibió la obra luliana, fuera del contexto greco-cristiano, provienen de la filosofía y la lógica árabes y del cabalismo hebreo. Su aventura espiritual podría considerarse como la asimilación e integración del misticismo oriental con el racionalismo occidental.

Partimos de la premisa de que Llull, filósofo y misionero, se propuso como meta afirmar las verdades del cristianismo de una manera tan clara y convincente que no pudieran ser refutadas. En su *Ars magna,* como ya sabemos, introdujo un método mecánico que permitiera establecer todas las relaciones posibles para comprobar un tema dado. Este método requiere tres círculos concéntricos divididos en segmentos. El primer círculo se divide en nueve materias fundamentales; el segundo, en nueve predicados fundamentales, y el tercero, en nueve preguntas (si acaso, qué, de dondequiera, por qué, cuán grande, de qué clase, cuándo, dónde, cómo). El primer círculo se mantiene fijo, mientras que los otros rotan para proveer los predicados y las series de preguntas. Por medio del arte combinatorio, el filósofo mallorquín disponía de tablas y círculos que le permitían intercambiar los distintos principios teóricos y obtener las deducciones correctas de ellos.

Luego de haberse empapado de las doctrinas de los cabalistas hebreos contemporáneos suyos, emprende la tarea de su aplicación a la doctrina cristiana. La dualidad del proceso de toda lengua, expresión y comunicación, sufre una violencia difícilmente salvable en el caso de sistemas lingüísticos incompatibles como puedan serlo el hebreo y el latín. El juego acrobático mental del pensador mallorquín no es sino la expresión de los recursos infinitos y de la comprobación teórica de toda transposición que siga un método congruente. A esto se aunaban las manifestaciones escolásticas que habían preparado el terreno para la explicación y aseveración de los principios teológicos vigentes. Interpretar los postulados del judaísmo a la luz de la nueva religión europea y conservar, de manera velada, los valores del paganismo grecorromano ya había implicado una dialéctica lúdicra. Ramón Llull recoge este semillero y expande aún más sus posibilidades germinativas dentro de un arte y una lengua tan bien definidos que habrá de ser la sorpresa y la base de conceptos futuros, así como de desviaciones y de equívocos. Después de todo, en cada entidad lingüística existe una polaridad que remite de inmediato a la expresión y a la comunicación. Esta segunda vertiente es la que da lugar, en algunos casos, a transposiciones o fenómenos erróneos de traducción e interpretación. En cierto sentido, es el equivalente a la "destrucción del lenguaje", propuesta por Walter Benjamin.[14]

Primeramente, Llull traduce la materia cabalística que ha aprehendido. Conocedor a fondo de las lenguas semíticas como pocos teólogos de su época y observador cercano de las religiones, posee las armas especulativas para desarrollar su teoría.[15] La traducción de las *sefirot* hebreas por las *dignitates Dei* fue el ejercicio inicial en la creación del sistema de las varias artes que ideó. En el *Ars combinatoria* expuso el orden del alfabeto latino BCDEFGHIK (frente al hebreo: *bet, guímel, dálet, hei, vav, záyin, jet, tet, yod*) como equivalente de las emanaciones divinas, cuya traducción latina fue *Bonitas, Magnitudo, Aeternitas, Potestas, Sapientia, Voluntas, Virtus, Veritas, Gloria* (en hebreo: *Hojmá, Biná, Hésed, Gevurá, Tiferet, Nétzaj, Hod, Yesod, Maljut*). A estas emanaciones o *sefirot* agregó la letra latina A o *álef* impronunciable del hebreo, topándose con la primera fuente de equívocos. *Álef* es impronunciable en hebreo como lo es Dios mismo y equivale a una consonante, la cual, para facilitar su emisión en el lenguaje hablado puede ser cualquiera de los sonidos vocálicos, mientras que A es una vocal en las lenguas europeas. De ahí que la teoría del tetragrámaton hebreo tenga que ser readaptada al latín.

Las letras ABCD adquieren relieve específico al representar los cuatro elementos *(aer, ignis, terra, aqua)* y su posible combinación con la escala de *B* a *K*, como ha sido explicado anteriormente. El arte combinatorio luliano permite intercambiar las letras básicas y su equivalencia en conceptos por medio del sistema de círculos concéntricos movibles que otorga, de este modo, una variedad inacabable de abstracciones. Es así como se cumple con la característica multiinterpretativa del texto bíblico de acuerdo con la técnica cabalística y se alinea más con esta última que con una teoría filosófica escolásti-

---

[14] Es interesante hacer notar que en la correspondencia entre Walter Benjamin y Gershom Scholem el tema del lenguaje y la Cábala es de suma importancia. Walter Benjamin dedicó varios ensayos a reflexionar sobre los fenómenos lingüísticos. En el *Diario de Moscú* (ed. Gary Smith, tr. Richard Sieburth, prefacio Gershom Scholem, Cambridge y Londres, Harvard University, 1986) anota lo siguiente:
"El desarrollo del aspecto comunicativo del lenguaje hasta la exclusión de todo lo demás conduce, inevitablemente, a la destrucción del lenguaje. Por otra parte, este camino se dirige hacia el silencio místico, si su carácter expresivo se eleva al absoluto." (p. 47)

[15] *Cf.* Angelina Muñiz-Huberman, "Ramón Llull y el simbolismo de la Cábala", en *Acta poética*, México, Instituto de Investigaciones Filológicas, UNAM, núms. 9-10, primavera-otoño, 1989, pp. 145-153.

ca. En todo caso, el dinamismo lingüístico proviene de la movilidad cabalística y no del estatismo platónico, del cual podría haber recibido ciertas imágenes, pero imágenes en movimiento. Para Llull, la armonía de las esferas se comprende por su intercambiabilidad y el patrón de la naturaleza es un patrón incesante y siempre en variación. Concibe la escala del ser como una manifestación evolucionista y alternante, nunca como un modelo estático. La revolución de círculos, esferas y ruedas provee la mutación de cualquier punto de vista. El misticismo luliano se basa en el número infinito de las causas primordiales y de la creación divina. De ahí que aleje el platonismo (aun bajo su influencia) y acerque el conocimiento del mundo a la dimensión lingüística.

La teoría de la Cábala adopta en Ramón Llull una derivación proveniente del álgebra. La capacidad de abstraer el pensamiento y de reducirlo a fórmulas precisas junto con el valor numérico de las letras hebreas es un poderoso atractivo. El uso alfabético y la capacidad de sintetizar y simbolizar toda una carga de conocimiento facilitan la expansión sin límites del pensamiento humano. Las fórmulas permiten el avance progresivo de cualquier teoría firmemente estructurada. Una vez establecido el sistema luliano con sus bases geométricas y algebraicas, insertarle la conceptualización cabalista es casi labor esperada. Y un paso más será el de la equivalencia teológica entre judaísmo y cristianismo. Sin embargo, no debemos olvidar que las fuentes ideológicas primordiales de Llull provienen del cristianismo, sobre todo de Juan Escoto Erígena y de san Agustín. De este último asimila la teoría geométrico-divina expuesta en *De trinitate:* el hombre es la imagen de la Trinidad, pues refleja los tres poderes del alma que son el intelecto, la memoria y la voluntad.[16]

Dentro de la vasta obra luliana, tal vez el *Libro de las maravillas* sea el que incorpore de una manera más clara las correspondencias cabalistas. El prólogo parte de la invocación de las *dignitates Dei* como equivalentes de las *sefirot* hebreas. Se lleva a cabo el recuento de las emanaciones y se establece la referencia con la creación del mundo. La palabra *sefirá* proviene del hebreo *safar*, contar, y así se entiende que un primer intento de definir la divinidad sea por el recuento de sus emanaciones. Estas emanaciones que en la Cábala, en el *Libro de la creación o Séfer Yetzirá*, se derivan de los diez números arquetípicos considerados como los poderes fundamentales de todo ser creado,

---

[16] Para mayor información consúltese: Frances A. Yates, *Lull & Bruno. Collected Essays*, vol. I, Londres-Boston-Henley, Routledge & Kegan Paul, 1982. *Cf.* pp. 62-66.

son utilizadas por Llull como las potencias de Dios y sus diferentes manifestaciones en el cielo, los elementos, la esfera angélica y así sucesivamente. La presencia de la Trinidad se explica en torno del pensamiento agustiniano y se aparta, por lo tanto, de la concepción estrictamente monoteísta del judaísmo. El entrejuego de las dos religiones es una constante por analogía y por diferencia. La imagen de la virgen María aparece como una composición de los cuatro elementos y de su incorruptibilidad. La décima *sefirá* o *Maljut* integra en la Cábala el principio femenino, en la forma de madre, esposa o hija. La *Shejiná* se identifica con la imagen mística del pueblo de Israel y con el alma *(neshamá),* pero es, a la vez, la parte femenina de la divinidad, lo que propicia dentro de la teoría luliana un argumento en favor de la virgen María. La teoría de la *Shejiná* fue elaborada por los cabalistas cristianos debido a la resonancia que despertaba de inmediato con algunos dogmas de la Iglesia al permitir una partición de Dios sin perder la unidad. Cuando la *Shejiná* parte al exilio con el pueblo de Israel es interpretada, según la concepción cristiana, como Dios que habita entre los hombres sin renunciar a Su gloria, es decir, justifica el culto a la virgen María sin que se caiga en el idolatrismo.[17]

Al incorporar la Cábala el elemento mítico en la tradición judaica, propició un interés específico y una manera fácil de ser comprendida por parte de los pensadores cristianos. Constituyó, también, una manera de relacionar y de justificar los principios del cristianismo. Así, Llull refiere las emanaciones divinas al poder de la virgen: "Y por eso conviene que nuestra Señora sea tan alta y tan excelente criatura, perfecta en justicia, caridad, virtud, santidad y poder, que baste a la esperanza de la que justos y pecadores tienen menester."[18]

Para los cabalistas cristianos, la demostración del Uno como Tres se deriva de un hecho lingüístico: la letra *álef* es una, pero en su trazo se ha compuesto de tres elementos en este orden: una *yod*, una *vav* y una *yod*. De este modo, el *álef* innombrable equivale a la Trinidad, fuente y origen de todo, que en sí no se origina de nada, sin principio ni fin. Llull demuestra la unidad y trinidad de Dios a partir de las emanaciones divinas (bondad, poder, sabiduría, etc.) que

---

[17] V. el artículo de Beatriz Oberlander Niselkowska, "Relación entre la Cábala judía y el misticismo cristiano en España: *pardés* y *Shejiná*", en *Actas de las Jornadas de Estudios Sefardíes,* Cáceres, 1980, pp. 169-175.

[18] Ramón Llull, *Obra escogida[...],* p. 72.

están en el ser de Dios y cada una de ellas es Dios y ninguna está ociosa[…]. Y así como en Dios hay unidad, en la unidad hay una paternidad, una filiación, una espiración; pues que en el Padre, en el Hijo y en el Espíritu Santo residen bondad, infinidad, eternidad, poder, sabiduría y voluntad. Y porque el Padre, con toda su bondad, infinidad, eternidad, poder, sabiduría y voluntad, engendra al Hijo, es el Hijo toda la bondad, infinidad, eternidad, poder, sabiduría y voluntad del Padre; y lo mismo síguese del Espíritu Santo, que es toda la bondad, infinidad, eternidad, poder, sabiduría y voluntad del Padre y del Hijo, procediendo todo el Espíritu Santo de todo el Padre y de todo el Hijo infinitamente eterno por todo el Padre y el Hijo.[19]

El árbol sefirótico o árbol de las emanaciones divinas, presente en varias de las obras lulianas, es el lugar donde se origina el orden de la creación y es intercambiable por conceptos de cualquier campo del conocimiento humano. Puede ser el árbol de la ciencia, el árbol de la medicina, el árbol de la religión. En el *Bahir*, el árbol de Dios es el árbol del universo al mismo tiempo que el árbol de las almas: no se representa como plantado por Dios sino como "la estructura mística de los poderes creativos de Dios".[20] En el *Libro de maravillas*, el árbol ofrece a cada quien que lo contempla en actitud mística el esplendor de las *dignitates Dei*. Así, el filósofo se recrea en el examen de la bondad y el poder de Dios:

Se hallaba sentado el filósofo bajo un hermoso árbol cargado de hojas y de flores; una hermosa fontana regaba aquel árbol, y en ella había muchos pájaros que dulcemente cantaban. Según la disposición del árbol, y de la fuente y de los pájaros, contemplaba el filósofo la grandeza y la bondad de Dios, que en aquel árbol se representaban por modo de creador y de criatura. Cuando el filósofo hubo largamente contemplado a Dios, Félix le dijo estas palabras:
—Señor filósofo, mucho me maravillo de la grandeza de este árbol. ¿Cómo puede ser que de tan pequeña cosa como el grano de que fue engendrado el árbol pueda surgir un árbol tan grande como éste?
—Amigo —dijo el filósofo—, un pastor encendió fuego delante de un sabio maestro en el arte de filosofía. Aquel pastor hizo un gran fuego. Cuando el fuego se hubo multiplicado en muy grande cantidad, el pastor se maravilló de que una chispa de fuego pudiera multiplicarse en tan gran cantidad, y preguntó al maestro la razón por la cual aquel fuego tanto había

[19] *Ibid.*, p. 44.
[20] Gershom Scholem, *On the Kabbalah and its Symbolism*, 5a. ed., tr. Ralph Manheim, Nueva York, Schocken, 1974, 216 pp. (SB 235). V. p. 91.

crecido. Respondió el maestro, y dijo que natural cosa es para el fuego convertir en su semejanza a todas las cosas que con él participan, puesto que el fuego es mayor en poder que el poder de las cosas con las que participa; y porque el fuego convierte en sí a muchas cosas, por muchas cosas se multiplica.[21]

En el *Árbol ejemplifical,* Ramón Llull se vale del arte combinatoria para establecer la correlación entre las emanaciones divinas, los elementos, la escala del ser, los humores, las verdades cristianas y la estructura del árbol en sí. En el *Séfer ha-Bahir* o *Libro de la claridad,* las potencias de Dios están dispuestas en capas o ramas como en un árbol que produce sus frutos gracias a los elementos. Dios, por medio del agua, aumenta el poder del árbol. El agua, emanación divina, equivale a la sabiduría *(hojmá).* El fruto está compuesto de las almas de los hombres justos y la flor representa a los hijos virtuosos de Israel.

¿Y qué árbol es ése que mencionas?
El maestro respondió: Todas las potencias del Santo, bendito sea, están superpuestas y configuran un árbol; y así como un árbol produce sus frutos gracias al agua, de igual modo el Santo, bendito sea, hace crecer las fuerzas del árbol.
¿Y cuál es el agua del Santo, bendito sea?
La *hojmá* (sabiduría), en tanto que las almas de los justos surgen de esa fuente *(ma'aián),* para llegar al Gran Canal que asciende y anima todo el árbol.
Y ese árbol, ¿gracias a qué florece?
Gracias a Israel. Si el [pueblo] se muestra justo y bueno, la *Shejiná,* la Divina Presencia, permanece en su seno, se transparenta en sus actos, que el Creador fertiliza y multiplica (*Séfer ha-Bahir,* CXIX).[22]

En el *Árbol ejemplifical,* un pasaje semejante es el siguiente:

Este árbol está dividido en siete partes, a saber: raíces, tronco, ramas, ramos, hojas, flores, frutos; y cada una de estas partes se divide en catorce partes, como la primera parte, que es de las raíces del árbol elemental, vegetal, sensual, imaginal, humanal, moral, imperial, apostolical, celestial, angelical, eviternal, maternal, cristianal, divinal; y lo mismo de la segunda parte y de las demás. Y cada una de las siete partes está dividida en catorce partes para que podamos dar ejemplos de las naturas y mane-

---

[21] Llull, *Obra escogida...,* pp. 120-121.
[22] *Séfer ha-Bahir, El libro de la claridad,* tr. del hebreo, intr. y notas de Mario Satz, Barcelona, Obelisco, 1985, 160 pp. (Tradición Hermética). V. pp. 99-100.

ras de los árboles según sus raíces, ramas y las demás, y para que tengamos gran materia para dar ejemplos, siendo así que en los catorce
árboles están todas las cosas explicadas e implicadas; y por los ejemplos
que daremos puede el hombre tener doctrina para conocer los secretos
naturales y sobrenaturales, y para predicar y para tener moralidades buenas y solaz y amistad de las gentes. Y más aún, que por ellos puede el
hombre tener universal hábito para entender muchas cosas placenteras
de entender y placenteras de oír.[23]

Este paralelismo entre Cábala y pensamiento luliano puede
explicar cómo a partir de esta época el misticismo judío ejerció un
poderoso atractivo sobre los pensadores cristianos y sobre la técnica
de que se valieron para llevar a cabo el procedimiento de la conversión. Sin embargo, la verdadera comprensión de la obra del *Doctor
Iluminado* tendrá que esperar a los filósofos renacentistas para ser
continuada y aceptada entre un círculo de adeptos que, en muchos
casos, fueron perseguidos y señalados por la ortodoxia. El enfrentamiento entre misticismo y autoridad religiosa es difícil de evitar.
Las ramas de la simbología crecen en tal terreno.

Al proceso de cristianización de la Cábala, iniciado por Llull, hay
que agregar los nombres de algunos judíos conversos como Abner de
Burgos, luego llamado Alfonso de Valladolid. Su propósito consistió
en armonizar las teorías cabalísticas con la doctrina del cristianismo.
Se empeñó en relacionar el dogma de la Encarnación con el concepto de la *Shejiná* y de las *sefirot* para demostrar que los cabalistas creían
en un Dios único y múltiple que ya anunciaba la Trinidad.

A diferencia de Alfonso de Valladolid, que interpretaba textos auténticos
en un sentido cristianizante, la Cábala de los apóstatas judíos del siglo xv
se caracterizó por una serie de falsificaciones que consistían en "corregir"
las fuentes en aquellos pasajes en que no se demostraban de manera suficiente las conclusiones que querían sacar. Entre otras obras, se conoce el
Zelus Christi redactada por el converso Pedro de la Caballería, y Pablo de
Heredia publicó el libro *Epistola secretorum,* que presenta una supuesta traducción de textos cabalísticos hebreos, donde trata acerca de la madre
del Mesías, su genealogía, la Inmaculada Concepción y la exégesis
cristológica de ciertos pasajes de la Biblia.[24]

Probablemente estos textos deformados fueron los primeros que
llamaron la atención de Pico della Mirandola y en los que se basó,

[23] Ramón Llull, *ibid.,* p. 519.
[24] Beatriz Oberlander Niselkowska, *art. cit.,* pp. 171-172.

en un principio, para establecer las afinidades entre las dos religiones.

Sobre la relación entre las *Artes* y los *Árboles* Joaquín Xirau, en su libro sobre Ramón Llull, resume en un párrafo lo siguiente:

> Uno y otro —Árbol y Arte— se hallan íntimamente compenetrados. Desde un punto de vista absoluto —ontológico—, el segundo depende del primero: la actividad se orienta en la obra. Desde el punto de vista humano, el primero se ordena al segundo. Sólo puede alcanzar éste su plenitud si nos acercamos a la realidad con instrumentos bien templados. En un sistema total, se reducen a aspectos diversos de una y la misma realidad: camino y meta, proyecto y obra, geometría y arquitectura, lógica y realidad.[25]

Este afán de síntesis y de compenetración define el misticismo de Llull como una convergencia de poderosas influencias orientales y occidentales, de Cábala y de franciscanismo, de géneros mixtos, de parábolas y de proverbios, de razón al servicio del amor. En una breve obra se acumula esta concentración: el *Libro del Amigo y del Amado,* donde el alma, Dios y el lenguaje se simbolizan e interpretan a la manera del Cantar de los Cantares, sin que se niegue, al mismo tiempo, la corriente sufí que lo informa, dentro, claro está, del contexto cristiano.

[25] Joaquín Xirau, *Vida y obra de Ramón Llull. Filosofía y mística,* México, Orión, 1946, 286 pp. V. p. 88.

VIII. LA TEORÍA DE LAS "ARTES DE LA MEMORIA"

Siempre ha sido y será la memoria el modo de transmitir y de conservar el conocimiento, las artes, la tradición. Por eso, desde épocas antiguas su perfeccionamiento ha ocupado un lugar preferente. Se ha estudiado el método de desarrollarla y las reglas de mantenerla. A esto se le ha llamado "arte de la memoria". Sin memoria no hay historia.

En épocas anteriores a la invención de la imprenta, los tratados de dicho arte se multiplicaron y constituían parte esencial de la educación. Para los griegos, Mnemósine (la memoria) era la madre de las musas.

Cicerón (106-43) relata en *De oratore* de qué modo se descubrieron los dos principios básicos del arte de la memoria. La asociación de lugares *(loci)* e imágenes *(imagines)* originó la primera regla. Según la leyenda, el poeta Simónides de Ceos (¿556?-468), invitado a un banquete en honor de Scopas de Tesalia, repartió las alabanzas de su poema entre el noble y los semidioses Cástor y Pólux. Ofendido el primero dijo que sólo pagaría la mitad de la suma establecida, porque el poema sólo lo alababa a medias. En eso, Simónides es llamado a la puerta del palacio por dos jóvenes, a quienes, sin embargo, no encuentra. Sorprendido, está a punto de regresar al banquete en el momento en que el techo se desploma matando a todos los comensales. Cuando se quiere hacer el recuento de quiénes estaban, Simónides es el único sobreviviente y recurre a la asociación entre el lugar que ocupaba cada uno y su imagen, para reconstruir la escena. Al mismo tiempo, descubre que los dos jóvenes eran Cástor y Pólux, quienes en agradecimiento por el poema le acababan de salvar la vida.

De este modo, explica Cicerón, el orden de los lugares conservó el orden de las imágenes, es decir, de las personas o cosas.[1] La me-

---

[1] Como anécdota personal, pero justificada por servir de reafirmación de lo anterior, me permito mencionar que cuando realizaba mis estudios secundarios, mi profesor de gramática, Enrique Díez-Canedo, había desarrollado un método infalible de recordar a sus alumnos: en una hoja de papel ordenaba sus nombres no alfabética-

~~oria sería como una tablilla de cera en la cual se imprimieran las letras para guardar los acontecimientos.

Los tratados de memoria más antiguos que se han conservado son los latinos: el de *Ad C. Herennium libri IV* (86-82, anónimo), el de *Institutio oratoria* de Quintiliano (siglo I) y el de Cicerón ya mencionado. Su relación con la oratoria y la vida civil es inmediata. La manera de proceder es la siguiente: se elige un edificio público, se recorre y se memorizan los lugares. En cada parte de la construcción se incrusta el tema determinado que se va a aprender. Siguiendo el orden del edificio desde su planta baja hasta los pisos siguientes, se va avanzando también en el orden del estudio y de la comprensión. De lugares e imágenes se pasó a la memoria de cosas y palabras, enriqueciéndose las posibilidades nemotécnicas.

El tratado *Ad Herennium,* que durante la Edad Media le fue atribuido a Cicerón, dio origen a los tratados medievales y renacentistas que culminaron con la obra de Giordano Bruno, *De umbris idearium.*

Los tratados fueron perfeccionándose y alejándose de sus motivos prácticos. Se convirtieron en verdaderas artes, equiparables a sistemas de escritura interna y con una fuerte dosis de espiritualidad. Pasaron a ser medios de exposición de ideas religiosas, de teorías heréticas o de enseñanzas iniciáticas. Existe una relación con la transmisión de la Cábala, en donde el desarrollo de la memoria es la regla de enseñanza, instituida de "boca a oído", con el peculiar rasgo del judaísmo de mayor relieve de lo auditivo sobre lo visual.[2]

La memoria es de dos clases: la natural, que es la que acompaña a cada ser desde su nacimiento, y la artificial que es la que se adquiere, desarrolla y amplía a lo largo del estudio. Esta última es la que interesa a los tratadistas y la que, a su vez, se subdivide en las cuatro partes ya mencionadas (lugares, imágenes, cosas y palabras).

La memoria de los lugares *(loci)* se centra en la elección de un espacio determinado (edificio, casa, teatro, templo, palacio, castillo) que ayude a relacionar lo que se va a recordar con el lugar elegido.

La memoria de las imágenes *(imagines)* abarca la de las cosas *(res)* y la de las palabras *(verba).* Para recordar, tanto cosas como palabras, puede establecerse una regla de índole psicológica. Es más fácil de recordar lo novedoso o fuera de lo común que lo ordinario y trivial.

mente, sino según el lugar de asiento que ocupaban. Debo confesar que, años después, cuando yo empezaba a dar clases recurrí al mismo método nemotécnico: *loci et imagines.*

[2] Es de sobra conocido el hincapié de la cultura judía en lo auditivo y de la griega en lo visual, dando como resultado la preferencia de la ética en la primera y de la estética en la segunda.

Lo que ha recibido una fuerte impresión, lo trágico o maravilloso, que lo rutinario y cotidiano. Los incidentes de la infancia son más vívidos que los actos repetitivos posteriores de la edad adulta. Un eclipse es más impresionante que una puesta de sol. Por lo tanto, deben escogerse las imágenes más poderosas y activas *(imagines agentes)* para memorizarlas. Esto se logra mediante la exageración de un rasgo: embelleciendo o distorsionando, o bien, agregando un elemento cómico. Así, en *Ad Herennium* se recomienda adornar las imágenes con una corona o un manto púrpura, o resaltarlas con una mancha o marca de color, o asignarles un rasgo grotesco. Salvo estos ejemplos generales, nunca se establecen series de casos para que el estudiante los memorice, sino que el propósito de estas artes es desarrollar la inventiva de cada estudiante para que elabore su propia serie de imágenes. De tal modo que se crea una memoria activa y original, en proceso de ser generada o de ser un agente.

La memoria de las palabras se vale de la técnica anterior, es decir, de los lugares y de las imágenes, pero es más difícil de adquirir. En el caso de la poesía, se apoya en el ritmo, en la rima, en la cadencia, en la cesura y en todos los elementos poéticos. Asimismo acude a pequeñas marcas internas como signos establecidos, que podrían equivaler a un antecedente de la taquigrafía. En el caso de textos sumamente extensos, se recomienda su lectura repetida o su aprendizaje de memoria.

Finalmente, se exhorta a seguir un trabajo constante, industrioso, esmerado y diario. Si se arraigan fuertemente los lugares y las imágenes podrá lograrse un movimiento continuo de la memoria en cualquier dirección, hacia adelante o hacia atrás. Séneca *el Viejo*, un maestro de retórica, podía repetir palabras en el orden dado o a la inversa. Un amigo de san Agustín recitaba a Virgilio empezando por el final.[3]

Cicerón resume la fórmula del arte de la memoria en una admirable frase, famosa por su concisión: *imaginibus autem agentibus, acribus, insignitis, quae occurrere celeriterque percutere animum possint.*[4]

La nemotecnia se vale también del recurso de personas y máscaras intercambiables para recordar mejor ciertos episodios fuera de

---

[3] Frances A. Yates, *The Art of Memory.* University of Chicago, Chicago, 1966. 400 pp. (Phoenix Book). V. p. 16.

[4] "E imágenes que son activas, claramente definidas, extraordinarias, y que tienen el poder de impresionar y penetrar rápidamente en la psiquis." Frances A. Yates, *The Art of Memory*, pp. 17-18.

lo común. De nuevo, la imagen del teatro reaparece. Existe una antigua ilustración de las fábulas de Esopo en donde el zorro entra en el vestidor de un actor y contempla sorprendido la infinidad de máscaras. Según la tradición, tanto el orador como el poeta y el actor son los maestros de la memoria. En el Renacimiento esta idea se refuerza aún más al introducirse la imagen del teatro en sí (anfiteatro y teatro isabelino) como el lugar *ad hoc* para ejemplificar los pasos de la memoria. Camillo, Bruno e Íñigo Jones conciben el teatro como la extensión de la memoria. Pero sobre esto volveremos más adelante.

En otra obra de Cicerón, *De inventione*, se proporciona un análisis de las potencias de la mente que habrá de influir en la teología cristiana y, en cierto sentido, podría compararse a algunas de las emanaciones divinas o *sefirot* de los cabalistas. Virtud, para Cicerón, es la armonía mental compuesta de cuatro partes: prudencia, justicia, fortaleza y templanza. Estas últimas constituyen las virtudes cardinales del cristianismo, mencionadas por san Alberto Magno y por santo Tomás. Todas ellas bajo el imperio de la memoria.

La tercera fuente latina para el estudio de la memoria es la proveniente de Quintiliano, por medio de su *Institutio oratoria* (siglo I). Quintiliano aclara algunos de los aspectos nemotécnicos. Parte, como en los tratados anteriores, de la elección de un lugar: desde una casa hasta una ciudad, real o imaginaria, que se divide perfectamente en secciones a las que se le atribuye un signo o imagen especial, como un ancla o un arma; o bien, una palabra, ya que por una palabra clave puede recordarse todo un texto o discurso. Así se establece el sistema asociativo.

Quintiliano agrega un nuevo dato al proceso nemotécnico al mencionar el uso de los doce signos zodiacales. Esta posibilidad será del agrado de los tratadistas del Renacimiento, que la emplearán con frecuencia.

Quintiliano recomienda aprender de memoria los textos y luego acudir a la memoria visual (el ojo de la mente) para recordar no sólo en qué página, sino en qué línea de la página están escritas las palabras. Con lo cual se logra hablar como si se leyera en voz alta. Esto quiere decir que, para Quintiliano, las *imagines agentes* eran fantásticas y carecían de realidad práctica, alejándose en esto del *Ad Herennium* y de Cicerón.

De los tres tratados clásicos mencionados aquí el que habrá de influir más en la tradición nemotécnica occidental será el *Ad Herennium*.

Tratados medievales

Para san Agustín, la capacidad de recordar es la primera potencia del alma. El alma está compuesta de Memoria, Entendimiento y Voluntad, que es la imagen de la Trinidad en el hombre.

Sin embargo, durante la Alta Edad Media los tratados clásicos se olvidan, así como el término de memoria artificial. La enseñanza, refugiada en los monasterios, se aplica sobre todo a problemas teológicos: los caminos de la fe, las virtudes y los vicios, la salvación y el pecado, el cielo y el infierno. Se utilizan medios sencillos, como las esculturas en las catedrales, los frescos y vitrales en las iglesias para describir la historia de la religión. Método que no puede considerarse nemotécnico, pues acude a una primera impresión visual y pasiva de los hechos.

Cuando Carlomagno llama a su lado a Alcuino (735-804) para organizar la educación en sus dominios y crear la Academia Palatina, nos damos cuenta del desconocimiento que se tenía de algunos aspectos de las antiguas artes. El tema de la memoria es despachado en unas breves frases por Alcuino, pues "no hay preceptos sobre ella, únicamente puede ejercitarse por la repetición, por la práctica de escribir, por la dedicación al estudio y el rechazo de la bebida que es lo más dañino para el aprendizaje".[5]

A partir del siglo XIII y, sobre todo, con el descubrimiento de los textos latinos entre los siglos XIV y XV, surge una nueva actitud. Juan de Salisbury y Ramón Llull, éste en su *Liber ad memoriam confirmandam*, analizan el tema con mayor conocimiento de causa.

Los tratados escolásticos sobre *Ars memorativa* se basaron en la parte del *Ad Herennium* sobre la memoria artificial y en las definiciones de las cuatro virtudes cardinales de *De inventione* de Cicerón. Es decir, ya no forman parte de la retórica, sino de la ética, aunque probablemente este cambio se había venido gestando desde épocas anteriores a santo Tomás y san Alberto Magno. La retórica clásica tomó la forma de mero *Ars dictaminis*, que no era sino el arte de escribir cartas y de redactar documentos legales y administrativos. Otra tendencia, surgida en Bolonia, con la *Rethorica novissima* (escrita por Boncompagno de Signa en 1235), fue la de imbuirle cierto carácter místico a la explicación de términos poéticos. Por ejemplo, afirmar que la metáfora o *transumptio* fue inventada en el Paraíso;[6] o

---

[5] "Diálogo de la retórica y las virtudes", que Alcuino dedicó a Carlomagno, en F. A. Yates, *The Art of Memory*, p. 53.

[6] F. A. Yates, *The Art of Memory*, pp. 58-60.

convertir el Paraíso y el Infierno en lugares vinculados con virtudes y vicios.

Para san Alberto Magno el poder de la memoria se relaciona con el humor melancólico. La capacidad de la reminiscencia, el constante recordar y la añoranza de lo pasado son marcas de la melancolía. Con esto, incorpora un nuevo aspecto de lo que será considerado como la melancolía intelectual, propia del pensamiento renacentista. La memoria, en este caso, pasa a ser un elemento psíquico temperamental e individual. La melancolía inicia su reivindicación y, de ser un rasgo negativo, se revalorizará en los escritos albertinos y alcanzará su exaltación positiva en el Renacimiento y en el barroco. Este tema será tratado en capítulos posteriores.

Santo Tomás de Aquino, discípulo de san Alberto Magno, escribe sobre la memoria tanto en la *Summa Theologiae* como, siguiendo a su maestro, en los comentarios a la obra de Aristóteles *De memoria et reminiscentia*. Ubica la memoria, junto con la inteligencia y la providencia, entre los atributos de la Prudencia, virtud cardinal. Para comprender, el hombre se vale de las imágenes, que al ser grabadas en la memoria se van acumulando como elemento intelectual: *Nihil potest homo intelligere sine phantasmate.*[7] Es decir, el concepto unido a la imagen crea el acervo cultural. Esa relación entre concepto e imagen llega hasta santa Teresa, donde cada una de las partes en que divide el castillo interior equivale a los pasos que se han de seguir para penetrar en las vías místicas. La plasticidad de la imagen fija más fuertemente el concepto a ella unido.

Santo Tomás, a diferencia de San Alberto, se atiene a una explicación más racional de los elementos de la memoria y rechaza el carácter misterioso de la memoria artificial que pretende atribuirle su maestro. Asimismo, su tratamiento de la melancolía carece del tono de "inspiración poética". Sus cuatro preceptos sobre la memoria son los siguientes:

1) La memoria se establece con base en similitudes, por lo cual se relaciona de inmediato con las imágenes.

2) Se debe crear un orden de las cosas que se van a recordar, para ir progresando de una a otra.

3) Hay que insistir con afecto sobre lo que se quiere recordar.

4) La meditación constante sobre lo que se quiere memorizar es indispensable.

[7] "El hombre no puede entender nada sin imágenes." En F. A. Yates, *The Art of Memory*, pp. 70-71.

A estas alturas podemos mencionar, si no es que ya ha sido notado, el salto de las artes de la memoria del interés por la oratoria entre los romanos, al interés por el sermón religioso entre los cristianos.

En la tradición medieval, las artes de la memoria entroncan con las artes plásticas y arquitectónicas, también por un interés religioso. La iconografía y la construcción de castillos y catedrales obedecen a un ordenamiento escolástico, perfectamente calculado, de partes sobre partes y divisiones sobre divisiones. Tanto insistieron los tratados de la memoria en la disciplina de los procesos mentales que dicha disciplina invadió el resto de las manifestaciones artísticas. Sólo así podemos entender la preferencia por el tetrástrofo monorrimo o "cuaderna vía" en la poesía española del mester de clerecía, que establece un patrón exacto de tema, medida y rima, cuyo propósito es facilitar la memorización de los versos.[8]

La iconografía de iglesias y catedrales con su profusión de imágenes, no es sino el resultado del proceso nemotécnico de catequización. La *Divina Comedia* con sus exactas proporciones y su división en infierno, cielo y purgatorio es, en cierto modo, la poética del arte de la memoria. Petrarca empezó a escribir, aunque no completó, un arte de la memoria, *Rerum memorandarum libri*, en donde recogía la tradición de sus antecesores y mostraba el gran peso cultural de la memoria como regidora del conocimiento en su totalidad.

Como adaptación práctica de la memoria conservamos las ilus-

---

[8] En la introducción a los *Milagros de Nuestra Señora*, Gonzalo de Berceo expone su arte de la memoria cuando en su afán de explicar la "palabra oscura", nos proporciona los equivalentes poéticos:

> Las quatro fuentes claras que del prado manavan,
> Los quatro evangelios esso significavan
> [...]
> La sombra de los arbores, buena, dulz e sanía,
> En que ave repaire toda la romería,
> Si son las oraciones que faz Santa María
> [...]
> Los arbores que facen sombra dulz e donosa,
> Son los santos miraclos que faz la Gloriosa
> [...]
> Las aves que organan entre essos fructales,
> Que an las dulzes vozes, dicen cantos leales,
> Estos son Agustint, Gregorio, otros tales

(Estrofas 21-26, en Gonzalo de Berceo, *Milagros de Nuestra Señora*. Ed. y notas A. G. Solalinde, Espasa-Calpe, Madrid, 4a. ed., 1952, 213 pp. [Clásicos Castellanos, 44.])

El procedimiento asociativo se repite de manera clásica: imagen, lugar y palabra se entrelazan como recurso nemotécnico.

traciones que solían acompañar a los abecedarios. Cada letra era completada según la forma (imagen) de algún objeto familiar, por ejemplo, la *C* como un arco, la *X* como unas tijeras abiertas, y así sucesivamente. En el caso de juegos infantiles me gustaría sugerir que el de la Lotería en imágenes (el catrín, la muerte, la novia, etc.) podría ser un recuerdo de las formas de enseñanza de los tratados de la memoria, aún vivo en nuestros días. Los emblemas, los símbolos gremiales y la heráldica son también producto de la teoría de las artes de la memoria. E indudablemente que las modernas técnicas de enseñanza audiovisual son herederas directas de la misma tradición.

Los atributos, símbolos y signos que se incluyen en la hagiografía pictórica resumen, de un solo golpe de vista, una carga semiótica particular. El creyente medieval leía e interpretaba signos rápidamente al asistir al rito eclesiástico. Su memoria había sido entrenada para ese propósito. Las representaciones de las virtudes cardinales y teologales, los siete pecados capitales, los pasajes bíblicos o de la pasión de Jesucristo, el infierno y el paraíso, las parábolas y las moralidades tenían múltiples significados que iba deshilvanando de la madeja de la memoria.

TRATADOS RENACENTISTAS

Durante el Renacimiento, además de la influencia neoplatónica iniciada desde el siglo XV por Marsilio Ficino y Pico della Mirandola, se va a agregar una variante a la elaboración de los nuevos tratados de la memoria. La filosofía hermética, con sus elementos esotéricos, su búsqueda de un lenguaje cifrado, sus claves y metáforas, se convertirá en directriz de algunos pensadores, dramaturgos y poetas de la época. Otra influencia notoria, proveniente de la línea Ficino-Della Mirandola, es la de la Cábala en su forma cristianizada. Neoplatonismo, hermetismo y cabalismo darán lugar a nuevas posibilidades interpretativas dentro de las artes de la memoria.

Entre los principales autores merecen ser mencionados Giulio Camillo, Giordano Bruno y Robert Fludd. En España, Juan Luis Vives recibe la tradición de Alfonso de la Torre y de Ramón Llull.

Giulio Camillo Delminio (1480-1544) fue famoso por haber construido la maqueta de un teatro sobre el arte de la memoria. Un teatro en el cual instaló todas las ramas del conocimiento y la manera de memorizarlas. La maqueta iba a estar acompañada de un libro que describiera teóricamente sus ideas, pero nunca fue escrito. El teatro estaba dedicado al rey de Francia Francisco I, y sus proporciones parecen haber sido tan grandes como para permitir entrar y salir a varias personas a la vez. Viglius Zuichemus, amigo de Erasmo, en una carta a éste le relata su visita al teatro de Camillo y lo describe como una construcción de madera llena de imágenes y cajones en distintos órdenes y grados, con grandes cantidades de escritos y papeles anotados, donde se pretenden acumular las fuentes de la sabiduría.[9] Sin embargo, su relación con el hermetismo y los poderes de la magia lo distanciaron de Camillo, y el propio Erasmo rechaza tal obra como poco científica. Para Erasmo sólo eran válidas las artes de la memoria clásicas y los procedimientos racionales de la nemotecnia.

Camillo sigue la tradición hermético-cabalística inaugurada por Pico della Mirandola. Su teatro de la memoria está dividido en siete grados o escalones que conducen a siete pasadizos que representan los siete planetas. Al final de los siete pasadizos hay siete puertas decoradas con imágenes que equivalen a los siete pilares de la sabiduría del rey Salomón. Estos siete pilares representan, a su vez, las siete *sefirot* o emanaciones divinas del mundo supracelestial. El mundo celestial está representado por las estrellas y el subcelestial por la Tierra, de tal modo que conforman los tres mundos cabalistas. El concepto de los tres mundos tiene su equivalente en las tres almas del hombre, que proviene directamente del *Zóhar*, siendo éstas: *neshamá* o el alma superior, *ruaj* o el alma intermedia, y *néfesh* o el alma inferior.

Para Frances A. Yates, "Camillo hace coincidir el arte de la memoria con las nuevas corrientes del Renacimiento. Su teatro de la memoria alberga a Ficino y a Pico, la magia y la Cábala judía, el hermetismo y el cabalismo cristiano por intermedio del neoplatonismo, y convierte el arte clásico de la memoria en un arte oculto".[10]

Camillo agrega, además, la imaginativa talismánica. Incorpora a las imágenes tradicionales de la memoria los talismanes de la magia. Estos talismanes se supone que otorgan una eficacia inexplicable desde el punto de vista de la lógica. Pueden interpretarse como metáforas. Dichas imágenes talismánicas son casi siempre representaciones de las estrellas y de sus atributos. Entroncan, con frecuencia, con los procesos astrológicos.

[9] F. A. Yates, *The Art of Memory*, p. 131.
[10] F. A. Yates, *op. cit.*, p.151.

Para Camillo el estudio de su teatro ofrecía la posibilidad de conocer el alma humana en todos sus recovecos y de llegar a lo más oculto de la mente. Quien asimilara dicho estudio abarcaría, de una sola ojeada a las imágenes, la totalidad del conocimiento.

Giordano Bruno (1548-1600) o *el Nolano*,[11] como gustaba llamarse a sí mismo, colocó el arte de la memoria en el centro de su vida y de su obra, especialmente en *De umbris idearum*. Una de las fuentes principales que utilizó fue *De occulta philosophia* de Enrique Cornelio Agripa, considerada la obra clave del hermetismo cabalista del Renacimiento. La otra gran influencia es la proveniente de Llull. Bruno supo integrar el arte clásico de la memoria con el *Ars combinandi* luliano, aunque adjudicándole el carácter mágico del hermetismo.

Para Bruno, la memoria funciona sólo en su aspecto mágico. Partiendo de la base zodiacal, las imágenes que propone son las de los astros como intermediarios entre las ideas del mundo supracelestial y las del mundo terrenal o elemental. Estas imágenes de los astros son lo que él denomina *umbris idearum*, es decir, las sombras de las ideas. Las ideas pueden ser colocadas en círculos rotatorios, a la manera de las ruedas del arte combinatorio de Llull, y producir así los cambios que el conocimiento requiere. Y no solamente los cambios, sino los poderes mágicos que *el Nolano* les atribuye.

Se trata, en este caso, de un arte de la memoria mágica, dirigida a la utilización de los horóscopos como medio de restaurar el orden y la armonía en el mundo acudiendo a los poderes divinos que subyacen en el hombre.

Siguiendo la filosofía hermética, *el Nolano* establece equivalencias entre los mundos pagano y judeocristiano. Estudia los orígenes del hombre a partir de las épocas primitivas o paradisiacas, nómadas y agrícolas. Lleva un recuento de las invenciones y descubrimientos, desde el fuego, el curtido de pieles, la cerámica, el tejido, los metales, hasta el alfabeto y muchos más.

Integra la parte teórica y la diagramática en las ruedas revolventes, como una síntesis concentrada del conocimiento humano y provee las pistas para memorizar el cúmulo de datos. Incluye ciencia, tecnología, magia, religión y filosofía como un solo conglomera-

---

[11] *Cf.* Angelina Muñiz-Huberman, "Iordanus", en: *De magias y prodigios. Trasmutaciones.* Fondo de Cultura Económica, México, 1987, 101 pp. (Letras Mexicanas). V. pp. 17-22.

do congruente para él. Otorga un lugar preponderante a las matemáticas como la clave para operar el Universo. Esta fusión de las matemáticas y el poder mágico convierte al hombre bruniano en un ser semidivino que puede dominar la naturaleza, idea que heredará Shakespeare, por intermedio de John Dee, y que encarnará en su personaje Próspero en *La tempestad*. Idea, por otro lado, no muy lejana de nuestra realidad contemporánea en donde la ciencia y la tecnología —aunque, desde luego, sin el carácter mágico— casi hacen omnipotente al hombre.

Giordano Bruno abandona el concepto cristiano de la Trinidad y aspira a la Unidad abarcadora, acercándose en esto al judaísmo, algo que no le sería perdonado por la Iglesia y que determinaría su condena y muerte en la hoguera. La Unidad absoluta debería ser buscada no en el mundo externo o en el cielo, sino en la interioridad del mundo y del hombre. El hombre es el microcosmo capaz de reflejar el macrocosmo y de comprender a la creación entera por el poder de la imaginación. Esta visión es la perteneciente al nuevo hombre del Renacimiento.

En el *Ars reminiscendi*, Bruno sigue aparentemente la estructura clásica de las artes de la memoria, pero le agrega la técnica de los treinta sellos, que consiste en treinta principios y aplicaciones de la memoria mágica más treinta explicaciones de los principios y algunos diagramas ilustradores. Como en el resto de sus obras, incluye teorías filosóficas y míticas del pensamiento griego y atribuciones egipcias, los poderes asociativos de la astrología, el orden matemático, las combinaciones lulianas y la parte mágica de la Cábala.[12]

La técnica de los treinta sellos es casi impenetrable por tratarse de una obra para iniciados en el ocultismo, cuyo propósito reside en romper los sellos en busca del secreto último que habrá de revelarse en el Sello de los sellos. El único medio de lograrlo sería desarrollando todas las facultades de la memoria: la cognoscitiva, la asociativa, la sensorial, la imaginativa, la estimativa, la cogitativa, la memorativa, la fantasía.[13] Para Frances A. Yates, el motivo ocultista no es el

---

[12] Para una descripción detallada de los treinta sellos, v. F. A. Yates, *op. cit.*, pp. 248-265.

[13] Sor Juana Inés de la Cruz, conocedora de la filosofía hermética por intermedio de las obras de Athanasius Kircher, así lo menciona en su poema *Primero sueño*:

al cerebro enviába
húmedos, mas tan claros los vapores

principal. Considera que es un procedimiento "genuino" que intenta ordenar las imágenes significativas para que operen como un medio de unificación interna, para mantener al hombre unido con el alma del universo. No se trata de una cobertura mágico-religiosa, sino de una de sus técnicas principales.[14]

La visita de Bruno *el Nolano* a Inglaterra en 1583 le permitió a John Dee conocer de fuente directa las ideas que ya él venía estudiando y desarrollando. Dee, lector y seguidor de Enrique Cornelio Agripa, así como de Llull, era el receptor indicado para tales teorías. Él mismo habría de pasar a ser un personaje literario controvertido entre los autores dramáticos isabelinos. Giordano Bruno supo conectarse con círculos poético-intelectuales, como el de Philip Sidney, a la vez que de influencia política, para introducir sus ideas en Inglaterra. Sin embargo, no obtuvo el triunfo esperado, ya que el protestantismo, bajo la influencia de Erasmo y de Melanchton, rechazaba la manifestación creativo-artística dentro de la retórica y prefería artes de la memoria sin imágenes visuales.

En *Lampas triginta statuarum (Antorcha de las treinta estatuas)* Bruno agrega otro concepto renacentista de índole hermética: el de la posibilidad de otorgar movimiento a las estatuas por medios "mágicos" o mecánicos. También Shakespeare, Tirso de Molina y Calderón de la Barca se valen de este artificio en algunas de sus obras. En el sistema de las artes nemotécnicas las estatuas corresponden a las imágenes y se les pueden atribuir las connotaciones simbólicas requeridas. Las estatuas pueden representar figuras paganas,

> de los atemperados cuatro humores,
> que con ellos no sólo no empañaba
> los simulacros que la *estimativa*
> dio a la *imaginativa*
> y aquésta, por custodia más segura,
> en forma ya más pura
> entregó a la *memoria* que, oficiosa,
> grabó tenaz y guarda cuidadosa,
> sino que daban a la *fantasía*
> lugar de que formase
> imágenes diversas.

[Sor Juana Inés de la Cruz, *Obras completas.* I. *Lírica personal.* 1a. reimpr. Ed., pról. y notas Alfonso Méndez Plancarte, Fondo de Cultura Económica, México, 1976 (Biblioteca Americana). V. pp. 254-266.]

Para mayor ahondamiento, V. Octavio Paz, *Sor Juana Inés de la Cruz o las trampas de la fe.* Fondo de Cultura Económica, México, 1982, 658 pp. Capítulos 3 y 4 de la Tercera Parte.

[14] F. A. Yates, *op. cit.*, p. 259.

cristianas o contener su propio simbolismo, de tal modo que el campo del conocimiento puede ampliarse *ad libitum*. Asimismo, el movimiento que ejecuten podrá ser dotado de nuevos significados e implicaciones. Sabemos que la animación de estatuas fue parte de la simbología del movimiento rosacruz y que el diseño de jardines junto con la estatuaria (el castillo de Heidelberg, bajo el gobierno de Federico el Elector Palatino, es un buen ejemplo) indicaba todo un mundo alusivo a claves que deberían ser desentrañadas. Las ideas de Bruno y las de los rosacruces se encuentran muy cercanas.

De imaginum signorum et idearum compositione (Sobre la composición de imágenes, signos e ideas) está dividida por Giordano Bruno en tres partes, la última de las cuales se subdivide a su vez en treinta sellos y se refiere al arte oculto de la memoria. El simbolismo de los números proviene de la tradición hebrea de la *Guematriá* que consiste en la explicación de una palabra o grupo de palabras de acuerdo con el valor numérico de las letras. Entre los cabalistas es utilizada en su aspecto nemotécnico y como método para encontrar nuevos significados en los textos bíblicos. En esta obra, Bruno se vale, además de la numerología y del sistema arquitectónico, de la geometría y de los movimientos astrales para reforzar la memoria. Parte de la escala de la creación (mineral, vegetal, animal, hombre, ángel, Dios) para desarrollar sus conceptos que, aunque repite en cada nueva obra, al mismo tiempo va modificando, extendiendo y afinando. El mundo metafórico e imaginativo de *el Nolano* es inagotable.

En esta misma obra, la figura de un Mago Universal es aplicable al propio Giordano, y la imagen de los sellos y su revelación rozan el mundo apocalíptico. De igual modo, la figura de un mago en la literatura aparece en muchas de las obras dramáticas de la época.

Otro de los temas, el de la imagen de una ciudad circular encerrada por muros concéntricos como recurso de la memoria, permite grabar en cada piedra de la construcción una imagen que ayude a fijar los conocimientos. Esta técnica fue empleada no sólo por Bruno, quien la aplicó de una manera más dinámica, sino por algunos tratadistas contemporáneos suyos, como Campanella en su famosa *La ciudad del sol*, escrita en las cárceles de la Inquisición en Nápoles.[15] La enseñanza final de Giordano Bruno es que el artista, el poeta y el

---

[15] La asociación con escritores contemporáneos no deja de ser interesante: Italo Calvino con *Ciudades invisibles;* Jorge Luis Borges con una de sus ficciones, "Funes el memorioso", cuyo tema central es el de las antiguas artes de la memoria.

El escenario en el Arte de la memoria de Fludd.

filósofo son uno solo, puesto que se acogen a la madre de las musas, Mnemósine, que es la Memoria. Nada puede adquirir forma si no ha sido creado en la interioridad mental. De la combinación de los procesos mentales surge la obra integral y la memoria es su regidora.

El principio y el fin de las artes de la memoria renacentistas giran en torno de la imagen del teatro. La última gran obra que cierra el ciclo es la de Robert Fludd, *Utriusque Cosmi, Maioris Scilicet et Minoris, Metaphysica, Physica atque Technica Historia (Historia metafísica, física y técnica de los dos mundos, a saber, el mayor y el menor)*. Es una obra monumental que pretende abarcar la historia del macrocosmo (el Universo) y del microcosmo (el hombre), publicada entre 1617 y 1621. El tema de la memoria es tratado en el segundo volumen. Combina lugares con imágenes, signos del Zodiaco, elementos cabalistas y herméticos. Fundamenta la armonía universal en los principios de la música. Su influencia sobre Milton y *El Paraíso perdido* es decisiva.

Íñigo Jones, el escenógrafo de los autores isabelinos, es también conocedor de estas artes. Las ilustraciones de su obra que se conservan se refieren a la concepción del teatro como representación de la memoria. La división del escenario, la cuadriculación del suelo, las puertas de entrada y salida, los balcones, ayudan a memorizar los elementos teatrales, la actuación, los parlamentos.

JUAN LUIS VIVES

En la literatura española, Juan Luis Vives (1492-1540), preocupado por las técnicas de la enseñanza, dedica al arte de la memoria un capítulo en su *Tratado del alma*.[16] La memoria proviene de la mente y es como una tabla iluminada por un pintor: es modificable y, al mismo tiempo, es reveladora. "Así como la tabla, mirada con los ojos, produce una noción, la memoria la realiza por los ojos del alma, que entiende o conoce. Esta noción no es simple, pues necesita primero la reflexión examinadora e investigadora, y luego viene el recuerdo cuando ya se llegó a lo que nos proponemos reproducir."[17]

---

[16] Juan Luis Vives, *Obras completas*. Vol. II, tr. Lorenzo Riber, Aguilar, Madrid, 1948.
[17] J. L. Vives, *op. cit.*, p. 1185.

Vives se dedica al análisis de la memoria más que nada interesado
en el funcionamiento o en el cómo. Centra sus estudios en el aspecto humano y racional. Condenado al exilio por su pasado judío y
amenazada su vida, vive en Bruselas y en Oxford. Por eso algunas de
las imágenes que proporciona remiten a localizaciones de las nuevas
ciudades que conoce o a recuerdos de su Valencia natal. Recurre a
la memoria visual como medio para forzar la recuperación del
recuerdo:

> Hay en el recuerdo una segunda operación cuando el espíritu insiste en
> traer alguna cosa que maneja y revuelve en su pensamiento, lo cual se
> llama recoger. Este recuerdo engéndralo la simple mirada del alma a la
> memoria, y nos es común con los animales, con la diferencia que la que
> se verifica por ciertos grados mediante el discurso procedente desde las
> cosas que se presentan al espíritu a las que se le habían ocultado es
> propia del hombre, de quien es el discurso exclusivo también. Reminis-
> cencia *(reminisci)* la llaman los filósofos.[18]

Otro procedimiento más es el de la anomnesis o reducción del
recuerdo o recuerdo del recuerdo mismo. Memoria, recuerdo, reminiscencia son gradaciones de la escala.

Pero las funciones de la memoria son dos y, como explica Juan
Luis Vives, análogas a las de la mano: asir y retener. Con lo cual nos
da también una fórmula nemotécnica. Introduce la teoría de los elementos y de los humores para describir los tipos de memoria que
existen y cómo varía la retentiva, en términos de la rapidez y fidelidad en la representación. La capacidad de aprendizaje varía con la
edad, por eso es muy importante poseer un arte de la memoria que
pueda cultivarse en los diferentes periodos de la vida del hombre. A
la memoria de los lugares agrega la de las cosas y las palabras:

> No todos tienen igual memoria para todo. Los hay quienes retienen más
> fácilmente dichos, y quienes más fácilmente retienen hechos. Así se dice
> que Temístocles se distinguió mucho en la memoria de cosas y Hortensio
> en la de palabras, ejemplo éste extensivo a toda clase de hombres y de
> asuntos. Unos recuerdan más pronto y mejor los hechos curiosos; otros,
> los corrientes y sencillos; quiénes los públicos; quiénes, los privados;
> quiénes, los viejos; quiénes, los nuevos; quiénes, los propios; quiénes, los
> ajenos; los vicios, las virtudes, según su peculiar idiosincrasia, y según que
> atiendan con preferencia a unas u otras cosas, pues la atención es, en

[18] J. L. Vives, *ibid.*

definitiva, quien confirma y ratifica la memoria. Y así como en una pintura no vemos ni observamos de golpe todo cuanto en ella está representado ni se nos ofrece de pronto lo que en ella nos interesa, también en la memoria tenemos muchas cosas desconocidas y que creemos no tener aun cuando las tengamos, y al revés. Las hay igualmente que ciertos que las tenemos no aparecen aun después de mucho buscarlas y mucho perseguirlas, las cuales, si alguno nos la presenta, inmediatamente las reconocemos, como sucede en el hablar. Muchos entienden diversos idiomas cuando los oyen, pero no saben hablarlos. La razón es que al expresarnos buscamos las palabras, mientras que cuando las oímos, ofrécensenos ellas mismas y las reconocemos fácilmente.[19]

Vives analiza también las situaciones que no favorecen la memorización, como encontrarse en estado de una fuerte emoción, de embriaguez, de enfermedad. Y la imagen que utiliza es la de la imposibilidad de estampar un sello de un anillo en un arroyo o de escribir en agua rápida. Establece las varias capas de profundidad de la memoria y determina el principio de la atención y del cuidado como la base de una buena memorización. Si el recuerdo se asocia con un hecho particular, ya sea de tristeza o de suma alegría o de gran dolor ayudará a su fijación. Con lo cual Vives agrega el factor psicológico como parte del proceso nemotécnico.

El ejercicio de la memoria debe ser constante y vigoroso, aunado a la frecuencia de la reflexión. La capacidad receptora se amplía de este modo y la retentiva se vuelve tenaz: "No hay otra ninguna función espiritual que exija más cultivo de sí misma."[20]

Para explicar la contraparte de la memoria, es decir, el olvido, Vives utiliza la técnica de la imagen. Son cuatro las maneras de producirse el olvido: 1) Cuando la imagen se borra por completo; 2) Cuando está semidestruida; 3) Cuando se oculta; 4) Cuando está "como anochecida y encubierta con un velo". La primera es el olvido propiamente dicho; la segunda es la oscuridad o el aniquilamiento; las dos últimas son la ocultación. "Fenómenos todos estos fáciles de ver y comprobar en cualquier cuadro, de cuyas figuras la una está borrada, la otra gastada a trechos; la tercera se nos escapa, y la última desaparece debajo del engrudo."[21] De estas formas del olvido, la cuarta se vale de un lenguaje tomado directamente del pensamiento cabalista: la idea de "noche" como fuente de revelación y de "velo" como

---

[19] J. L. Vives, *op. cit.*, pp. 1186-1187.
[20] J. L. Vives, *op. cit.*, p. 1187.
[21] J. L. Vives, *op. cit.*, p. 1188.

proceso de ir llegando poco a poco al conocimiento. Si se logra el desvelamiento ocurre la recuperación de la salud del cuerpo y del alma. En cuanto a la primera clase de olvido, se requiere un conocimiento totalmente nuevo para reponerla. Y las dos intermedias precisan de la búsqueda y de la asociación.

> Verbigracia: del anillo al orífice, del orífice al collar de una reina, del collar a la guerra que hizo su marido, de la guerra a los capitanes, de éstos a sus antepasados o a sus hijos, de ellos a las disciplinas que estudiaban, carrera en la cual no existe meta alguna. Esta gradación se extiende a todo linaje de argumentos: de la causa al efecto; del efecto al instrumento; de la parte al todo; del todo al lugar; del lugar a la persona; de ella a sus antecedentes, a sus consiguientes, a los contrarios, a los semejantes, en concatenación indefinida.[22]

Enumeración esta que, a su vez, recuerda de inmediato las canciones de la Pascua judía, algo que debió estar muy presente en la vida de Vives, ya que de niño asistía a la sinagoga clandestina de la casa de su tía abuela.[23]

La reminiscencia puede ser de carácter natural cuando pasa espontáneamente de unos objetos a otros, o voluntaria cuando la búsqueda del recuerdo es impuesta. La anotación y el orden facilitan la memorización. Para esto son necesarias las verdades matemáticas y el ritmo de los versos. Los conceptos deben colocarse en el "palacio de la memoria", como le llama Juan Luis Vives, retomando las artes clásicas pero, al mismo tiempo, relacionándolo con la técnica cabalista de aprendizaje de la Torá o Pentateuco.

> En el palacio de la memoria hay determinados miradores para otear el sitio de las cosas desde el cual nos viene a la mente lo que en él sabemos que ha pasado o se halla. Ocasiones hay que simultáneamente, con una voz o un sonido, nos sucede algo agradable, y así nos gusta siempre que volvemos a oírlo, o si lo que ocurrió fue triste, nos entristecemos. Fenómeno es éste que también se observa en los animales, quienes, si al llamarles de cierto modo se les da una cosa de su gusto, acuden corriendo alegremente cuando oyen el mismo sonido; pero si se les golpea, temen después aquel mismo sonido por el recuerdo de los golpes. En este doble

[22] J. L. Vives, *ibid.*
[23] *Cf.* Américo Castro, *La realidad histórica de España,* Porrúa, México, 1954, 685 pp. (Biblioteca Porrúa, 4). V. pp. 551 y *ss.* Y Michael Molho, *Literatura sefardita de Oriente.* Palabras preliminares de E. Correa Calderón. Instituto Arias Montano, Madrid, 1960, 426 pp. V. p. 166. Este último recoge las siguientes coplas que se cantan en la Pascua judía:

recuerdo suele ocurrir que con más frecuencia nos viene al pensamiento la cosa mayor desde la menor que al contrario.[24]

Aquí son varios los conceptos que podemos analizar. Si bien se menciona el aspecto visual de la memoria, se insiste aún más en el auditivo, rasgo peculiar de la cultura judía. Desde Moisés y los profetas la relación con Dios es por medio de la voz o del sonido. Los cabalistas transmiten su enseñanza de boca a oído. Y, de ocurrir la revelación, más que por imágenes concretas, se establece por rayos de luz o iluminaciones. Si el judaísmo se relaciona con la ética es el precepto enseñado oralmente el que se impone. En cambio, la estética, propia del helenismo, destaca la función de la vista como la más importante de las cualidades sensoriales. Otro concepto interesante de mencionar es el de la observación, en el mundo animal, de los reflejos adquiridos o condicionados. Vives desarrolla la psicología de su época y en muchos aspectos se adelanta a futuros descubrimientos.

Un cavritico,
que lo mercó mi padre,
por dos as.

Y vino el gato,
y se cumió el cavrito,
que lo mercó mi padre,
por dos as.

Y vino el perro,
y mudrió al gato,
que se cumió el cavrito,
que lo mercó mi padre,
por dos as.

Y vino la vara,
y aharvó al perro,
que mudrió al gato,
que se cumió el cavrito,
que lo mercó mi padre,
por dos as.

Y vino el fuego,
y quemó a la vara,
que aharvó al perro,
que mudrió al gato,
que se cumió el cavrito,
que lo mercó mi padre,
por dos as. [Etc.]

[24] J. L. Vives, *op. cit.*, p. 1189.

También deducimos de la cita anterior que el recuerdo se desata a partir de la impresión mayor o más estimada sobre la menor. Es aquí donde el pensador valenciano recurre a las asociaciones con edificios de la ciudad en que vive:

> Así, siempre que veo en Bruselas una casa que hay no lejos del palacio real, me acuerdo de Idiáquez, cúya era aquella mansión, y en donde departimos en sabrosa conversación muchísimas veces y muy largos ratos, cuando se lo permitían sus ocupaciones, sobre asuntos a uno y otro sumamente placenteros. Pero no al contrario; no siempre que me viene a las mientes el recuerdo de Idiáquez pienso en aquella mansión; la razón es porque en mi espíritu es más notable el recuerdo suyo que el de su casa.[25]

En otras ocasiones, los recuerdos de Vives se retrotraen a su Valencia natal y de ahí deriva alguna regla de aprendizaje. Por ejemplo, en relación con un episodio de su infancia y la elección de edificios, "conviene que sean desnudos y estén sin muebles los locales donde se practica el arte de la nemotecnia, pues si los hay que se destaquen mucho, ahogarán lo que se desea encomendar a la memoria".[26]

Advierte, a continuación, de los peligros de la asociación por semejanza que puede conducir a yerros. Estos yerros por semejanza pueden ser de un objeto a otro, de vocablos, de personas, de lugar y tiempo, de actos y cualidades, y muchos más. Algunos ejemplos son: tomar Georgio por Gregorio; problema por entimema; Píndaro por Pándaro;[27] o bien una doctrina filosófica por otra parecida; Narciso por Adonis en el caso de su hermosura física; o hasta el olor del ajo por el de la cebolla.

Otro aspecto interesante de la teoría de Vives en cuanto a la unión entre reflexión y memoria es el papel de la primera en la búsqueda de lo que parece oculto. Las imágenes de las cosas se imprimen en la memoria no de manera pasiva sino en constante movimiento. La reflexión se encarga de contemplar directamente dichas imágenes y de atraerlas cuando llega el momento de emplearlas. La importancia del descanso y del sueño para corregir los lapsos es primordial.

[25] J. L. Vives, *ibid.*
[26] J. L. Vives, *ibid.*
[27] Gustav Schwab, *Las más bellas leyendas de la antigüedad clásica*, 2a. ed. tr. 4a. ed. alemana Francisco Payarols. Rev. sobre los textos griegos y latinos por Eduardo Valenti, Labor, Barcelona, 1974, 792 pp. (Obras Clásicas). V. pp. 338-340. Pándaro, hijo de Licaón, aparece en *La Ilíada,* en el episodio en que intenta matar a Diomedes.

Por eso no siempre lo recordamos todo, ni aun aquello mismo que ordena la voluntad: muchas veces buscamos lo que no encontramos y que poco tiempo después se ofrece espontáneamente, aun durante el descanso, como pasa con algunos que, después de investigar muy largamente con empeño ahincado y con el seso avivado y despierto la resolución de una dificultad o el nombre de alguna cosa, dan con ella durante el sueño.[28]

El filósofo valenciano retoma el arte de la memoria según sus cauces clásicos. Agrega los rasgos peculiares del pensamiento hispanohebreo de la época y contribuye con un análisis de tipo psicológico en cuanto a los procedimientos funcionales del proceso mental en sí. Descarta tanto los aspectos ocultistas como el razonar abstracto de la escolástica. Su filosofía parte de bases racionales, de observación aguda de la realidad y de interpretación de lo experimentable. Su enfoque está encuadrado dentro de un nuevo saber del hombre. Su preocupación por la memoria es de índole práctica y dirigida, sobre todo, a la enseñanza. Su didactismo no es frío ni abstracto, antes bien, está impregnado de una autognosis que lo convierte en materia cercana y hasta pasional. Su modernismo es palpable.

[28] J. L. Vives, *op. cit.*, p. 1191.

IX. LA TEORÍA DEL AMOR: LLULL, LEÓN HEBREO Y CERVANTES[1]

EN EL prólogo al *Quijote*, Cervantes empieza citando a León Hebreo: "Si tratáredes de amores, con dos onzas que sepáis de la lengua toscana, toparéis con León Hebreo, que os hincha las medidas."[2] A lo cual agregaré una cita más, ésta de Llull: "El amor y el temor se convienen contra el desamor y el menosprecio; y por esto conviene que el caballero, por la nobleza de su ánimo y buenas costumbres, y por un honor tan alto y tan grande como el que se le ha hecho por elección, por el caballo y las armas, sea amado y temido de las gentes; y que por el amor que recibe, devuelva caridad y ejemplo; y por el temor que causa, devuelva verdad y justicia."[3]

Con estas dos citas se centra la esencia del arte amatorio y caballeresco de la obra cervantina. Cuanto más rico e interpretable es el mundo de un escritor, mayor es el indicio de la multiplicidad de fuentes que ha asimilado. No bastaría con acudir a la lista de la biblioteca, ni siquiera la de don Quijote, sino que deberíamos desglosar ese cúmulo de conocimientos que de algún modo se van adquiriendo, tal vez en la danza del aire. No parto de la pregunta ¿leyó o no leyó tal y tal libro Cervantes?, sino de la manera en que incluyó en sus páginas la sabiduría asimilada por tradición de siglos. El quehacer original se refleja en el fluir preciso de la palabra, en la situación exacta, en la solidez de la estructura, no tanto en la teoría novedosa. De las fuentes del amor en que bebió Cervantes, muchas podrían mencionarse y aun sería difícil establecer una prioridad. Dos son las elegidas por afinidad, por simpatía.

---

[1] Con el título de: "Las fuentes del amor: Lulio, León Hebreo y Cervantes" presenté una ponencia en el Tercer Coloquio Intenacional Cervantino, en la Universidad de Guanajuato, el 11 de octubre de 1989. A partir de ella, he desarrollado este capítulo.

[2] Miguel de Cervantes Saavedra, *Don Quijote de la Mancha*. 2 vols. Texto y notas Martín de Riquer, Juventud, Barcelona, 1967. V. pp. 23-24.

[3] Raimundo Lulio, *Libro del orden de caballería. Príncipes y juglares*. Espasa-Calpe, Buenos Aires, 1949, 147 pp. (Austral, 889). V. p. 23.

LLULL: AMOR DIVINO Y AMOR PROFANO

El amor, excelsa cualidad divina y humana, gusta de entretejer sus raíces y de no querer establecer fronteras. Como manifestación divina, invade la vida del hombre: el hombre confunde, eleva y soterra: apenas puede bordear lo inefable. Edad Media, Renacimiento y Barroco proponen sus teorías del amor. España, encrucijada geográfica, religiosa y cultural propicia el conocimiento del aristotelismo, del neoplatonismo, del cabalismo. Maimónides crea filosofía. Los traductores de Toledo la difunden. Los cabalistas de Gerona y de Córdoba proponen la búsqueda de lo inhallable: ¿cuál es el verdadero nombre del amor?

La herencia la recibe Cervantes: la toma en su mano: la baraja: y nos da el juego en el que todos ganamos. De las teorías del amor él extracta la suya. Por un lado, tradicional; por el otro, original. Del pasado, elige la melancolía. Del presente, también la melancolía. Don Quijote llena su cabeza de lecturas amorosas y sólo vive y se define a sí por el amor al mundo y a la creación. Pero vayamos por orden y empecemos por Llull.

Ramón Llull o Lulio en castellano, que vive el siglo XIII entre el neoplatonismo y el orientalismo, deriva su filosofía del arte combinatoria de las emanaciones divinas o *sefirot* que habían enseñado los cabalistas hispanohebreos. Adopta el árbol sefirótico cuyas ramas son la Bondad, la Grandeza, la Eternidad, la Potencia, la Sabiduría, la Voluntad, la Virtud, la Verdad y la Gloria. A ellas agrega, como ya sabemos, una letra A impronunciable *(álef)* para llegar a definir la esencia divina del amor. Paralelamente, elabora la escala de las especies para culminar en el Creador: mineral, vegetal, animal, hombre, ángel, Dios: todos ellos en busca del amor, menos Dios que lo es en sí.

El amor divino se manifiesta en el poder de la creación. La existencia del hombre trasciende los límites terrenales y forma parte de un trazado celestial que integra el conjunto cósmico. La vida en la Tierra es un reflejo de la vida en el cielo. El alma humana es un fragmento del alma universal que envuelve el todo y la parte.

Llull, conocedor de las corrientes místicas del sufismo y del cabalismo, y atraído profundamente por el poder evocador de la palabra religioso-poética, elabora sus propias doctrinas místicas en un intento de abarcar las tres religiones con las cuales le tocó convivir. En una época de ideales de caballería, el amor divino y el amor profano se funden en uno solo: el caballero es caballero de Dios y es caballero de su dama: la búsqueda de lo inalcanzable se vuelve el común denominador. En el *Zóhar* o *Libro del esplendor* (siglo XIII), la metáfora doncella-amor-unión mística se da en términos caballerescos. El amor por Dios es el amor por su libro sagrado: la Torá o Pentateuco. Si se lee como es debido, atendiendo no sólo a las letras, sino a los espacios blancos (fuego negro sobre fuego blanco), el mundo crece en significados y en imágenes. Este amor por el libro es una herencia que adquiere Cervantes y que encarna en don Quijote. Don Quijote no podría existir sin la realidad que le otorga el libro. Y de libros sagrados también trata Cervantes y de lenguas sagradas, aludiendo a la hebrea.[4]

Para el cabalista el estudio de la Torá es el estudio del amor en sí. La Torá es misteriosa doncella en clave cifrada que hay que ir develando poco a poco. Vive encerrada en un palacio o castillo que su amante ronda y donde tardará en ser admitido. Un pasaje clásico del *Zóhar* así lo expresa:

> La Torá se revela y se oculta, sale en amor al encuentro de su amado y provoca amor en él[...]. Luego, tras de una cortina le habla para que él vaya comprendiendo y, después, tras de un ligero velo le habla con palabras alegóricas.[5]

Es decir, el amante debe pasar pruebas de iniciación antes de ser acogido. Debe permanecer siempre en guardia y debe dedicarse al amor y al estudio en cuerpo y alma. La herencia cabalista es profunda en Llull. En el *Libro del Amigo y del Amado,* el amor es un vasallaje que se describe en términos caballerescos. No es entonces sorpresa que el libro esté incluido en *Blanquerna,* novela de caballería religiosa y que fuera modelo místico de don Quijote:

> Al Amigo preguntaron quién era su Amado. Respondió que aquel que hacía amar, desear, languidecer, suspirar, llorar, ser escarnecido y, en fin,

---

[4] Cervantes, *op. cit.,* p. 93 (capítulo IX, vol. I): "Estando yo un día en el Alcaná de Toledo, llegó un muchacho a vender unos cartapacios y papeles viejos a un sedero; y como yo soy aficionado a leer, aunque sean los papeles rotos de las calles, llevado desta mi natural inclinación, tomé un cartapacio de los que el muchacho vendía, y vile con caracteres que conocí ser arábigos. Y puesto que aunque los conocía no los sabía leer, anduve mirando si parecía por allí algún morisco aljamiado que los leyese, y no fue muy dificultoso hallar intérprete semejante, pues aunque le buscara de *otra mejor y más antigua lengua,* le hallara."

[5] *The Zohar.* 2a. ed. 5 vols. Tr. Harry Sperling y Maurice Simon. Intr. J. Abelson, Soncino, Londres-Nueva York, 1984. V. III, 99 a-b.

morir; y el que hace la muerte más dulce que la vida, los escarnios más preciosos que la honra y los llantos y suspiros más deliciosos que la risa y la alegría.[6]

Lo que para Llull es un diálogo de amor divino entre Dios y el alma, para Cervantes lo será de amor humano, y la relación don Quijote-Dulcinea queda definida. Si bien Cervantes acepta la teoría y la expone por boca de don Quijote, la tensión se establece con el enfrentamiento a la realidad en donde vence el amor humano, pero que, al permanecer en la esfera espiritual, aún mantiene su relación mística. En el momento en que el amor toma cuerpo de mujer, la abstracción pierde su poder y se convierte en el poder de la terrenalidad.

El amor es un servicio y un aprendizaje: requiere penas y sacrificios: abandono de mundos internos por conocimiento de mundos externos: pruebas que deben ser pasadas:

Velaba, ayunaba, hacía limosnas, lloraba e iba por tierras extrañas el Amigo para mover la voluntad a su Amado a enamorar a sus súbditos, para que honraran sus honores.[7]

Los quehaceres del amor luliano se repiten en peregrinajes de don Quijote, en peticiones de reconocimiento, en aceptación de la verdad que impone el amor y la proclamación de la excelsitud de Dulcinea. Y así como Llull, peregrino cristiano, recibió palos y piedras en tierra de infieles al proclamar su verdad, don Quijote, al proclamar la suya, recibe el mismo trato. De este modo, ni la verdad divina ni la terrena logran imponerse. Queda sólo la convicción íntima de quien no logra ser vencido ni por la mayoría ni por la apariencia de las cosas. Siempre hay poderosos y encantadores que todo lo alteran. En el mundo de la imaginación, la lógica tiene sus leyes.

Pero el amor debe ser universal: debe extenderse en amplitud y en profundidad: ¿cuántos lo conocen?

Preguntó el Amado a las gentes si habían visto a su Amigo, y ellos preguntáronle por las cualidades de su Amigo. Respondióles el Amado diciendo que su Amigo era osado y temeroso, rico y pobre, alegre y triste, tranquilo y pensativo; y añadió que de continuo enfermaba de amor.[8]

[6] Ramón Llull, *Obras literarias: Libro de caballería. Blanquerna. Félix. Poesías.* [Católica], Madrid, 1948. (Biblioteca de Autores Cristianos). V. p. 506.
[7] *Ibid.,* p. 503.
[8] *Ibid.,* p. 511.

La presencia es necesidad del amor, pero el amor escapa: el amor se siente más en la ausencia. Desde el Cantar de los Cantares la súplica de quien ama es el no abandono, y cuando ocurre, la pregunta es la misma: "¿Habéis visto al que ama mi alma?"[9] Si los demás lo han visto y lo conocen, la prueba de existencia del amor aporta cierto consuelo al doliente. Don Quijote afirma la existencia de Dulcinea y, sin embargo, pide el reconocimiento de los demás: "La importancia está en que sin verla lo habéis de creer, confesar, afirmar, jurar y defender."[10] Cervantes mezcla los atributos divinos y los humanos: el amor en desequilibrio: la fe como cualidad innegable. Y todo ello en un estado de irónica ambigüedad, de suave humor crítico.

Imaginación y voluntad giran alrededor del amor:

El Amigo figuraba con la imaginación y formaba las perfecciones de su Amado en las cosas corpóreas, las que, por virtud del entendimiento, sutilizaba en las cosas espirituales y con la voluntad adoraba a su Amado en todas las criaturas.[11]

Imaginación, entendimiento y voluntad son partes que conforman el alma, sin las cuales ningún proceso mental podría alcanzar su realización. Fundamentales para el arte de la memoria que desarrolla Llull, que embebe don Quijote. Imaginación como proceso figurativo: la imagen retenida se convierte en el fondo de la memoria y se utiliza en el momento requerido. Por técnica asociativa deriva, a su vez, nuevas imágenes con las que se desata la mente de don Quijote hasta en momentos inesperados. La virtud del entendimiento selecciona y analiza el libre proceder de la imaginación: la acomoda por cauces y dirige sus fines. También don Quijote ha trazado su destino peculiar y aplica el método de sus obsesiones. La voluntad hace posible la acción: lucha contra el natural ocio y la indefinida melancolía: mantiene firme a don Quijote por los caminos y los obstáculos. Para, con insistencia, alcanzar la forma perfecta: imaginación, entendimiento y voluntad pulen los cristales del amor.

El amor concentra en sí las *dignitates Dei* o *sefirot*. Es la gloria. Es el poder. Es la sabiduría:

Preguntaron al Amigo por qué su Amado era glorioso, y respondió: —Porque es gloria. Dijéronle: —¿Por qué es poderoso? Porque es poder.

---

[9] Cantar de los Cantares, 3:3.
[10] Cervantes, *op. cit.,* p. 59.
[11] Ramón Llull, *Obras literarias[...],* pp. 518-519.

—Y ¿por qué es sabio? —Porque es sabiduría. —Y ¿por qué es amable? —Porque es amor.[12]

Y podría seguir añadiéndose el resto de las emanaciones divinas. El amor trasciende al Amigo y le enseña el camino que conduce a la sacralidad. Es un constante meditar en las bondades para hallar la máxima beatitud. Así, el amor se construye como una ciudad fortificada, como un castillo, en imágenes que se han repetido y que se repetirán, desde el Cantar de los Cantares hasta santa Teresa de Jesús.

Edificaba el Amigo una hermosa ciudad para que la habitase su Amado: los muros eran de fortaleza; los cimientos, de humildad; la mesa, de templanza; la cama, de castidad; las torres, de magnificencia; las puertas, de fe, esperanza y caridad; las calles, de piedad; los centinelas, de justicia; el idioma que en ella hablaban todos era de amor, para que todas estas cosas pasase el Amado.[13]

En oposición, don Quijote, caballero andante, busca cómo demostrar su amor por los caminos, entre la gente, alejado de las ciudades, porque Dios se le ha escapado. Dios se ha convertido en una imagen inalcanzable que ha tomado la forma de Dulcinea. Pero como es difícil saber si Dulcinea existe —por lo menos la que ha ideado don Quijote—, es un paralelo con la imagen divina que, en el cristianismo, toma forma humana, es decir, se convierte en Dulcinea campesina. De nuevo, Cervantes juega con aguas peligrosas que salvan su embarcación por el giro del humor. La parodia es tan sutil que puede entorpecer al más agudo censor. Y Cervantes se mantiene a flote, casi sin esfuerzo. Sabe cómo usar la tradición envolvente del lenguaje del cabalismo.

Las teorías del amor se multiplican. Son numerosos los tratados del mallorquín Llull además del *Libro del Amigo y el Amado*. Entre otros podemos citar: el *Ars amativa boni*, el *Arbor philosophiae amoris* y las *Flores amoris et intelligentiae*. Menéndez y Pelayo lo describe así: "Su corazón era *casa de amores [...]*. Para él cantaba siempre el pájaro en los vergeles del Amado. '¡Cuán grande daño es (exclama con frase ardentísima) que los hombres mueran sin amor!'"[14] Doctrina

---

[12] *Ibid.*, p. 483.
[13] *Ibid.*, p. 512.
[14] Marcelino Menéndez y Pelayo, *Historia de las ideas estéticas en España*. 14 vols. Glem, Buenos Aires, 1943. V. III, pp. 76-77.

que repite don Quijote. Don Quijote y Llull entreverados, como escribiera Joaquín Xirau, discípulo y maestro fundidos.[15] Pero, tal vez, es el *Libro del orden de caballería* (que influyó en don Juan Manuel y en Joanot Martorell, autor del *Tirant lo Blanch*)[16] el verdadero modelo para don Quijote, aunque, como siempre, con la advertencia de que la actuación puede ser por opuestos. Cervantes se especializa en transgredir la costumbre establecida.

> Tan alto y tan noble es el orden de caballería, que no le basta estar formado de las personas más nobles, y que posea las más nobles bestias y las armas más honradas[...].[17]

> Es oficio del caballero mantener viudas, huérfanos y pobres[...].[18]

> Así como el hacha ha sido hecha para cortar los árboles, así el caballero tiene el oficio de destruir a los malvados[...].[19]

El caballero actúa por amor, y ésta es regla que don Quijote sí sigue, sobre todo cuando la teoría neoplatónica se ha desarrollado plenamente por intermedio de la obra de León Hebreo. Es en esta fuente en donde sacia su sed don Quijote.

LEÓN HEBREO: LAS RAZONES DEL AMOR

Yehudá Abrabanel o León Hebreo, como fue llamado en Italia, filósofo y médico, hijo de Isaac Abrabanel quien fuera consejero de Fernando *el Católico,* nació hacia 1460 en Lisboa y murió alrededor de 1525, en Nápoles. Dedicó su vida al estudio de la filosofía, las matemáticas, la astronomía y al análisis e interpretación de textos bíblicos y neoplatónicos. Después del decreto de expulsión de los

---

[15] Joaquín Xirau, *Vida y obra de Ramón Llull. Filosofía y mística.* Orión, México, 1946, 286 pp. "Su vida es la trayectoria de este sueño. Al servicio de esta cruzada de redención universal pone su vida, su cuerpo y su alma, su pensamiento, su esfuerzo, su amor, con arrebato inextinguible, hasta la muerte. Es la preformación encarnada de don Quijote —¿no diríamos mejor, que don Quijote es su proyección tardía, desencarnada, espectral?—, Quijote de carne y huesos, incondicionalmente consagrado, con ademán caballeresco, al rescate de la Humanidad para la Ciudad de Dios." (pp. 29-30)

[16] E. Allison Peers, *Ramon Lull. A Biography.* Burt Franklin, Nueva York, 1969, 454 pp. *Cf.* el cap. VI, pp. 115-141.

[17] Raimundo Lulio. *Libro del orden de caballería,* p. 24.

[18] *Ibid.,* p. 38.

[19] *Ibid.,* p. 41.

judíos de 1492, vivió en Italia, donde escribió su obra más famosa, los *Diálogos del amor*. Se sabe que escribió también *De coeli harmonia*, cuyos originales se perdieron, así como los de algunos poemas. Se conservan sus obras en hebreo: *Shirim (Canciones)* y *Tluná al hazmán (Lamentación del tiempo)*. Esta última es una queja por las calamidades que le ocurrieron: la expulsión de España; la conversión forzada de su hijo mayor al no salir al exilio:

¿Cómo te hallas, querido mío, entre hombres de corazón impuro, tú, manzano floreciente entre árboles secos? ¿Por qué tiene que morar entre extraños tu alma purísima, como una rosa entre cardos y espinas?[...]. Debes saber que eres hijo de una familia de sabios. No olvides tu linaje y aplica tu corazón y tu inteligencia al estudio de la Biblia y a la interpretación de los textos sagrados.[20]

Así como el testamento lírico en el que le pide a Dios que "enderece su camino e ilumine la oscuridad de su espíritu".[21]

Los *Diálogos del amor* es una obra con la que comienza una nueva filosofía de la religión en la que predomina el carácter neoplatónico y la influencia de Filón de Alejandría, el pensamiento místico y el cabalismo. Pero, sobre todo, es la exposición concluyente de la teoría del amor en el Renacimiento. Sólo así nos explicamos el franco entusiasmo de Marcelino Menéndez y Pelayo al explicar el valor de esta obra:

Perdónese tan largo extracto de un libro, apenas leído hoy de nadie, pero que no deja por eso de ser el monumento más notable de la filosofía platónica en el siglo XVI, y aun lo más bello que esa filosofía produjo desde Plotino acá. Toda otra exposición antigua o moderna de las doctrinas del discípulo de Sócrates acerca del amor y la belleza, o es plagio y reminiscencia de ésta, o parece breve arroyuelo al lado de este inmenso océano. Nunca, antes de Hegel, ha sido desarrollada con más amplitud la estética idealista. Nadie ha manifestado tan soberano desprecio a la materia como León Hebreo. Nadie ha espiritualizado tanto como él el concepto de la forma, nadie le ha unificado más, y nadie se ha atrevido a llegar tan lejos en las conclusiones de la teoría platónica. La *idea* única, engendrando de su seno toda forma, la forma lidiando con la materia, y señoreándola, vivificándola y hermoseándola en diversos grados[...], tales son los fundamentos de esta síntesis deslumbradora, que

---

[20] Lázaro Schallman, *León Hebreo*. Congreso Judío Mundial, Buenos Aires, 1968, 31 pp. (Biblioteca Popular Judía, 25). V. p. 14.
[21] *Ibid.*

abarca todo el cerco de los entes, afirmando dondequiera la eterna
fecundación del amor. Doctrina *telematológica* en el punto de arranque, y
ontológica en su término, puesto que viene a considerar el mundo como
una objetivación del amor o de la voluntad, que se revela y hace visible
en infinitas apariciones y formas. Doctrina profundamente armónica, y
aun más unitaria que armónica, en la cual entran concordados y sin violencia Aristóteles y Platón, la idea *en las cosas* (llamada *forma*), y la idea
sobre las cosas, identificada con la divina sabiduría.[22]

Yehudá Abrabanel o León Hebreo nos advierte que ha creado una
nueva ciencia relativa a la descripción del amor, la que denomina
philographia. Expone esta ciencia en tres diálogos, cuyos interlocutores
son Filón y Sofía, personajes abstractos que simbolizan el amor o apetito y la ciencia o sabiduría. El primer diálogo trata de la naturaleza y
esencia del amor; el segundo de su universalidad, y el tercero de su origen. En cuanto a la lengua en que fueron escritos, siguen planteadas
distintas versiones. El texto italiano parece traducción del manuscrito
original, que pudo haber sido hebreo o ladino (español con caracteres
hebreos). De este último se conserva una copia en el Museo Británico
que aunque no es contemporánea, muy bien pudo haber sido transcri-
ta del texto original del autor. La traducción más famosa al castellano
es la del Inca Garcilaso de la Vega, por su purísimo idioma.[23]

Para Cervantes, los *Diálogos* es obra de lectura modelo, que le permite elaborar su propia doctrina del amor, no sólo en el *Quijote,* sino
en *La Galatea,* en las *Novelas ejemplares* y, en general, en el resto de su
literatura. Obra con la cual puede sentir afinidad por sus orígenes
judíos, por la claridad de estilo y el juicio certero. Obra que ha sido
alabada por los príncipes cristianos (la versión castellana del Inca
Garcilaso de la Vega está dedicada a Felipe II, y la francesa a Catalina
de Médicis) puede, entonces, ser alabada por él sin temor.[24]

En el primer diálogo, Abrabanel declara las tres condiciones que
debe reunir el amor: el ser, la verdad y la bondad. El objeto amado debe existir, debe ser cierto y debe ser bueno:

Porque es necesario que el conocimiento preceda al amor; que ninguna
cosa se podría amar si primero no se conociese debajo de especie de ser
buena. Y ninguna cosa cae en nuestro entendimiento si primero efectual-

---

[22] Marcelino Menéndez y Pelayo, *op. cit.,* vol. IV, p. 45.
[23] Cecil Roth, *The Jews in the Renaissance.* Harper & Row, Nueva York, 1965, 378 pp.
(Harper Torchbooks). *Cf.* pp. 128-136.
[24] Menéndez y Pelayo menciona que la Inquisición puso en su índice la traducción
del Inca: "sin duda fue por algunos rasgos de cabalismo y teosofía". En *op. cit.,* IV, p. 13.

mente ella no se halla ser. Porque nuestro entendimiento es un espejo y ejemplo, o, por decir mejor, una imagen de las cosas reales. De manera que no hay cosa alguna que se pueda amar si primero no se halla ser realmente.[25]

Don Quijote, una vez que ha decidido cuál va a ser el curso de su vida, necesita hallar el objeto de su amor: "que no le faltaba otra cosa sino buscar una dama de quien enamorarse; porque el caballero andante sin amores era árbol sin hojas y sin fruto y cuerpo sin alma".[26] El amor debe tomar forma, debe encarnarse, y el proceso de conversión se logra: nace Dulcinea de Aldonza Lorenzo, sin que importe que sea una moza labradora que jamás haya de entender las reglas del amor cortés. Lo que no puede negarse es su existencia. Si por el camino Dulcinea se impregna de todas las cualidades del amor perfecto, habrá de agradecerse a las conceptualizaciones del neoplatonismo de León Hebreo y al poder sintetizador de Miguel de Cervantes.[27]

La calidad de verdad se adquiere en el momento en que el amor adquiere ser. Si el objeto amado existe, es cierta su verdad y el entendimiento así lo reconoce. De ahí que don Quijote insista en la verdad de las atribuciones de su amor, en la necesidad de que los demás también lo acepten para alcanzar la universalidad.

Una vez que el amor se adjudica el ser y que este ser es verdadero, surge el deseo: aquello que se ama es natural aspirar a poseerlo y es natural considerar su posesión como bondadosa, ya que de otro modo ni se amaría ni se desearía. Cervantes puede decir a la par de León Hebreo que "las cosas juntamente amadas y deseadas son aquellas que son estimadas por buenas".[28] Por lo tanto, don Quijote no duda: su ideal es bueno y verdadero.

Pero el amor es efecto de contrarios, trastorna la razón y apremia la imaginación. Incita a un código de rigores, pruebas y penitencias. Inflige deleites en el castigo, martirios en el premio.

El amor que es regulado por la razón no suele forzar al amante y, aunque tiene nombre de amor, no tiene el efecto; porque el verdadero amor a la

---

[25] León Hebreo, *Diálogos del amor*. Tr. del Inca Garcilaso de la Vega, Espasa-Calpe, Buenos Aires-México, 1947, 340 pp. (Austral, 704). V. pp. 17-18.

[26] Cervantes, *op. cit.*, p. 40.

[27] Américo Castro elabora una lista de concordancias entre los *Diálogos del amor* y las obras de Cervantes en su estudio *El pensamiento de Cervantes*. Nueva ed. ampl. y con notas del autor y de Julio Rodríguez-Puértolas, Noguer, Barcelona-Madrid, 1972, 410 pp. *Cf.* pp. 144-148.

[28] León Hebreo, *op. cit.*, p. 21.

razón y a la persona que ama hace fuerza con admirable violencia e increíble furor, y más que otro impedimento humano perturba la mente, donde está el juicio, y hace perder la memoria de toda otra cosa, y de sí solo la llena, y en todo hace al hombre ajeno de sí mismo y propio de la persona amada. Hácele enemigo de placer y de compañía, amigo de soledad, melancólico, lleno de pasiones, rodeado de penas, atormentado de aflicción, martirizado de deseo, sustentado de esperanza, instigado de desesperación, fatigado de pensamientos, congojado de crueldad, afligido de sospechas, asaeteado de celos, atribulado sin descanso, trabajado sin reposo, acompañado siempre de dolor, lleno de suspiros, de respetos y desdenes, que jamás le faltan. ¿Qué te puedo decir más, sino que el amor hace que continuamente muera la vida y viva la muerte del amante? Y lo que yo hallo de mayor admiración es que, siendo tan intolerable y extremo de crueldades y de tribulaciones, la mente no espera apartarse de ellas, ni lo procura ni lo desea; antes, a quien se lo aconseja y le socorre lo tiene por enemigo mortal. ¿Parécete, ¡oh Sofía!, que en tal laberinto se puede guardar la ley de la razón y las reglas de la prudencia?[29]

En esta cita la relación amor-locura queda establecida, dando carta de naturaleza a la confusión del pensamiento de don Quijote, a su deambular entre los mundos sin frontera, a su deslizar entre razón y pasión. Así, los sucesivos actos de penitencia son entendidos como un no-entendimiento.

Loco soy, loco he de ser hasta tanto que tú vuelvas con la respuesta de una carta que contigo pienso enviar a mi señora Dulcinea; y si fuere tal cual a mi fe se le debe, acabarse ha mi sandez y penitencia; y si fuere al contrario, seré loco de veras y, siéndolo, no sentiré nada.[30]

Advierte, Sancho —dijo don Quijote—, que el amor ni mira respetos ni guarda términos de razón en sus discursos, y tiene la misma condición que la muerte: que así acomete los altos alcázares de los reyes como las humildes chozas de los pastores, y cuando toma entera posesión de una alma, lo primero que hace es quitarle el temor y la vergüenza.[31]

En el segundo diálogo, León Hebreo analiza la comunidad del ser del amor y su amplia universalidad. El amor puede ser natural, sensitivo y racional o voluntario. El primero, de orden físico en la naturaleza, rige los movimientos de los cuerpos en el espacio, proporciona las leyes de atracción y gravedad, de armonía de las esferas, de

---

[29] *Ibid.*, p. 58.
[30] Cervantes, *op. cit.*, p. 238.
[31] *Ibid.*, pp. 956-957.

orden cósmico, de escala de los seres y de órbitas de los planetas. El segundo, relacionado con el apetito y el mundo de las intuiciones, es el que se refiere a los animales y su extensión sensorial. El tercero, con predominio de actitudes mentales como la razón y la voluntad, pertenece a la invención humana. El hombre, compendio de los tres amores, los abarca en sí: del inferior al superior. Puede viajar del uno al otro y puede ascender o descender. Acercarse al grado celestial o hundirse en el animal.[32]

De igual modo, para Cervantes el amor es muchas clases de amor: uno en todo y todos en uno: sensitivo, humano y espiritual. El idealizado de don Quijote y Dulcinea, que el propio Cervantes califica de "platónico".[33] El conyugal de Sancho y Teresa. Eros y Ágape de Maritornes. Amor en venta de las mujeres del partido. Amor frío de Marcela. Amor y muerte de Grisóstomo. Amor sin fe de Cardenio y Luscinda. Amor, honor y engaño de Fernando y Dorotea. Amor por curiosidad de Anselmo y Camila. Amor por fe religiosa del Cautivo y Zoraida. Amor de adolescentes, el de Ana y Luis. El trágico, de Claudia Jerónima. Y tantos otros amores, hasta los perversos y equívocos, como en el episodio de don Gaspar (o Pedro) Gregorio.[34] Sin que falte, con el peculiar tono irónico de Cervantes, el amor entre animales con el derecho a ejercerlo por parte de Rocinante.[35]

[32] "El conocimiento o apetito o amor natural es el que se halla en los cuerpos no sensitivos, como son los elementos y los cuerpos mixtos de los elementos insensibles, como los metales y especies de piedras, y también las plantas, hierbas o árboles, que todos éstos tienen natural conocimiento de su fin e inclinación natural a él; la cual inclinación les mueve al fin, como a los cuerpos pesados de descender a lo bajo, y a los livianos de subir a lo alto, como a lugar propio, conocido y deseado. Esta inclinación se llama y es verdaderamente apetito y amor natural. El conocimiento y apetito o amor sensitivo es el que se halla en los animales irracionales para seguir lo que les conviene y huir lo que no les conviene, como es buscar la comida, la bebida, la templanza, el coito, la quietud y cosas semejantes, que conviene conocerlas primero y después apetecerlas o amarlas y luego seguirlas; que si el animal no las conociese, no las desearía ni las amaría, y si no las apeteciese, no las seguiría para habellas y, no habiéndolas, no podría vivir. Pero este conocimiento no es racional, ni este apetito o amor es voluntario, que la voluntad no está sin la razón; empero, son obras de la virtud sensitiva, y por esto les decimos conocimiento y amor sensitivo y, hablando más propiamente, apetito. El conocimiento y amor racional y voluntario se halla solamente en los hombres, porque proviene y es administrado de la razón, la cual, entre todos los cuerpos generales corruptibles, es participada solamente al hombre." En León Hebreo, *op. cit.*, pp. 68-69.

[33] "[...]porque mis amores y los suyos han sido siempre platónicos, sin estenderse más que a un honesto mirar." En Cervantes, *op. cit.*, p. 244.

[34] "Turbéme, considerando el peligro que don Gregorio corría, porque entre aquellos bárbaros turcos en más se tiene y estima un mochacho o mancebo hermoso que una mujer, por bellísima que sea." En Cervantes, *op. cit.*, p. 1006.

[35] "Sucedió, pues, que a Rocinante le vino en deseo de refocilarse con las señoras

Ahora bien, si queremos encontrar la teorización sistemática del amor que elabora Cervantes siguiendo a León Hebreo, debemos acudir al Libro IV de *La Galatea,* donde la polémica entre Tirsi y Lenio sigue paso por paso y palabra por palabra cada uno de sus conceptos. Debemos a Menéndez y Pelayo la primera mención de esta poderosa influencia.

> El amor siempre es bueno, pero no los accidentes que se le allegan, como vemos que acaece en algún caudaloso río, el cual tiene su nacimiento de alguna líquida y clara fuente, que siempre claras y frescas aguas le va ministrando; y a poco espacio que de la limpia madre se aleja, sus dulces y cristalinas aguas en amargas y turbias son convertidas por los muchos y no limpios arroyos que de una y otra parte se le juntan[...]. La belleza, conocida por tal, es casi imposible que de amarse deje; y tiene la belleza tanta fuerza para mover nuestros ánimos, que ella sola fue parte para que los antiguos filósofos, ciegos y sin lumbre de fe que los encaminase, llevados de la razón natural y traídos de la belleza que en los estrellados cielos, y en la máquina y redondez de la Tierra contemplaban[...] fueron con el entendimiento rastreando, haciendo escala por estas causas segundas, hasta llegar a la primer causa de causas.[36]

En el párrafo anterior, Cervantes explana las características del amor (bondad y belleza) a partir de la imagen clásica de agua y fuente de la vida y aun amplía hacia la gran visión del cosmos y el hallazgo de la Causa Primera. La tradición cabalista sitúa la belleza en el centro del árbol sefirótico como muestra del amor y la bondad de Dios, tradición incorporada en la filosofía de Yehudá Abrabanel.

La belleza o *tiféret* equivale a la compasión y es el puente de unión entre la misericordia y el poder divinos. Junto a otra emanación divina, *maljut*, significa la belleza del mundo masculino y femenino o el Sol y la Luna. Es también el pronombre tú con el que se dirige el hombre a Dios. Está incluida en la grafía del nombre de Dios, Yavé, que si lo desglosamos en sus letras: *yod* es la fuente de todo o la sabiduría *(hojmá);* la primera *he* es el entendimiento *(biná); vav* es la belleza *(tiféret)* o las seis emanaciones restantes, y la *he* final es el reino *(maljut).*[37]

La universalidad del amor no sólo se refiere a las condiciones divina y humana, sino que incluye la totalidad de la naturaleza y el

facas, y saliendo, así como las olió, de su natural paso y costumbre, sin pedir licencia a su dueño, tomó un trotico algo picadillo y se fue a comunicar su necesidad con ellas." En Cervantes, *op. cit.*, p. 136.

[36] Menéndez y Pelayo, *op. cit.*, vol. IV, pp. 80-81. (Fragmento de *La Galatea*).

[37] Gershom Scholem, *Kabbalah.* Keter, Jerusalén, 1988, 492 pp. (Library of Jewish Knowledge). V. pp. 110-111.

cosmos en sí. En el segundo diálogo de Yehudá Abrabanel aparece una sección dedicada a la cosmología o especie de poema cosmogónico en prosa, como lo denomina Menéndez y Pelayo. Las fuentes que utiliza el autor, además de las astronómicas y astrológicas de la tradición judaica, provienen del *Timeo* de Platón y de la *Física* de Aristóteles. El hombre es un microcosmo y el juego simbólico tierra-cielo es la cópula hombre-mujer. Pero de todas las cópulas la divina es la que promete la última felicidad y la que comprende las diez *sefirot*: "con Dios os ayuntaréis, sin prometer ninguna otra cosa, como vida, gloria eterna, sumo deleite, grande alegría y luz infinita y otras cosas semejantes; porque este nombre, *copulación*, es la más propia y precisa palabra que significa la bienaventuranza, y contiene todo el bien y la perfección del ánima intelectiva como la que es su verdadera felicidad".[38] El resumen de este diálogo se pone en boca de Sofía: "Así es, porque el amor es un espíritu que vivifica y penetra todo el mundo, y es una ligadura que une todo el universo."[39]

El diálogo tercero trata del origen del amor, lo que justifica el título de filografía, creado por León Hebreo. Es la parte más mística y en la que se describe el éxtasis del alma en Dios. Intercala comentarios de textos bíblicos de donde entresaca ejemplos de la unión divina. Y así, de Moisés y Aarón "dice que murieron por boca de Dios [...] que murieron besando la divinidad, esto es, arrebatados de la amorosa contemplación y unión divina".[40] Del alma en busca de la *unio mystica* el siguiente párrafo será eco de grandes místicos cristianos:

Y aun esta meditación sola que al contemplativo amante le queda, no es de sí, sino de la persona amada, ni él, ejercitando la tal meditación, está en sí, sino fuera de sí y en el que contempla y desea. Que cuando el amante está en éxtasis contemplando en lo que ama, ningún cuidado ni memoria tiene de sí mismo ni hace en su beneficio obra alguna natural, sensitiva, motiva o racional; antes del todo es ajeno de sí mismo y proprio del que ama y contempla, en el cual se convierte totalmente, que la esencia del ánima es su proprio acto, y si se une para contemplar íntimamente un objeto, se transporta en él su esencia y aquél es su propia sustancia, y no es más ánima y esencia del que ama, sino sola especie actual de la persona amada.[41]

---

[38] León Hebreo, *op. cit.*, p. 51.
[39] León Hebreo, *op. cit.*, p. 153.
[40] León Hebreo, *op. cit.*, p. 163.
[41] León Hebreo, *op. cit.*, pp. 161-162.

Aunque en Cervantes no encontremos una alusión directa al éxtasis místico, caben interpretaciones de orden cabalístico en cuanto a la importancia de ciertos temas, como el castillo, el camino, la montaña y aun la figura de Dulcinea como sinónimo de las emanaciones divinas o hasta de la *Shejiná*. Bernardo Baruch, en un estudio sobre la inclusión de un relato del Talmud en el *Quijote*, insinúa que Dulcinea, en su aspecto de princesa, puede simbolizar el exilio de la espiritualidad.[42] Por su parte, Américo Castro propone la idea de considerar al *Quijote* como una forma secularizada de espiritualidad religiosa.[43]

Un paso siguiente en la concepción del amor de León Hebreo es su enlace con la belleza, ya mencionado, y con la bondad. Así, la presencia de las *sefirot* va surgiendo en la teoría del amor. Claramente se menciona la Cábala, el análisis de las letras y el sentido figurativo. El último paso es interpretar a "Platón mosaico y del número de los cabalistas".[44]

LOS CAMINOS DEL CIELO

Don Quijote, armado no sólo de la lanza y la adarga, sino, mejor aún, de la teoría del amor, cabalga por los caminos de la tierra en espera de que sean los caminos del cielo. La tierra invierte el cielo y él no lo sabe. La Jerusalén terrena se eleva a la sombra de la celeste. El momento más cercano a una experiencia de orden místico-cósmico es el de su cabalgar en Clavileño por los cielos. En ese episodio Cervantes expone las teorías astronómicas del momento y la visión armónica de las esferas según lo había expuesto León Hebreo.

Pitágoras decía que, moviéndose los cuerpos celestiales, engendraban excelentes voces, correspondientes la una a la otra en concordancia armoniaca. La cual música celestial decía ser causa de la sustentación de todo el Universo en su peso, en su número y en su medida. Señalaba a

---

[42] Bernardo Baruch, "Una página del Talmud en el *Quijote*", conferencia impartida en la State University de Nueva York en Binghampton, Sephardic Studies, 1987. En el cap. XLV de la segunda parte del *Quijote* se incluye el relato de la cañaheja o báculo, cuya fuente proviene del Talmud, Guemará Nedarim, 25a.

[43] Américo Castro, *Cervantes y los casticismos españoles*. Nota prel. Paulino Garagorri. Alianza-Alfaguara, Madrid, 1974. 301 pp. (El Libro de Bolsillo, 494). "Pero en la estructura del *Quijote* nada vale como un absoluto más allá o un absoluto más acá. Se relativizan el uno y el otro en la más magnánima tregua de Dios que conoce la literatura de Occidente", p. 91.

[44] León Hebreo, *op. cit.*, p. 226.

cada orbe y a cada planeta su tono y su voz propia, y declaraba la armonía que resultaba de todos. Y decía ser la causa que nosotros no oyésemos ni sintiésemos esta música celestial, la distancia del cielo a nosotros o la costumbre de ella, la cual hacía que nosotros no la sintiésemos, como acaece a los que viven cerca del mar que, por la costumbre, no sienten su ruido como los que nuevamente se acercan a ese mar. Siendo, pues, el amor y la amistad causa de toda concordancia y habiendo en los cuerpos celestiales mayor concordancia, más firme y más perfecta que en todos los cuerpos inferiores, se sigue que entre ellos hay mayor y más perfecto amor y más perfecta amistad que en estos cuerpos bajos.[45]

El principio cosmológico de León Hebreo es el del amor que rige el apetito de la materia hacia la forma. Denomina a la Tierra "meretriz" porque tiene amor por toda forma y no es fiel a un solo elemento y, sin embargo, logra la belleza y la variedad del mundo inferior. En el paseo "cósmico" de don Quijote y Sancho, Cervantes encuentra la fórmula para transmitir la imaginativa de la época: cuidándose de aceptarla para no caer en herejía, la presenta como asunto falso (Clavileño no se despega de la tierra) y como objeto de burla (contiene la diversión de los duques). Pero entre lo serio y lo cómico se apunta el mecanismo metafórico que permite la transmisión de un mensaje cifrado o alusivo a enseñanzas herméticas y alquímicas, a la manera de León Hebreo. Como sistema de significados, la carga mayor de imaginativa recaerá, en este pasaje, sobre Sancho para confundir aún más cualquier huella identificable con doctrinas perseguidas. Ya en los primeros capítulos se le había escapado a Cervantes mencionar "otra mejor y más antigua lengua"[46] por referirse a la hebrea, con lo que se sobreentiende el carácter de lengua sagrada atribuido por los cabalistas y así mencionado por León Hebreo. Si don Quijote habla de la armonía de las esferas, Sancho lo hace de las siete cabrillas, como llama a la constelación de las Pléyades. En dos versiones inmediatas Cervantes provee reverso y anverso de un tema entre ciencia y magia. Clavileño, el caballo encantado, posee su clave o clavija, "que volviéndola a una parte o a otra, el caballero que va encima le hace caminar como quiere, o ya por los aires, o ya rastreando y casi barriendo la tierra, o por el medio, que es el que se busca y se ha de tener en todas las acciones bien ordenadas".[47] Sancho lo interpreta

---

[45] *Ibid.*, pp. 93-94.
[46] Cervantes, *op. cit.*, p. 93.
[47] *Ibid.*, p. 825.

de manera diferente: "que yo no soy brujo para gustar de andar por los aires".[48]

El viaje imaginario por el espacio da lugar a la descripción tolemaica del Universo:

> Sin duda alguna, Sancho, que ya debemos de llegar a la segunda región del aire, adonde se engendra el granizo, las nieves; los truenos, los relámpagos y los rayos se engendran en la tercera región, y si es que desta manera vamos subiendo, presto daremos en la región del fuego, y no sé yo cómo templar esta clavija para que no subamos donde nos abrasemos.[49]

Tal parece que estamos en los círculos concéntricos del *Ars combinandi* de Llull, o en las esferas de la creación según el *Zóhar*, o en la explicación de los dos sistemas planetarios, el de los antiguos y el de los modernos, como los define León Hebreo.[50] O, incluso, que se tratara de un modo de aludir a los fuegos de la Inquisición.

Y, por si lo anterior necesitara ser comprobado, es Sancho quien más inventa al agregar, confundiendo medidas, lo siguiente:

> Yo, señora, sentí que íbamos, según mi señor me dijo, volando por la región del fuego, y quise descubrirme un poco los ojos; pero mi amo, a quien pedí licencia para descubrirme, no lo consintió; mas yo, que tengo no sé qué briznas de curioso y de desear saber lo que se me estorba e impide, bonitamente y sin que nadie lo viese, por junto a las narices aparté tanto cuanto el pañizuelo que me tapaba los ojos, y por allí miré hacia la Tierra, y parecióme que toda ella no era mayor que un grano de mostaza, y los hombres que andaban sobre ella, poco mayores que avellanas; porque se vea cuán altos debíamos de ir entonces.[51]

Luego, Sancho insiste en metaforizar su engaño: en otorgar cualidad etérea a lo que no puede ser; en deformar la teoría místico-amorosa tal vez en un empeño por alcanzar el mundo de los melancólicos, con don Quijote a la cabeza. Repite:

> pues volábamos por encantamiento, por encantamiento podía yo ver toda la Tierra y todos los hombres por doquier que los mirara[...] me vi

---

[48] *Ibid.*, p. 828.

[49] *Ibid.*, p. 833.

[50] León Hebreo, *op. cit.*, p. 140: "Esta orden me aplace y es conforme a la posición de los planetas según los antiguos, que ponían el Sol debajo de Venus y de Mercurio; pero, según los astrólogos modernos, que lo ponen cerca de Marte y encima de Venus, esta orden no será justa ni conforme a razón."

[51] Cervantes, *op. cit.*, p. 835.

tan junto al cielo, que no había de mí a él palmo y medio[...] y sucedió que íbamos por parte donde están las siete cabrillas[...] bonita y pasitamente me apeé de Clavileño y me entretuve con las cabrillas, que son como unos alhelíes y como unas flores[...] las dos verdes, las dos encarnadas, las dos azules, y la una de mezcla[...][52]

Cuanto más se esfuerzan los duques en atraerlo a la realidad y a la vulgaridad, más poetiza Sancho y guarda silencio don Quijote. El lenguaje ha otorgado su cualidad metafórica cotidiana a un elemento cósmico. La necesidad de poner en movimiento a las esferas por un amor más allá de lo terrenal da lugar a una "metamorfosis de la metáfora", como lo menciona Claude-Gilbert Dubois: "Estas representaciones están fundadas en una serie de equivalencias que hacen del mundo un 'macroantropo' o del hombre un 'microcosmo'".[53] Para Sancho, pastor de cabras, la constelación de las Pléyades son verdaderas cabrillas.[54]

Es así como el camino de la Tierra tiene su equivalente en el cielo. La dimensión humana es la divina. El buen caballero es el de dos mundos. La esfera regente es la del amor. Si en el caos y en el fin de las cronologías hubiere quizás un leve rayo de luz iluminador de la comprensión última, el agua de la fuente de la vida se derramaría en nueva creación. Don Quijote no habría de morir, entonces, como lo dice Sancho, a manos de la melancolía.

Llull, que había conocido el amor cortés antes que el místico, que había sido primero trovador y luego peregrino, define el amor como el placer máximo del hombre, reflejo de la voluntad de Dios. León Hebreo, para quien el amor angélico era el perfecto, describe, sin embargo, el amor carnal como templado y dulcísimo. De lo que se concluye que el verdadero amor es el que iguala la voluntad humana con la voluntad divina, de modo que se comprenda que el placer más elevado es el que Dios guarda en sí mismo.

León Hebreo matiza su concepción del amor mediante formas extremas de erotismo espiritual. Incluye la tradición mística proveniente del Cantar de los Cantares, el cabalismo hispanohebreo del siglo XIII y las variantes del neoplatonismo. Agrega el orden razo-

---

[52] *Ibíd.*, pp. 836-837.

[53] Claude-Gilbert Dubois, *L'imaginaire de la Renaissance*. Presses Universitaires de France, París, 1985, 254 pp. (Écriture). V. p. 82.

[54] Es un caso parecido a lo que Américo Castro describe como la unión de armonía y disonancia, no en el mundo objetivo, sino en el de la relación entre sujeto y objeto. *Cf.* Américo Castro, *El pensamiento de Cervantes*, pp. 39 *ss.*

nador. Traslada el relieve amoroso del amante al amado, que deja de ser pasivo al convertirse en causa agente y engendrador del amor en el amante. Por lo cual el amado es principio y fin del amor. Círculo de la humanidad y de la divinidad. Uroboro constante.

Cervantes asimila e incorpora las teorías del amor tomando como punto de partida la creación de la amada —Dulcinea— cuya esencia se diluye en la nostalgia temporo-espacial. El amante —don Quijote— vive del poder imaginativo, duda entre la realidad y la simbolización. Convierte los temas del amor en una ambivalencia de cuerpo y alma que luchan por un precario equilibrio. Por último, a la manera de León Hebreo, elige la fuente de donde emana la primera hermosura y la suma sabiduría. Por el amor se salva el mundo.

X. REVELACIÓN, MELANCOLÍA Y NEOPLATONISMO

LA ESCUELA de Traductores de Toledo fue la promotora del neoplatonismo en el pensamiento medieval. Los sabios árabes y judíos que trabajaron en la magna obra de difusión de los antiguos textos griegos recibieron, en primera instancia, esta corriente. Según menciona Paul Oskar Kristeller,

> Avicebrón (Ben Gabirol), cuya *Fuente de la vida* ejerció poderosa influencia en su versión latina, pertenece también a esta tradición; además, esa forma peculiar de misticismo judío medieval, conocido como Cábala, contiene varias ideas derivadas del neoplatonismo y de otras filosofías antiguas posteriores[...] las ciencias ocultas de la astrología, la alquimia y la magia eran cultivadas en íntima unión con las disciplinas filosóficas y científicas genuinas. Esas seudociencias también tomaban sus tradiciones de las fases últimas de la Antigüedad griega, y fueron o quedaron asociadas con las filosofías platónica y hermética, con las cuales compartieron nociones tales como el alma general y la creencia en los numerosos poderes ocultos o afinidades y antipatías específicas de todas las cosas naturales.[1]

La influencia del neoplatonismo está presente en la cultura europea durante siglos, desde la Edad Media hasta el Renacimiento y aun después. En ocasiones, se integraron doctrinas de distintas facturas y lo suficientemente amplias y sincréticas como para dar cabida a tendencias que colindan con lo herético y lo liberal. En una palabra, se apartan de la norma y se enfrentan al criterio de autoridad. A veces, resulta difícil separar las distintas materias que se incluyen y las fuentes pueden provenir de procesos similares en diversas culturas. Puede haber coincidencias, afinidades e interpretaciones. Pero, sobre todo, una búsqueda del mundo espiritual y del proceso místico. Temas como la revelación, la melancolía, la inclinación ascética, el amor divino, la búsqueda del alma responden a esas profundas inquietudes de quienes se sienten llamados a exponer las complicadas vías del mundo interno.

[1] Paul Oskar Kristeller, *El pensamiento renacentista y sus fuentes.* Comp. Michael Mooney. Tr. Federico Patán López, Fondo de Cultura Económica, México, 1982, 866 pp. (Obras de Filosofía). V. p. 78.

La vía de la revelación

A pesar de la oscura materia que utiliza el místico para expresar su relación con la divinidad y de que se ha dicho que se aleja de la sociedad y de la historia, lo contrario es lo cierto. Lo que hace el místico es provocar una profunda incisión en el momento histórico que vive que lo conduce a entrar en conflicto con la vida religiosa de su época y con su comunidad.

La relación entre místico y autoridad religiosa se establece de acuerdo con una tensión específica. El místico es una persona que tiene la cualidad de percibir una experiencia de la divinidad inmediata y, según sus términos, real, o que, por lo menos, lucha por alcanzar tal experiencia.

La experiencia puede provenir de una iluminación súbita (revelación) o puede ser resultado de preparativos largos y elaborados. En cualquiera de los dos casos, el problema que se le plantea al místico es cómo transmitir dicha experiencia o revelación. De las distintas posibilidades lingüísticas que seleccione y combine para su expresión, surgirá el segundo problema, el de la hermenéutica o interpretación de la revelación.

Gershom Scholem ha estudiado el problema de la autoridad religiosa frente al fenómeno del misticismo.[2] En la oposición que surge, la autoridad religiosa representa: *1)* Una escala de valores tomada de la tradición; *2)* Un grupo de doctrinas y dogmas, y *3)* Un cuerpo de ritos y costumbres.

El místico opera dentro de ese contexto y no niega los tres aspectos anteriores. Si acepta el contexto y no intenta cambiar a la comunidad ni tiene interés en compartir su experiencia con otros y halla la paz en una inmersión solitaria en lo divino, entonces no tiene problema, ya que no entra en conflicto con los demás. Místicos ocultos de esta clase ha habido en todas las religiones. Es el equivalente del *nistar* o sabio oculto, según la tradición talmúdica. En cada generación hay 36 hombres justos que son el fundamento del mundo, y entre ellos se oculta el mesías que aparecerá cuando el momento sea propicio. Pero si este místico o sabio oculto no se comunica con los demás, no le afectan los quehaceres de la sociedad y no cuenta para la historia de las religiones, ni mucho menos para el proceso literario. Quien sí cuenta y sí nos interesa es el místico que se

---

[2] *Cf.* el cap. 1 de su obra *On the Kabbalah and its Symbolism.*

esfuerza por comunicar a los demás sus vías (purgativa, iluminativa y unitiva), sus revelaciones, sus experiencias.

Sólo así puede verse el misticismo como un fenómeno histórico que incide en la comunidad. Y es precisamente en el curso de tales intentos como el místico se enfrenta a la autoridad religiosa. Porque si bien se ha dicho del místico que lucha por verter vino nuevo en odres viejos, su procedimiento de búsqueda e interpretación de fuentes de autoridad tradicional puede resultar alarmante a ojos de la ortodoxia religiosa.

Por eso, el místico participa, de manera contradictoria pero complementaria, de un elemento conservador y de un elemento innovador en su búsqueda. Es decir, por un lado conserva la autoridad religiosa, y por el otro, al enfrentarse a una experiencia única y amorfa (la unión con Dios) carece de la expresión adecuada para su transmisión y se ve obligado a utilizar los recursos innovadores del lenguaje para ser entendido. Cuanto más intensa y profunda es la cercanía con Dios, menos susceptible de ser definida, menos fácil es su explicación. No queda entonces sino acudir al uso de convenciones simbólicas, de seguir las ataduras de un lenguaje, con sus imágenes ya existentes, con su sintaxis y estructura preestablecidas, aunque, acudiendo a la imaginación poética y a aquellos recursos de invención que permitan un nuevo juego estilístico y metafórico. Máximo de Tiro (*ca.* 180, a.C.) en su *Disertación VIII,* lo explica así:

> Dios mismo, padre y creador de todo, anterior al Sol y al cielo, mayor que el tiempo y la eternidad y el fluir de los seres, es innombrable, impronunciable e imposible de ser visto. Pero nosotros, incapaces de aprehender su esencia, nos valemos de sonidos y nombres y pinturas, de oro y marfil y plata, de ríos y árboles, de montañas y torrentes, anhelando su conocimiento, y en nuestra flaqueza, nombrando todo lo bello en este mundo según su naturaleza, igual que ocurre entre amantes.[3]

Es decir, la experiencia mística en sí carece de una expresión adecuada por su carácter fundamentalmente amorfo. Y, sin embargo, ante la revelación de lo amorfo, el místico va a romper, va a forzar la expresión lingüística y la va a pulir con su peculiar estilo para que

---

[3] Máximo de Tiro incorporó en su filosofía el platonismo en primer lugar y le agregó aspectos del aristotelismo, del estoicismo y del cinismo. *Cf.* Frederick Copleston, *A History of Philosophy. Greece and Rome.* Vol. I, 2a. reimp, Burns Oats & Washbourne, Londres, 1956 (The Bellarmine Series, IX.) V. p. 456; y W. L. Reese, *Dictionary of Philosophy and Religion, Eastern and Western Thought,* Humanities & Harvester, Atlantic Highlands (N. J.) y Hassocks, 1980, 644 pp.

pronuncie lo impronunciable o lo sustituya por términos equivalentes. Por ejemplo, pronunciar las *sefirot* o emanaciones divinas en lugar del nombre de Dios.

Al principio de su camino, el místico tiende a describir su experiencia por medio de formas tomadas del mundo real, del mundo de la percepción. Para san Juan de la Cruz el proceso es el siguiente:

> Porque, ¿quién podrá escribir lo que a las almas amorosas, donde Él mora, hace entender? Y ¿quién podrá manifestar con palabras lo que las hace sentir? Y ¿quién, finalmente, lo que las hace desear? Cierto, nadie lo puede; cierto, ni ellas mismas por quien pasa lo pueden; porque ésta es la causa por qué con *figuras, comparaciones y semejanzas,* antes rebosan algo de lo que sienten, y de la abundancia del espíritu vierten *secretos y misterios que con razones* lo declaran. Las cuales semejanzas, no leídas con la sencillez del espíritu de amor e inteligencia que a ellas llevan, antes *parecen dislates* que dichos puestos en razón, según es de ver en los divinos Cantares de Salomón y en otros libros de la Escritura divina, donde no pudiendo el Espíritu Santo dar a entender la *abundancia de su sentido por términos vulgares y usados, habla misterios en extrañas figuras y semejanzas.* De donde se sigue que los santos doctores, aunque mucho dicen y más digan, *nunca pueden acabar de declararlo por palabras,* así como tampoco por palabras se pudo ello decir; y así, lo que de ello se declara ordinariamente es *lo menos que contiene en sí.*[4]

Con lo que coincide, en nuestra época, el filósofo Émile M. Cioran: "A partir de esto el místico desvirtúa su experiencia al *expresarla,* tanto como el erudito desvirtúa al místico al comentarle."[5]

Para santa Teresa, en cambio, tan aferrada a la realidad de su experiencia, la revelación puede ser algo muy concreto, como ver las manos (la tradición de *iadaim,* dentro del judaísmo) o el rostro de Jesucristo:

> Estando un día en oración, quiso el Señor mostrarme solas las manos con tan grandísima hermosura, que no lo podría yo encarecer[...].[6]
>
> Parecerá a vuestra merced que no era menester mucho esfuerzo para ver unas manos y rostro tan hermoso: sonlo tanto los cuerpos glorifica-

---

[4] San Juan de la Cruz, *El cántico espiritual, según el ms. de las madres carmelitas de Jaén.* Ed., pról. y notas Matías Martínez Burgos, Espasa-Calpe, Madrid, 1969, 303 pp. (Clásicos Castellanos, 55). V. pp. 4-5. (He modernizado la ortografía del fragmento.)

[5] E. M. Cioran, *La tentación de existir,* 2a. ed. Tr. Fernando Savater, Taurus, Madrid, 1979, 206 pp. (Ensayistas, 98). V. p. 136.

[6] Santa Teresa de Jesús, *Libro de su vida,* 2 vols. Atlas, Madrid, 1943, (Cisneros.) V. vol. II, p. 30.

dos, que por la gloria que traen consigo, ver cosa tan sobrenatural y hermosa, desatina; y así me hacía tanto temor, que toda me turbaba y alborotaba, aunque después quedaba con certidumbre y seguridad, y con tales efectos, que presto se perdía el temor.[7]

La oposición entre vaguedades y certezas es algo muy propio de la experiencia mística, así como el juego entre realidad e imaginación. El recurso final de la comprobación reside en atribuir a la imaginación, por su carácter de incomprobable, la prueba de fe:

Esta visión, aunque es imaginaria, nunca la vieron ojos corporales, ni ninguna, sino con los ojos del alma.[8]

Pero esta visión del alma, de nuevo acude a lo terrenal para su interpretación:

Mas el Señor se dio tanta prisa a hacerme esta merced, y declarar esta verdad, que bien presto se me quitó la duda de si era antojo, y después veo muy claro mi bobería; porque si estuviera muchos años imaginando cómo figurar cosa tan hermosa, no pudiera ni supiera, porque excede a todo lo que acá se puede imaginar, aun sola la blancura y resplandor. No es resplandor que deslumbre, sino una blancura suave, y el resplandor infuso, que da deleite grandísimo a la vista, y no la cansa, ni la claridad que se ve, para ver esta hermosura tan divina. Es una luz tan diferente de la de acá, que parece una cosa tan deslustrada la claridad del Sol que vemos, en comparación de aquella claridad y luz que se representa a la vista, que no se querría abrir los ojos después.[9]

La dificultad reside en la expresión, en el modo de transmitir la experiencia única y en obtener credibilidad. El místico se opone a la autoridad religiosa o la teme y se sabe perseguido por ella. En los místicos cristianos este temor se acentúa, sobre todo por la presencia constante y vigilante de la Inquisición y por sus castigos y hasta muerte. En el judaísmo, el místico goza de libertad y no teme por su vida. El castigo más grave por recibir sería la excomunión. Pero santa Teresa confiesa:

Hartas afrentas y trabajos he pasado en decirlo, y hartos temores y hartas persecuciones.[10]

---

[7] *Ibid.*, p. 31
[8] *Ibid.*
[9] *Ibid.*, p. 32.
[10] *Ibid.*, p. 38.

Al ser tan subjetivo el campo de la revelación, entra de inmediato en choque con su interpretación o hermenéutica y lo que es visión celestial para uno pueder serlo demoniaca para otro. Sin olvidar que, en efecto, también santa Teresa nos relata que vio al diablo y no una, sino muchas veces. Así que de las distintas visiones que sufre Teresa de Jesús, la verdadera (Dios), la falsa (Demonio) y la engañosa (Demonio como Dios) tiene que ir distinguiendo entre ellas hasta establecer unas estructuras místicas que le permitan reconocer a la adecuada y no dejarse engañar por las aparentes. Sería el equivalente a una esquizofrenia razonada de las posibles caras de Dios.

Cuando la seña verdadera se establece a partir del éxtasis final que hace desear la muerte como vida, el vínculo es el amor total a Dios y, por medio de él, a toda la creación. En este caso, la duda se borra y la estructura mística se define. Es decir, a medida que se profundiza en los diferentes niveles de la conciencia, el real o natural retrocede y las formas naturales van siendo reemplazadas gradualmente por estructuras místicas específicas. Tales estructuras suelen ser configuraciones de luces y sonidos, como en el caso citado anteriormente, o en las palabras que siguen de santa Teresa:

> Es como ver un agua muy clara, que corre sobre cristal, y reverbera en ella el Sol, a una muy turbia y con gran nublado, y que corre por encima de la tierra. No porque se le representa Sol, ni la luz es como la del Sol, parece en fin luz natural, y estotra cosa artificial. Es luz que no tiene noche, sino que como siempre es luz, no la turba nada. En fin, es de suerte que por grande entendimiento que una persona tuviese, en todos los días de su vida podría imaginar cómo es; y pónela Dios delante tan presto, que aun no hubiera lugar para abrir los ojos, si fuera menester abrirlos; mas no hace más estar abiertos que cerrados, cuando el Señor quiere, que aunque no queramos se ve. No hay divertimiento que baste, ni hay poder resistir, ni basta diligencia, ni cuidado para ello. Esto tengo yo bien experimentado, como diré.[11]

En estadios más tardíos, la experiencia de la revelación avanza hacia lo amorfo, con la subsecuente desaparición de las estructuras místicas. A este extremo llegaron algunos de los cabalistas hispanohebreos de los siglos XIII y XIV al considerar que la experiencia revelatoria no debería ser descrita ni escrita. De este modo, la luz y el sonido de la revelación son representaciones simbólicas de una realidad última que es amorfa.

[11] *Ibid.*, p. 32.

En general, el místico tiende a confirmar la autoridad religiosa bajo la que vive. Pero sin olvidar un aspecto contrastante: puesto que está en relación directa y productiva con el objeto de su experiencia transforma el contenido de la tradición. Si bien contribuye a su conservación, al mismo tiempo la desarrolla. Vistos con nuevos ojos, los viejos valores adquieren un significado más amplio y fresco. Este nuevo acercamiento a la tradición (que puede no ser intencional ni consciente) conduce al místico a interrogarse sobre la autoridad religiosa que él mismo apoyaba.

Si quisiéramos ahondar un poco más en lo que significa la revelación y su interpretación para el místico, podríamos compararlo con el profeta, según Gershom Scholem. El profeta recibe de Dios un mensaje claro y preciso, con frecuencia acompañado de una visión también clara y precisa, que recuerda con exactitud. Es, además, el intermediario para transmitir dicho mensaje. Por lo tanto, establece la autoridad religiosa y dice lo que debe hacerse. El profeta difiere, de este modo, radicalmente del místico. El místico parte de una experiencia o visión vaga y desarticulada: de ahí la dificultad u oscuridad a que se enfrenta para definirla y explicarla. Su proceso sería equivalente a un proceso de traducción de un lenguaje en clave a otro; o bien, a un proceso hermenéutico en el que el secreto debe ser interpretado y develado.

El místico no es un intermediario, como el profeta, sino que lleva en sí su propio fin. Fin que consiste en la comunión con la divinidad (*unio mystica*), de la que no siente la necesidad de aportar explicaciones, a no ser que se le urja a hacerlo. Los místicos más revolucionarios son los que no sólo reinterpretan y transforman la autoridad religiosa, sino que aspiran a establecer una nueva autoridad basada en su propia experiencia. En casos extremos, pretenden colocarse por arriba de la autoridad, ocasionando que estalle el conflicto.

El místico se atreve también a revalorar los textos sagrados: descubre en ellos nuevas dimensiones. La cuestión lingüística, y especialmente la semántica, se vuelve decisiva. El místico lleva a cabo su labor exegética al transformar el texto sagrado y atribuir a la palabra revelada sus infinitas posibilidades simbólicas y significativas. Así, puede entenderse el Cantar de los Cantares no como un diálogo entre la Sulamita y el rey Salomón, sino entre el Pueblo de Israel y Dios, para el judaísmo, o entre la Iglesia y Jesucristo o el Alma y el Esposo, para el cristianismo. Y cada palabra del texto será modificada en su contenido e incorporará nuevos sentidos. De ello se ocupa fray Luis de León, cristiano nuevo y cuidadoso amante de las lenguas hebrea y castellana, en su inalcanzada traducción:

Morena yo, pero amable, hijas de Jerusalén, como las tiendas de Cedar, como las cortinas de Salomón.

Bien se entiende del Salmo cuarenta y cuatro, adonde a la letra se celebran las bodas de Salomón con la hija de Pharaón (que es, como he dicho, la que habla aquí en persona de Pastora, y en figura de la Iglesia), que era no tan hermosa en el parecer de fuera cuanto en lo que encubría de dentro; porque allí se dice (Ps. 44, v. 15): *La hermosura de la hija del Rey está en lo escondido de dentro.* Pues responde aquí agora la Esposa a lo que le pudieran oponer los que la veían tan confiada del amor que la tenía su Esposo, siendo, al parecer, morena, y no tan hermosa; que siempre en esto tiene gran recato el amor. Dice, pues, yo confieso que soy morena, pero en todo el resto soy hermosa, y bella, y digna de ser amada, porque debajo de este mi color moreno está gran belleza escondida. Lo cual como sea, declárolo luego por dos comparaciones. Soy, dice, *como las tiendas de Cedar,* y como los tendejones de Salomón. *Cedar* llama a los Alárabes, que los antiguos llamaban Númidas, porque son descendientes de Cedar, hijo de Ismael (Gén., c. xxv, v. 13); y es costumbre de la Escritura llamar a la gente por el nombre de su primer origen y cabeza. Estos Alárabes es gente movediza, y no viven en ciudades, sino en el campo, mudándose cada un año adonde mejor les parece; y por esta causa viven siempre en tiendas hechas de cuero o lienzo, que se pueden mudar ligeramente. Ansí que es la Esposa en hermosura muy otra de lo que parece, como las tiendas de los Alárabes, que por defuera las tiene negras el aire y el sol, a que están puestas; mas dentro de sí encierran todas las alhajas y joyas de sus dueños, que, como se presupone, son muchas y muy ricas. Y como los tendejones, que tiene para usar en la guerra Salomón; que lo de fuera es de cuero, para defensa de las aguas; mas lo de dentro es de oro, y seda, y lindas bordaduras, como suelen ser las de los otros Reyes.

Esto, en cuanto a la letra; que, según el sentido que principalmente pretende el Espíritu Santo, clara está la razón por qué la Iglesia, esto es, la compañía de los Justos, y cualquiera de ellos tiene el parecer de fuera moreno y feo, por el poco caso, y poca cuenta, o por mejor decir, por el grande mal tratamiento que el mundo les hace: que, al parecer, no hay cosa más desamparada, ni más pobre, ni abatida, que son los que tratan de bondad, y virtud, como a la verdad bien queridos, y favorecidos de Dios, y llenos en el alma de incomparable belleza.[12]

[12] Fray Luis de León, *El Cantar de los Cantares.* Texto íntegro, Sopena, Buenos Aires, 1942, 158 pp. (Universo). V. pp. 18-19.

Fray Luis de León elige una temática cabalista en su obra *De los nombres de Cristo*. Traslada la preocupación principal del cabalismo hispanohebreo, la búsqueda del nombre de Dios, a la terminología cristiana, siguiendo la misma idea que había tenido Ramón Llull de explicar el tetragrámaton a partir de las letras latinas. Sin embargo, fray Luis prefiere centrarse en los nombres en sí y no de Dios, sino del Hijo de Dios, tal vez por evitar ser identificado como cristiano nuevo y resaltar, en cambio, problemas teológicos del cristianismo. Esta ambigüedad tan propia de los conversos y sus descendientes, que ha sido estudiada de manera exhaustiva por Américo Castro, le hace insistir a otro hispanista, Carlos Vossler, en el aspecto armónico y equilibrado de la obra del poeta de Belmonte de la Mancha.[13]

Fray Luis de León recoge y declara el procedimiento cabalista de la lectura de las palabras y del sentido de las letras en referencia al nombre de Dios:

Pero si os parece, valga por todos la figura y cualidad de letras con que se escrive en aquella lengua el nombre propio de Dios, que los hebreos llaman *ineffable*, porque no tenían por lícito el traerle comúnmente en la boca, y los griegos le llaman *nombre de cuatro letras*, porque son tantas las letras de que se componen. Porque, si miramos al sonido con que se pronuncia, todo él es vocal, anssí como lo es aquel a quien significa, que todo es ser y vida y espíritu, sin ninguna mezcla de composición o de materia; y si attendemos a la condición de las letras hebreas con que se escrive, tienen esta condición: que cada una dellas se puede poner en lugar de las otras, y muchas vezes en aquella lengua se ponen; y assí, en virtud cada de-

---

[13] Carlos Vossler, *Fray Luis de León*, 3a. ed. Tr. Carlos Clavería, Espasa-Calpe, Madrid, 1960, 151 pp. (Austral. 565). "La influencia que ejerció como pensador y maestro en Salamanca es auténticamente española. Sobre su posición dentro de la filosofía española del siglo XVI existe un ponderado y detallado estudio del padre Marcelino Gutiérrez, *Fray Luis de León y la filosofía española del siglo XVI* (El Escorial, 1929). En él se prueba cómo se esforzó fray Luis en cada caso particular en encontrar un justo medio y un equilibrio conciliador en medio de las luchas y discusiones intelectuales, entre razón y revelación, Renacimiento y escolástica, retoricismo y logicismo, realismo y nominalismo, duda y autoridad, estimación exagerada y menosprecio del alma humana en la jerarquía de las criaturas, revolución y reacción en la vida política, etc. A veces, por ejemplo, en ciertas cuestiones de teodicea, se expresa con tal prudencia que resulta casi imposible llegar a saber exactamente su punto de vista. A pesar de ello, no debemos interpretar nunca como timidez o carácter acomodaticio su horror a los extremismos y a las fórmulas radicales y su inclinación a paliar los contrastes. Lo que hay de conciliador en él procede más bien de una inclinación especulativa y artística que aspira a la armonía" (pp. 39-40). Como comentario, podemos agregar que esta armonía artística le fue negada en su vida particular cuando recordamos su triste proceso inquisitorial y largo encarcelamiento. La vida de los conversos fue siempre difícil y conflictiva.

llas es todas y todas son cada una, que es como imagen de la sencillez que ay en Dios, por una parte, y de la infinita muchedumbre de perfecciones que por otra tiene, porque todo es una gran perfección, y aquella una es toda sus perfecciones. Tanto, que si hablamos con propriedad, la perfecta sabiduría de Dios no se differencia de su justicia infinita; ni su justicia, de su grandeza; ni su grandeza de su misericordia; y el poder y el saber y el amar, en él todo es uno. Y en cada uno destos sus bienes, por más que le desviemos y alexemos del otro, están todos juntos, y por cualquiera parte que le miremos es todo y no parte. Y conforme a esta razón es, como avemos dicho, la condición de las letras que componen su nombre.

Y no sólo en la condición de las letras, sino aun, lo que parece maravilloso, en la figura y disposición, también le retrata este nombre de una cierta manera.[14]

Una vez descritas las características de las letras hebreas y la manera en que pueden ser leídas y, por lo tanto, su siempre abierta interpretación, fray Luis pasa a escoger los nombres que habrá de explicar, según sus raíces hebreas y el lugar de mención en la Biblia. Diez son los nombres escogidos que corresponden a los diez senderos de Dios o a las diez *sefirot* del *Libro de la creación* o *Séfer yetsirá*.

Y assí vienen a ser casi innumerables los nombres que la Escriptura divina da a Cristo, porque le llama León y Cordero y Puerta y Camino y Pastor y Sacerdote y Sacrificio y Esposo y Vid y Pimpollo y Rey de Dios y Cara suya y Piedra y Luzero y Oriente y Padre y Príncipe de paz y Salud y Vida y Verdad; y assí otros nombres sin cuento. Pero de aquestos muchos escogió sólo diez el papel, como más sustanciales; porque, como en él se dize, los demás todos se reduzen o pueden reduzir a éstos en cierta manera.[15]

Si bien fray Luis de León nos da el proceso interpretativo a la letra, san Juan de la Cruz nos instala en el proceso místico *per se*. En la *Noche oscura* el aparente erotismo se transmuta en la experiencia del alma en su unión con la divinidad por el camino de la negación espiritual:

¡Oh noche, que guiaste
oh noche amable más que el alborada:
oh noche que juntaste

---

[14] Fray Luis de León, *De los nombres de Cristo*, 5a. ed., Espasa-Calpe, Madrid, 1977, 248 pp. (Austral, 522). V. p. 26.
[15] *Ibid.*, p. 29.

> Amado con Amada,
> Amada en el Amado transformada![16]

Y en la *Llama de amor viva* el lenguaje adquiere la terminología simbólica del cabalismo, en donde el juego entre luz y oscuridad, fuego negro sobre fuego blanco, letra sobre papel, sentido y significado se elevan a la unión mística:

> ¡Oh lámparas de fuego,
> en cuyos resplandores
> las profundas cavernas del sentido,
> que estaba oscuro y ciego,
> con extraños primores
> calor y luz dan junto a su querido![17]

¿En qué se basa el místico para elaborar este proceso hermenéutico? Pues en que la sacralidad de los textos reside precisamente en su capacidad para tal metamorfosis. Parte del hecho de que la palabra de Dios es infinita, a diferencia de la humana. El hombre constriñe la palabra dentro de un significado finito, que, sin embargo, lleva en sí innumerables capas de significados que deben ser expuestos. Y esto último es lo que le interesa al místico. El místico provee una nueva revelación y proporciona una llave, o los elementos para hallarla. La llave puede estar perdida pero el místico siente un gran deseo de buscarla. El teólogo Orígenes (siglo III) en sus *Comentarios a los Salmos,* cita a un sabio hebreo de la Academia Rabínica de Cesarea, quien decía que las Sagradas Escrituras eran como una casa enorme con infinidad de puertas a cuya entrada había una llave que no era la correspondiente. La tarea del cabalista consistía en encontrar la llave que abriera las puertas. Posteriormente, los seguidores de las enseñanzas de Isaac Luria lo formulaban de este modo: "Cada palabra de la Torá tiene seiscientas mil caras, es decir, significados o interpretaciones, una para cada hijo de Israel que estuvo al pie del monte Sinaí; cada cara está vuelta a uno de los hijos para que solamente él la vea y la descifre. Por lo tanto, cada hombre posee su propio y único acceso a la revelación."[18]

---

[16] San Juan de la Cruz, *Poesías completas y otras páginas,* 2a. ed. Selecc., estudio y notas José Manuel Blecua, Ebro, Zaragoza [...] 1951, 134 pp. (Biblioteca Clásica Ebro). V. p. 31.

[17] *Ibid.,* p. 38.

[18] Gershom Scholem, *op. cit.,* p. 13.

Así, el concepto de autoridad no se limita a un significado único y estático, sino que se extiende hacia una capacidad infinita de tomar nuevas acepciones. Por eso, los místicos tratan los textos sagrados con una libertad absoluta que siempre nos sorprende y cuyas interpretaciones transforman los sentidos del texto al invalidar el significado primario literal. Esta capacidad poética y de entrega total dentro de la intimidad del lenguaje, lleva a santa Teresa a afirmar que el acto de escribir es dictado por Dios, que es el que pone concierto en las palabras y enseña a decirlas. El acto de la creación primigenia se repite en el de la creación poética y ambos unidos alimentan el misticismo. La extraordinaria aventura interior que anima a fray Luis, a san Juan y a santa Teresa, casos peculiares de la España del siglo XVI, no podría entenderse si olvidáramos su origen de cristianos nuevos en una sociedad de intolerancia religiosa que marca su debatirse entre dos religiones: una dominante, otra vencida. Para los conversos, el ansia vital fue un desequilibrio de virtudes, una oposición de éticas que se exhiben en el habla paradójica de Teresa de Jesús: un morir gozoso, una divinal locura, un glorioso desatino, un rayo de tinieblas, un desasosiego sabroso del alma.

El gran aporte del misticismo, así como su actitud diferencial frente a la teología en boga, se refleja en la forma de invalidar el significado literal de las palabras. Si este último se declara no existente o con una validez temporal, lo que se pone de relieve es la nueva interpretación y su capacidad infinita de crear significados. Para el cabalista, el texto bíblico se convierte en un *corpus symbolicum*. Su procedimiento, como ya hemos visto, es una mezcla del mundo tradicional con el mundo experimental.[19]

El modo de transmitir la experiencia mística puede variar según las religiones o las épocas. En el judaísmo se da más importancia al sonido o a una voz que a una visión de luz o a una imagen. De hecho, la representación iconográfica es mínima en el judaísmo, frente a la abundantísima en el cristianismo (salvo en el protestantismo). También se ha dicho que el pueblo judío es ético, mientras que el griego es estético, según el predominio del oído o de la vista. El mensaje profético debe ser escuchado y el cabalista prefiere transmitir sus enseñanzas de boca a oído. Es más estimado un místico sabio y conocedor de la teología, puesto que su inmersión en el mundo

[19] Lo cual también ocurre en la poesía moderna, como menciona Gershom Scholem: dos grandes poetas, considerados heréticos y rebeldes, Jean-Arthur Rimbaud y William Blake, revisten su mentalidad con imágenes tradicionales del catolicismo, el primero, y del hermetismo, el segundo.

simbólico será más profunda. Sin embargo, esto no siempre ocurrió, y en el cristianismo hay casos de misticismo iletrado, como los gnósticos y los alumbrados[20] en España. En el judaísmo es menos frecuente la iliteralidad, aunque existe el caso de Israel Baal-Shem, fundador del jasidismo polaco.[21]

La transmisión del mensaje de Dios en el monte Sinaí, si bien necesitó un intermediario, Moisés, es un caso único en la historia en que una experiencia mística le fue revelada a todo un pueblo y formó un lazo indisoluble entre la colectividad y la divinidad. Es también un caso único en el que la experiencia mística fue el origen de la autoridad religiosa al quedar instituidos los Diez Mandamientos.

EN TORNO DE LA MÁS ALTA ESFERA

La preocupación por Dios hace que el hombre eleve los ojos al cielo. En noches de vela se observan los movimientos de los astros. Su curso renovado y constante, su periodicidad, su predicción se convierten en prueba de la grandeza divina y de estabilidad en el cosmos. De eternidad y de certidumbre. De poesía y de símbolo. Platón, en su diálogo de la naturaleza o *Timeo* lo describe así:

> Los coros de danzas de estos astros, sus cursos, el alejamiento y aproximación de los círculos que describen, astros que en sus conjunciones son vecinos los unos de los otros y otros opuestos, que como persiguiéndose pasan los unos detrás de los otros en ciertas épocas y se ocultan a nuestras miradas; los temores y presagios de los versados en estos cálculos, son cosas que en vano trataríamos de explicar sin poner una imagen ante los ojos del lector.[22]

Y fray Luis de León describe, de acuerdo con la mística y la música, el ambiente propicio para recibir el llamado divino: "El aire se serena / y viste de hermosura y luz no husada *[sic]*."[23]

Pero haciendo un poco de historia en cuanto a la estructura

---

[20] Los alumbrados derivan su nombre de una voz popular: lumbre; mientras que los iluminados lo derivan de una voz culta.

[21] Movimiento pietista de índole popular del siglo XVIII. Dios, que está en todas partes, puede ser hallado del modo más sencillo; basta con ser piadoso y alegre de corazón, entonar oraciones y cánticos, e incluso por medio del baile jasídico.

[22] Platón, *Diálogos*, 14a. ed., corr. y aum. Estudio prel. Francisco Larroyo, Porrúa, México, 1973, 733 pp. (Sepan Cuantos..., 13). V. p. 679.

[23] Fray Luis de León, *Poesía*, 5a. ed., ilustr. Selecc., estudio y notas J. M. Alda Tesán, Ebro, Zaragoza, 1952, 127 pp. (Clásicos Ebro, 4). V. p. 31.

teológico-científica del Universo y cómo fue concebida en distintas épocas, nos encontramos con las ideas de Nicolás de Cusa. En 1440 basa su concepto del Universo en términos de lo inteligible, cuyo centro y circunferencia son Dios. Niega que el universo en sí esté encerrado dentro de los límites de una circunferencia, puesto que si así fuera tendría principio y fin y habría de relacionarse con algo más. Tampoco podría afirmarse que el centro del Universo se localice en el interior de la Tierra, como no lo puede estar en el exterior, puesto que el centro es un punto equidistante en una circunferencia y es imposible que haya una esfera o un círculo más verdadero que otros. Solamente Dios es equidistante a todos los puntos y solamente Él puede ser el centro del Universo. "Dios es el centro de la Tierra y de todas las esferas y de todo lo que hay en el Universo. Y es, al mismo tiempo, la infinita circunferencia de todas las cosas."[24] Agrega, *el Cusano* que en el universo no hay polos fijos: cada región del cielo está en movimiento, aunque desigual, en comparación con los círculos descritos por el movimiento de las estrellas. Esto ocurre a pesar de que sólo podamos percibir movimiento en relación con algo fijo, ya sea un polo o un centro. Así pues, el centro del Universo está en todas partes y su circunferencia en ninguna, ya que Dios es centro y circunferencia, al estar en todas partes y en ninguna a la vez. Por ser centro y circunferencia proceden de Él todas las clases de nobleza que habitan cada región del Universo.

Un siglo después, en 1543, Nicolás Copérnico en su *De revolutionibus orbium celestium* habla de la armonía del Universo y de cómo la violencia es incompatible con la naturaleza. "Suceda lo que sucediere en el curso de la naturaleza, ésta se sobrepone y permanece en buena condición."[25] De acuerdo con las leyes armónicas de la naturaleza pueden comprenderse las nociones de movimiento y de esfericidad del Universo, y llegar a la conclusión de que la apariencia de movimiento es propia de los cielos, mientras que su realidad o realización es propia de la Tierra. Podría compararse con un barco en movimiento que nos hace creer que lo demás es lo que se mueve mientras que él permanece quieto: lo que da lugar a la lucha entre ser y parecer. Sin embargo, la idea de que los sentidos nos engañan, aunque recurramos a los versos del famoso soneto de

[24] Nicolás de Cusa, "De docta ignorantia", en *The Portable Renaissance Reader,* 12a. ed. Ed. e intr. James Bruce Ross y Mary Martin Mclaughlin. Viking, Nueva York, 1967, 756 pp. (Portable, 61). V. p. 585.
[25] Nicolás Copérnico, "De revolutionibus orbium celestium", en *The Portable Renaissance Reader* […], p. 589.

REVELACIÓN, MELANCOLÍA Y NEOPLATONISMO

Argensola: "Porque ese cielo azul que todos vemos/ni es cielo ni es azul[...]", no es idea válida en la literatura española del Siglo de Oro, ni tiene nada que ver con la ciencia de Copérnico.[26] Su fuente es, probablemente, aristotélica, o mejor aún, de los comentadores de Aristóteles. En la aventura de don Quijote y el barco encantado, comprobamos los dos pensamientos en pugna. Para don Quijote, el barco se desliza velocísimo, "porque de trecientos y sesenta grados que contiene el globo, del agua y de la Tierra, según el cómputo de Ptolomeo, que fue el mayor cosmógrafo que se sabe, la mitad habremos caminado, llegando a la línea que he dicho". Pero para Sancho, "yo veo con mis mismos ojos que no nos habemos apartado de la ribera cinco varas, ni hemos decantado de donde están las alemañas dos varas, porque allí están Rocinante y el rucio en el propio lugar do los dejamos; y tomada la mira, como yo la tomo ahora, voto a tal que no nos movemos ni andamos al paso de una hormiga".[27] Como don Quijote insiste en acudir a términos y palabras científicos al defender su postura no científica, la ironía queda establecida y, por lo tanto, toda doctrina científica, por ejemplo, la de Copérnico, está condenada por increíble y disparatada.

"Haz, Sancho, la averiguación que te he dicho, y no te cures de otra; que tú no sabes qué cosa sean coluros, líneas, paralelos, zodiacos, clíticas, polos, solsticios, equinocios, planetas, signos, puntos, medidas, de que se compone la esfera celeste y terrestre; que si todas estas cosas supieras, o parte dellas, vieras claramente qué de paralelos hemos cortado, qué de signos visto y qué de imágenes hemos dejado atrás, y vamos dejando ahora."[28]

En el episodio de Clavileño, las regiones del cielo y las constelaciones se describen entre el límite de verdad y fantasía, como ya ha sido mencionado en el capítulo anterior. Todo lo cual refleja la lucha entre aceptar las ideas avanzadas o quedarse con la antigua versión tolemaica del universo y no entrar en conflicto con los conceptos teológicos. Pedro Simón Abril, en 1589, se lamenta de que la llegada de Copérnico pusiera las cosas de revés y que colocara al Sol en el centro del universo y a la Tierra en el cuarto cielo. Todavía en

[26] Otis H. Green, *Spain and the Western Tradition. The Castilian Mind in Literature from "El Cid" to Calderón*, 5 vols., The University of Wisconsin, Madison & Milwaukee, 1964, V. II, pp. 65-66.
[27] Miguel de Cervantes Saavedra, *Don Quijote de la Mancha*, 2 vols. Texto y notas Martín de Riquer, Juventud, Barcelona, 1967. (Z. 5.) V. vol. II, p. 752.
[28] *Ibid.*, pp. 752-753.

esta época se enseñaban las teorías copernicanas en la Universidad de Salamanca. Fue a partir de 1616 cuando se prohibieron y el sistema copernicano se presentó como una hipótesis y no como una ley natural establecida.

Fray Luis de León, en la "Canción al nacimiento de la hija del marqués de Alcañices" y en otros poemas, toma en cuenta el orden de los planetas según Ptolomeo y su influencia sobre la vida. En el centro de la "máquina del mundo", como la denominaba Alfonso de la Torre, estaba la Tierra, rodeada por dos regiones, la del aire y la del fuego. Luego venían los cielos o esferas: el primer cielo, que es la Luna, asociada en los signos del Zodiaco a Tauro, a Virgo y a Capricornio; el segundo cielo es Mercurio; el tercero, Venus; el cuarto, el Sol; el quinto, Marte, que corresponde a Aries, a Leo y a Sagitario; el sexto es Júpiter, que corresponde a Géminis, a Libra y a Acuario; el séptimo es Saturno, que corresponde a Cáncer, Escorpión y Piscis; el octavo cielo es el firmamento de las estrellas fijas; el noveno es el cielo cristalino; el décimo es el *primum mobile;* el undécimo, el empíreo o cielo de los bienaventurados. Así, fray Luis canta a la hija del marqués de Alcañices:

> Diéronte bien sin cuento
> con voluntad concorde y amorosa
> quien rige el movimiento
> sexto, con la alta diosa
> de la tercera rueda poderosa.[29]

Y alude a las esferas o cielos: el sexto, que es Júpiter y el tercero que es Venus, por referirse a la grandeza y amor de su familia. En otra oda, la de don Pedro Portocarrero, el Cid habita en la más alta esfera. En la "Oda a Francisco Salinas", la música se eleva también a la más alta esfera, enlazándose con el concepto de armonía u orden universal de los pitagóricos. Y otra mención más de la última esfera o paraíso de los justos aparece en el poema "A Felipe Ruiz":

> ¿Cuándo será que pueda
> libre desta prisión volar al cielo,
> Felipe, y en la rueda
> que huye más del suelo
> contemplar la verdad pura sin velo?[30]

---

[29] Fray Luis de León, *Poesía,* p. 34.
[30] *Ibid.,* p. 51.

Una vez en esta región mística suprema, fray Luis conocerá el origen de las cosas y los fenómenos de la naturaleza, las estrellas fugaces, los cometas y las leyes de la astrología:

> Y de allí levantado
> veré los movimientos celestiales,
> ansí el arrebatado
> como los naturales,
> la causa de los hados, las señales.[31]

Y, finalmente, contemplará el empíreo, la más alta esfera o paraíso de la felicidad:

> Veré sin movimiento
> en la más alta esfera las moradas
> del gozo y del contento,
> de oro y luz labradas,
> de espíritus dichosos habitadas.[32]

En la oda "De la vida del cielo", el Pastor y su hato amado habitan en el cielo de los justos:

> Y de su esfera cuando
> la cumbre toca altísimo subido
> el Sol, él sesteando,
> de su hato ceñido,
> con dulce son deleita el santo oído.[33]

Y luego en "La ascensión", la esfera es el refugio de los inmortales:

> ¿Y dejas, Pastor santo,
> tu grey en este valle hondo, escuro,
> con soledad y llanto;
> y tú, rompiendo el puro
> aire, te vas al inmortal seguro?[34]

En la "Oda a Santiago", la más alta esfera acoge la nave del patrono de España, y Santiago es santo y es estrella:

[31] *Ibid.*, p. 53.
[32] *Ibid.*
[33] *Ibid.*, p. 59.
[34] *Ibid.*, p. 69.

> Y aquella nao dichosa
> del cielo esclarecer merecedora.[35]

Santiago, desde su región iluminada, señala el cielo español:

> A España, a quien amaste
> (que siempre al buen principio el fin responde),
> tu cuerpo le enviaste
> para dar luz adonde
> el Sol su claridad cubre y esconde.[36]

Fray Luis de León recoge en su poesía una riquísima tradición proveniente de las enseñanzas de los astrólogos judíos a la que después se incorporó la interpretación cabalista, por un lado, y la neoplatónica, por el otro; además de la integración del simbolismo teológico cristiano. La obsesión por alcanzar la más alta esfera es el deseo de obtener una paz universal que integre las esencias de la filosofía grecocristiana y de la religión judeocristiana.[37]

EL SIGNO DE LA MELANCOLÍA

Según la psicología de la Antigüedad, en herencia directa de Hipócrates y de Galeno, cuatro son los humores o temperamentos del ser humano: el sanguíneo, el cólerico, el flemático y el melancólico. A estos cuatro humores corresponden cuatro elementos y cuatro planetas: para el sanguíneo, el aire y Júpiter; para el colérico, el fuego y Marte; para el flemático, el agua y la Luna; para el melancólico, la Tierra y Saturno. Durante la Edad Media, el temperamento que salía malparado era el del melancólico, con sus rasgos de tristeza, pobreza, fracaso y servilismo. El melancólico tenía la *facies nigra,* es decir, su piel era oscura debido a la bilis negra, y su carácter era indolente. En la iconografía se le representaba con el cuerpo inclinado y la cabeza apoyada en una mano, como signo de depresión. Los estudios contemporáneos que analizan exhaustivamente este temperamento y sus reflejos en el arte, son los de

---

[35] *Ibid.,* p. 74.
[36] *Ibid.,* p. 75.
[37] En términos seculares, el tema de la rueda de la Fortuna podría entrelazarse con estos conceptos místico-astrológicos. Autores como Sem Tob de Carrión, el marqués de Santillana, Juan de Mena, Alfonso de la Torre, Enrique de Villena y muchos más, hasta llegar a Quevedo y Torres Villarroel, transmitieron estas ideas en gran parte de sus escritos.

Klibansky, Panofsky y Saxl en *Saturno y melancolía* [38] y los de Frances A. Yates en *La filosofía oculta en la época isabelina*.

Sin embargo, el temperamento del melancólico sufrió un cambio importante en su interpretación durante el periodo renacentista y el Barroco. Por influencia de Aristóteles o de los escritos seudoaristotélicos, se le agregó el concepto de *furor* o frenesí o locura heroica, proveniente de la idea de Platón de que este último rasgo combinado con el temperamento melancólico producía el genio, con lo cual se estableció el mito de que genio y locura iban unidos, que fue ampliamente desarrollado por los románticos y que persiste hasta nuestros días. Frances A. Yates lo expresa así:

Había la tendencia a "revalorizar" a Saturno y el temperamento melancólico, elevándolo del grado más bajo de los cuatro al más alto, al humor de grandes hombres, grandes pensadores, profetas y adivinos religiosos. Ser melancólico, según esta tendencia, demostraba genio; los "dones" de Saturno, los estudios de números y medidas atribuidos al melancólico debían cultivarse como la ciencia más noble que acercaba más que ninguna otra cosa al hombre a las cosas divinas. Este radical cambio de actitud hacia la melancolía tuvo el resultado de dar una nueva dirección a la mente y los estudios de muchos hombres. [39]

Marsilio Ficino, en su *De triplici vita,* fue quien revivió la casi olvidada teoría de Aristóteles y le agregó el ingrediente platónico. De ahí en adelante ésta fue la teoría que prevaleció. Durante el siglo XVI se desató por toda Europa una verdadera manía de comportamiento melancólico. Se consideró melancólicos a Durero, Rafael, Miguel Ángel. Y entre los personajes literarios lo fueron don Quijote, Segismundo, Hamlet. El médico inglés Robert Burton (1576-1639) le dedicó al tema un voluminoso tratado: *Anatomía de la melancolía.* En nuestros días, Susan Sontag escribe un ensayo sobre Walter Benjamin considerándolo también un melancólico. [40]

---

[38] Sobre pintura y neoplatonismo pueden consultarse las siguientes obras de Erwin Panofsky: *Meaning in the Visual Arts. Papers in and on Art History,* 54 ilustrs., Doubleday, Garden City, 1955, 364 pp. (Doubleday Anchor.) *Renacimiento y renacimientos en el arte occidental.* Vers. española María Luisa Balseiro, Alianza, Madrid, 1960, 338 pp. más ilustrs. (Alianza Universidad, 121). *Estudios sobre iconología,* 2a. ed. Pról. Enrique Lafuente Ferrari. Vers. española Bernardo Fernández, Alianza, Madrid, 1976, 348 pp. más ilustrs. (Alianza Universidad, 12).

[39] Frances A. Yates, *La filosofía oculta en la época isabelina,* Fondo de Cultura Económica, pp. 94-95.

[40] *A Susan Sontag Reader,* Introd. Elizabeth Hardwick, Farrar/Straus/Giroux, Nueva York, 1982, 446 pp. *Cf.* "Under the Sing of Saturn", pp. 385-401.

La descripción de la melancolía como forma de depresión ha aparecido en textos antiguos que, por lo menos, datan de 2 500 años. En los escritos hipocráticos se la presenta como un síndrome que se caracteriza por la aversión a la comida, el desánimo, el insomnio, la irritabilidad, la inquietud. En la Edad Media se la nombra acedía y se la relaciona con un estado mental o moral de cansancio, apatía, lasitud, fatiga, descuido. Es una angustia del alma o *angor animi.*[41]

En su *Anatomía de la melancolía,* Robert Burton afirma que "todos los hombres son melancolía" porque cualquier cosa la provoca y nada la cura. Sus contradicciones, su naturaleza y cualidades, sus variantes de conducta son impredecibles y puede aparecer lo mismo en un rey que en un poeta, en un mercader que en un guerrero. La padeció el rey Saúl y se describe en los Salmos y en los Proverbios. "Los más predispuestos a esta afección son los misántropos por naturaleza, los grandes estudiosos, los amantes de la vida contemplativa, los poco activos."[42] Existe también la melancolía erótica y la mística. Ya hemos mencionado el caso del cabalista Shabetai Tseví y sus periodos de melancolía y de actividad en relación con la doctrina mesiánica. Los periodos de falta de voluntad que describe santa Teresa y sus grandes esfuerzos por salir de ellos, así como la subsecuente etapa de euforia, son casos de melancolía. Éxtasis y revelación le son propios. Enfermedad del alma, enviada por Dios, según los antiguos, contra la que se lucha y de la que, si se logra vencer, sale el alma fortalecida, para luego volver a caer, en un ciclo inagotable. La cual fue vida y muerte de quien más trató de ella: Robert Burton, que escribía para huir de su poder irrefrenable y sucumbió ante ella.

El médico Juan Huarte de San Juan (*ca.* 1529-1591), en su *Examen de ingenios para las ciencias* (1575), obra de psicología diferencial y humoral que puede considerarse como el primer libro de guía vocacional, analiza los dos géneros de melancolía:

Una natural, que es la hez de la sangre, cuyo temperamento es frialdad y sequedad con muy gruesa sustancia: ésta no vale nada para el ingenio, antes hace los hombres necios, torpes y risueños porque carescen de imaginativa. Y otra que se llama *atrabilis* o cólera adusta, de la cual dijo Aristóteles que hace los hombres sapientísimos; cuyo temperamento es

[41] *Cf.* Angelina Muñiz-Huberman, "De la nostalgia. De la añoranza. De la melancolía", en *Sábado* (supl. liter. de *Unomásuno*), 18 de junio de 1988, p. 7.
[42] Robert Burton, *Anatomía de la melancolía. (Selección).* Tr. y pról. Antonio Portnoy, Espasa-Calpe, Buenos Aires, 1947, 151 pp. (Austral, 669). V. p. 29.

vario como el del vinagre: unas veces hace efectos de calor (fermentando la tierra) y otras enfría; pero siempre es seco y de sustancia muy delicada.[43]

Juan Huarte ejerció considerable influencia en los autores del Siglo de Oro. Es conocido el caso de Cervantes. El estudio de don Quijote como tipo psicológico sigue paso a paso las descripciones del libro *Examen de ingenios*:

los rasgos de don Quijote y el interjuego de la cólera (bilis amarilla) con la melancolía (bilis negra), de calor y sequedad con frío y sequedad, determinan su locura original, sus salidas, sus regresos, sus desilusiones progresivas, sus decepciones y depresiones, su regreso final a la aldea, la recuperación de la salud mental y la pérdida de la corporal, la renuncia al ideal caballeresco y, por último, la muerte.[44]

Es decir, don Quijote vive y muere por la melancolía.

En confirmación de lo cual no puedo dejar de referir aquí lo que pasó en Córdoba el año de 1570 —estando la corte en esta ciudad— en la muerte de un loco, cortesano, que se llamaba Luis López. Éste, en sanidad, tenía perdidas las obras del entendimiento, y en lo que tocaba a la imaginativa decía gracias y donaires de mucho contento. A éste le dio una calentura maligna de tabardete, en medio de la cual vino de repente a tanto juicio y discreción que espantó toda la corte; por la cual razón le administraron los sacramentos y testó con toda la cordura del mundo; y así murió invocando la misericordia de Dios y pidiéndole perdón de sus pecados.[45]

De igual modo, la melancolía o *humor melancholicus* es tema iconográfico. Podríamos escoger a Alberto Durero como el expositor de esta obsesión. En su grabado *Melancolía I* de 1514 concentra toda la información y el simbolismo, así como el carácter sagrado de este tema. Representa a la melancolía como un ángel y recupera, así, su aspecto positivo y creativo. Siguiendo las ideas de Klibansky, Saxl y Panofsky, descubrimos algunas de sus fuentes: la primera proviene de Marsilio Ficino y su *De triplici vita*, que otorga al carácter melancólico cierto matiz suavizante que le permita disfrutar de las buenas cosas de la vida. En el grabado esto se refleja en el recuadro

[43] Juan Huarte de San Juan, *Examen de ingenios para las ciencias*, Espasa-Calpe, Buenos Aires, 1946, 216 pp. (Austral, 599). V. p. 206.
[44] Otis H. Green, *op. cit.*, II, pp. 40. Además, *cf.* IV, pp. 260-261; IV, pp. 280-281.
[45] Juan Huarte de San Juan, *op. cit.*, pp. 163-164.

que aparece en el extremo derecho superior compuesto de números cuya cifra total, léase en el orden que se lea, será invariablemente de siete. Este número mágico tenía el propósito de atraer la influencia del planeta Júpiter y de disminuir la de Saturno, con lo cual se lograba un ingrediente de jovialidad para los melancólicos. Ahora bien, Frances A. Yates, sin negar lo anterior, propone otra interpretación. Para ella, la fuente primaria de Durero fue *De occulta philosophia* de Enrique Cornelio Agripa que aunque se publicó en 1533, circulaba en copias manuscritas desde 1510 y seguramente fue conocida por el pintor. El párrafo en que analiza su proposición es el siguiente:

La *Melancolía* de Durero con alas de ángel puede ser la expresión exacta de la combinación de la Magia y la Cábala en Agripa. Rodeada de alusiones y utensilios de las ocupaciones saturninas, mágicamente invoca la influencia inspiradora del más alto de los planetas, protegida de todo mal por el ángel de Saturno. No sólo las alas del ángel insinúan su carácter angélico, sino también lo implica la escalera de mano que está tras ella, que no lleva a la azotea sino más generalmente hacia arriba, hacia el cielo: es la escala de Jacob por la que suben y bajan los ángeles.

La *Melancolía* de Durero no se encuentra en un estado de inactividad depresiva, sino en un intenso trance visionario, condición garantizada por la guía angélica contra cualquier intervención demoniaca. No recibe sólo la inspiración de Saturno, poderoso demonio astral, sino también la del ángel de Saturno, espíritu con unas alas como las del Tiempo.

El perro flaco es una clave importante del significado, pues en mi opinión no es una indicación más de un ambiente deprimente de fracaso, sino que creo que representa los sentidos corporales, exhaustos y rigurosamente controlados en esta primera fase de la inspiración en que la inactividad no es reflejo del fracaso sino de una intensa visión interior. Lo melancólico saturnino "se ha desprendido de los sentidos" y está volando muy alto en mundos más allá de los mundos, en un estado de trance visionario. El único sentido que sigue vivo y funcionante es la mano del artista, la mano del *putto* [angelote] que registra la visión con su buril, o sea la mano del mismo Durero que en este estupendo grabado registra su psicología de la inspiración.[46]

En este grabado de Alberto Durero están incluidos elementos místicos que adquirirán una mayor fuerza en otra de sus obras, la de *San Jerónimo en su estudio*. Si en la *Melancolía* la referencia al alma es en su capacidad imaginativa *(imaginatio)*, en el *San Jerónimo*, en donde predomina un ambiente místico-contemplativo, la referencia

[46] Frances A. Yates, *op. cit.*, pp. 102-103.

es a la capacidad mental *(mens)*. En un dibujo de Rembrandt que figura como *Lámina 16* (llamado equívocamente *Doctor Faustus*) se muestra la figura de un sabio cabalista que ha recibido la revelación. Contiene rasgos de expresión melancólico-meditativa y combina símbolos cristianos, como las letras INRI con las hebreas AGLA *(atá gibbor le-dam Adonai)* que se refieren a la segunda de las 18 bendiciones de la liturgia judía.[47] Rembrandt convivió con la comunidad sefardí de Amsterdam y empleó la temática judía en varias de sus obras. Fue amigo y pintor de Menasé ben Israel, rabino de ideas mesiánicas, quien logró que los judíos fueran readmitidos en Inglaterra. Su otro gran contemporáneo fue Baruj Spinoza.[48]

En el pensamiento renacentista el concepto de la melancolía llegó a relacionarse con la filosofía oculta y las técnicas simbólicas del cabalismo, de una manera tal vez difícil de entender en nuestros días. El punto de unión podríamos encontrarlo en el proceso de revaloración del misticismo judío en su forma de cristianización de la Cábala, iniciado por los neoplatónicos Ficino y Pico della Mirandola. Lo que sí es un hecho es que estas tendencias pueden rastrearse en las distintas artes y abrir nuevas posibilidades de interpretación. En las artes plásticas, Fred Gettings propone el estudio del mundo espiritual que se oculta tras la forma aparente de las cosas. Se trata de una nueva dimensión que ofrece al hombre la posibilidad de ahondar en su mundo interno y de comprender su posición en el cosmos. El verdadero artista es el que habla el lenguaje del alma y el que se atreve a internarse en su propia intimidad y en el desciframiento de claves recónditas. Gettings busca estos símbolos no sólo en los pintores de la Antigüedad sino en los contemporáneos, hasta Mondrian y Kandinsky, y a todos los reúne bajo la fórmula hermética: "Lo de abajo es como lo de arriba."[49]

En el mundo de la música, la mezcla de pitagorismo y cabalismo dio también resultados de elevación espiritual, como algunos casos que ya he mencionado en relación con fray Luis de León. En Inglaterra, Robert Fludd, filósofo del hermetismo y cabalista, creador de un arte o teatro de la memoria (gracias a lo cual sabemos cómo era el Teatro del Globo), basó su sistema musical en el alfabeto hebreo, las *sefirot*, la numerología y los conocimientos neo-

---

[47] *Ibid.*, pp. 309-310.

[48] Para ahondar sobre este aspecto, *cf.* W. R. Valentiner, *Rembrandt and Spinoza. A Study of the Spiritual Conflicts in Seventeenth-Century Holland*, Phaidon, Londres, 1957, 87 pp. más ilustrs.

[49] Fred Gettings, *The Occult in Art*, Rizzoli, Nueva York, 1979, 176 pp. V. p. 147 *ss.*

platónicos de la época. Para Fludd, la música es una ciencia divina que revela los secretos de la creación y que permite al hombre relacionarse con las más altas esferas. Divide el estudio de la música en dos partes: la mundana, que incluye la música de la esferas etéreas y la de los elementos; y la instrumental, que incluye la armónica, la rítmica y la métrica.[50]

Las descripciones y los dibujos del Teatro del Globo, donde se representaron las obras de Shakespeare, conservados por Robert Fludd, fueron la base para desarrollar su arte de la memoria. Fludd trata de recuperar el carácter sagrado del teatro, la expresión del drama del espíritu y la escenificación del microcosmo frente al macrocosmo. La elección del hexágono como base de la construcción del teatro le imprime el simbolismo bíblico y la referencia al Templo de Salomón, como ocurrió con otras construcciones renacentistas y barrocas. De este modo, Robert Fludd eligió la obra arquitéctonica perfecta para exponer su teoría sobre los procesos nemotécnicos y agregarle la dosis de conocimientos cabalistas.

Temas como los hasta aquí mencionados permiten atisbar la gran cantidad de teorías, sistemas filosóficos, corrientes del pensamiento, manifestaciones religiosas y místicas que pueden ser utilizadas y desarrolladas siempre de manera ingeniosa y sorprendente en lo que constituye el gran conglomerado de la cultura occidental. La capacidad sincrética y la derivación de las fuentes originales parecieran no tener límites.

---

[50] *Cf.* Robert Fludd, *Escritos sobre música.* Tr. y notas Luis Robledo, Nacional, Madrid, 1979, 239 pp; Joscelyn Godwin, *Robert Fludd: Hermetic Philosopher and Surveyor of Two Worlds,* Thames and Hudson, Londres, 1979, 95 pp.; Frances A. Yates, *The Art of Memory,* The University of Chicago, Chicago, 1966, 400 pp. (Caps. XV, XVI.)

BIBLIOGRAFÍA

Aboulafia, Abraham, *L'Épître des Sept Voies*. Tr. Jean-Christophe Attias. Prefacio Shmuel Trigano, Éditions de l'Éclat, París, 1985, 118 pp. (Scribe-Mercure Diffusion.)

Agripa, Enrique Cornelio, *La filosofía oculta*, 2ª ed., Kier, Buenos Aires, 1982, 440 pp.

Alborg, Juan Luis, *Historia de la literatura española*. 2ª ed. ampl., 4 vols., Gredos, Madrid, 1972.

Altamira, Rafael, *Manual de historia de España*, 2ª ed. corr. y aum., Sudamericana, Buenos Aires, 1946, 601 pp.

Alter, Robert y Frank Kermode (comps.), *The Literary Guide to the Bible*, Belknap of Harvard University, Cambridge, 1987, 678 pp.

Auerbach, Erich, *Mimesis. La representación de la realidad en la literatura occidental*. Tr. I. Villanueva y E. Ímaz, Fondo de Cultura Económica, México, 1950, 531 pp. (Lengua y Estudios Literarios.)

Baron, Salo W. (comp.), *Great Ages and Ideas of the Jewish People*. The Modern Library, Nueva York, 1956.

Baruch, Bernardo, "Una página del Talmud en el *Quijote*". Conferencia impartida en la State University de Nueva York en Binghampton, Sephardic Studies, 1987.

Bataillon, Marcel, *Erasmo y España. Estudios sobre la historia espiritual del siglo XVI*. Tr. Antonio Alatorre, 2 vols., Fondo de Cultura Económica, México, 1950. (Historia.)

Benjamin, Walter, *Diary of Moscow*. Ed. Gary Smith. Tr. Richard Sieburth. Prefacio Gershom Scholem, Harvard University, Cambridge y Londres, 1986. 150 pp.

Berceo, Gonzalo de, *Milagros de Nuestra Señora*, 4ª ed. Ed. y notas A. G. Solalinde, Espasa-Calpe, Madrid, 1952, 211 pp. (Clásicos Castellanos, 44.)

Bouquet, A. C., *Comparative Religion. A Short Outline*. Reimpr. de la 5ª ed. Penguin, Londres, 1958, 320 pp. (Pelican, A 89.)

Braudel, Fernand, *El Mediterráneo y el mundo mediterráneo en la época de Felipe II*, 2ª ed., 2 vols. Tr. Mario Monteforte Toledo, Wenceslao Roces y Vicente Simón, Fondo de Cultura Económica, México, 1976. (Historia.)

Brenan, Gerald, *The Literature of the Spanish People. From Roman Times to the Present Day*, 2ª ed., Cambridge University, Cambridge, 1976, 496 pp.

Browne, Lewis, *The Wisdom of Israel. An Anthology*. Modern Library, Nueva York, 1956. 748 pp. (G, 79.)

Bruno, Giordano, *La cena de las cenizas*. Intr., tr. y notas Miguel Ángel Granada, Editora Nacional, Madrid, 1984, 191 pp.

Bruno, Giordano, *Mundo, magia, memoria*, 2ª ed. Selecc. de textos Ignacio Gómez de Liaño, Taurus, Madrid, 1982, 398 pp.

Buber, Martin, *The Origin and Meaning of Hasidism*. Ed. y tr. Maurice Friedman, Harper & Row, Nueva York, 1960, 254 pp. (TB, 835.)

Burton, Robert, *Anatomía de la melancolía*. Selec., tr. y pról. Antonio Portnoy, Espasa-Calpe, Buenos Aires, 1947, 151 pp. (Austral, 669.)

Caro Baroja, Julio, *Los judíos en la España moderna y contemporánea*, 1 vol., 2ª ed., Istmo, Madrid, 1978. (Fundamentos 60.)

Carreras y Artau, Joaquín, "De Ramón Llull a los modernos ensayos de formación de una lengua universal". Lección inaugural de los Cursos de Verano de 1946, en Ripoll, pronunciada el día 11 de agosto. Consejo Superior de Investigaciones Científicas, Barcelona, 1946. 41 pp. (Instituto Antonio Nebrija.)

————, y Tomás, *Historia de la filosofía española*. 2 vols. Real Academia de Ciencias Exactas, Físicas y Naturales, Madrid, 1939.

Castro, Américo, *La realidad histórica de España*, Porrúa, México, 1954. 685 pp. (Biblioteca Porrúa, 4.)

————, *De la edad conflictiva. El drama de la honra en España y en su literatura*, 2ª ed. ampl. y corr., Taurus, Madrid, 1961. 279 pp.

————, *El pensamiento de Cervantes*. Nueva ed. ampl. y con notas del autor y de Julio Rodríguez-Puértolas, Noguer, Madrid, 1972, 410 pp.

————, *Hacia Cervantes*, 2ª ed. renov., con dos apéndices, Taurus, Madrid, 1960, 390 pp.

————, *Cervantes y los casticismos españoles*. Nota prel. Paulino Garagorri, Alianza-Alfaguara, Madrid, 1974, 301 pp. (El Libro de Bolsillo, 494.)

————, *La Celestina como contienda literaria (castas y casticismos)*, Revista de Occidente, Madrid, 1965, 177 pp.

————, *Los españoles: cómo llegaron a serlo*, Taurus, Madrid, 1965, 297 pp.

————, *Aspectos del vivir hispánico*, Alianza, Madrid, 1970, 169 pp. (El Libro de Bolsillo, 252.)

Cervantes Saavedra, Miguel de, *Don Quijote de la Mancha*, 2 vols. Texto y notas Martín de Riquer, Juventud, Barcelona, 1967.

Cioran, E. M., *La tentación de existir*, 2ª ed. Versión española Fernando Savater, Taurus, Madrid, 1979, 206 pp. (Ensayistas, 98.)

Cohen, Arthur A. y Paul Mendes-Flohr (comps.), *Contemporary Jewish Religious Thought. Original Essays on Critical Concepts, Movements and Beliefs*. Charles Scribner's Sons, Nueva York, 1987. 1 163 pp.

Cohn, Norman, *En pos del milenio. Revolucionarios milenaristas y anarquistas místicos de la Edad Media*, 2ª ed. Versión española Ramón Alaix Busquets; del apéndice y notas, Cecilia Bustamante y Julio Ortega, Alianza Universidad, Madrid, 1983, 393 pp.

Copérnico, Nicolás, *De revolutionibus orbium celestium*, en *The Portable Renaissance Reader*, 12ª ed. Ed. e intr. James Bruce Ross y Mary Martin, McLaughlin, Viking, Nueva York, 1967, 756 pp. (Portable, 61.)

Copleston, Frederick, *A History of Philosophy*. 2ª. reimpr. 9 vols., Burns Oates & Washbourne, Londres, 1956.

Cruz Hernández, Miguel, *El pensamiento de Ramón Llull*, Fundación Juan March y Castalia, Valencia, 1977, 452 pp.

Cusa, Nicolás de, *De docta ignorantia*, en *The Portable Renaissance Reader*, 12ª ed. Ed. e intr. James Bruce Ross y Mary Martin McLaughlin, Viking, Nueva York, 1967, 756 pp. (Portable, 61.)

Davies, R. Trevor, *The Golden Century of Spain 1501-1621*. 4ª reimpr., Harper & Row, Nueva York, 1961, 325 pp. (Harper Torchbooks TB 1194.)

Dictionary of Christian Lore and Legend. Ed. J. C. J. Metford, Thames and Hudson, Londres, 1983, 272 pp. más 283 illustrs.

Dictionary of the History of Ideas. Studies of Selected Pivotal Ideas, 5 vols. Ed. Philip Wiener, Scribner's Sons, Nueva York, 1973.

Driver, S. R., *An Introduction to the Literature of the Old Testament*, 3ª Ed. Meridian, Nueva York, 1957, 577 pp. (Meridian Library, 3.)

Dubnow, Simón, *Manual de la historia judía. (Desde los orígenes hasta nuestros días)*, 7ª ed. Versión española y apéndice Salomón Resnick. Apéndice compl. hasta fines de 1948 Moisés Senderey, Sigal, Buenos Aires, 1970, 672 pp.

Dubois, Claude-Gilbert, *L'Imaginaire de la Renaissance*, Presses Universitaires de France, París, 1985, 254 pp. (Ecriture.)

Duby, Georges, *Las tres órdenes o lo imaginario del feudalismo*. Introd. y tr. Arturo R. Firpo; rev. Reyna Pastor, Petrel, Barcelona, 1980, 464 pp. (Alternativas.)

Eliade, Mircea, *A History of Religious Ideas*, 3 vols. Tr. del francés Willard R. Trask, University of Chicago, Chicago, 1978.

——————, *Traité d'Histoire des Religions*. Prefacio Georges Dumézil, Payot, París, 1953, 405 pp.

——————, *Mito y realidad*, 2ª ed. Tr. Luis Gil. Guadarrama, Madrid, 1973, 239 pp. (Col. Universitaria de Bolsillo, Punto Omega, 25.)

Encyclopaedia Judaica, 16 vols., Keter, Jerusalén, 1981.

Ferrá y Martorell, Miquel, *Contes del call.*, Moll, Palma de Mallorca, 1984, 105 pp. (Biblioteca Les Illes d'Or, 139.)

Fludd, Robert, *Escritos sobre música*. Tr., introd. y notas Luis Robledo, Nacional, Madrid, 1979, 239 pp. (La Literatura y el Pensamiento Universales.)

Franck, Adolphe, *The Kabbalah. The Religious Philosophy of the Hebrews*. Bell, Nueva York, 1940, 224 pp.

Frye, Northrop, *The Great Code. The Bible and Literature*, Harcourt Brace Jovanovich, Nueva York, 1982, 261 pp. (A Harvest/HBJ Book.)

García Font, Juan, *Historia de la alquimia en España*, Editora Nacional, Madrid, 1976, 341 pp. (Ritmo Universitario.)

Gettings, Fred, *The Occult in Art*, Rizzoli, Nueva York, 1979, 176 pp. + ilustr.

Guénon, René, *Símbolos fundamentales de la ciencia sagrada*. Compil. póstuma Michel Valsan, Valle de México, México, s/f., 419 pp. (Temas de Eudeba.)

Israel, Menasseh ben, *Esperanza de Israel*. Intr., ed. y notas Henry Méchoulan y Gérard Nahon, Hiperión, Madrid, 1987, 197 pp.

Juan de la Cruz, San, *El cántico espiritual, según el ms. de las madres carmelitas de Jaén*. Ed., pról. y notas Matías Martínez Burgos, Espasa-Calpe, Madrid, 1969, 303 pp. (Clásicos Castellanos, 55.)

—————, *Poesías completas y otras páginas*, 2ª ed. Selecc., estudio y notas José Manuel Blecua, Ebro, Zaragoza[...], 1951, 134 pp. (Biblioteca Clásica Ebro.)

Juana Inés de la Cruz, sor, *Obras completas*, 4 vols. 1ª reimpr. Ed., pról. y notas Alfonso Méndez Plancarte, Fondo de Cultura Económica, México, 1976. (Biblioteca Americana.)

Kristeller, Paul Oskar, *El pensamiento renacentista y sus fuentes*. Comp. Michael Mooney. Tr. Federico Patán López, Fondo de Cultura Económica, México, 1982, 366 pp. (Filosofía.)

Le Porrier, Herbert, *El médico de Córdoba*. Tr. Jesús Alegría. Grijalbo, Barcelona, 1977, 344 pp. (Edibolsillo, 161.)

Levinas, Emmanuel, *Quatre Lectures Talmudiques*, Minuit, París, 1968, 189 pp. (Collection Critique.)

—————, *Du Sacré au Saint. Cinq Nouvelles Lectures Talmudiques*, Minuit, París, 1977, 183 pp. (Collection Critique.)

Libro de viajes de Benjamín de Tudela. Versión castellana, intr. y notas José Ramón Magdalena Nom de Déu, Ríopiedras, Barcelona, 1982, 127 pp. más 2 mapas de Haim Beinart y de César Emilio Dubler. (Biblioteca Nueva Sefarad, vol. VIII.)

Liebman, Seymour B., *Los judíos en México y América Central. Fe, llamas, Inquisición*, Siglo XXI, México, 1971, 481 pp.

Lods, Adolphe, *Histoire de la Littérature Hebraique et Juive depuis les Origines jusq'a la Ruine de l'Etat Juif (135 aprés J.C.)*. Prefacio André Parrot, Payot, París, 1950, 1054 pp. (Bibliothéque Historique.)

Lovejoy, Arthur O., *The Great Chain of Being. A Study of the History of an Idea*, 6ª ed., Harper & Row, Nueva York, 1965, 376 pp. (Harper Torchbooks, TB 1009.)

Luis de León, fray, *El Cantar de los Cantares*. Texto íntegro, Sopena, Buenos Aires, 1942, 158 pp. (Universo.)

—————, *De los nombres de Cristo*, 5ª ed., Espasa-Calpe, Madrid, 1977, 248 pp. (Austral, 522.)

—————, *Poesía*. 5ª ed. ilustr. selecc., estudio y notas J. M. Alda Tesán, Ebro, Zaragoza, 1952, 127 pp. (Clásicos Ebro, 4.)

Lulio, Raimundo, *Libro del orden de caballería. Príncipes y juglares*. Versión castellana F. Sureda Blanes, Espasa-Calpe, Buenos Aires, 1949. 147 pp. (Austral, 889.)

Lull, Ramón, *El "Liber Predicationis contra Judeos"*. Introd. y notas José Ma. Millás Vallicrosa, Consejo Superior de Investigaciones Científicas, Madrid-Barcelona, 1957. (Instituto Arias Montano.)

Lull, Ramón, *The Book of the Lover and the Beloved*. Ed. Kenneth Leech, de la traducción de E. Allison Peers de Ramón Lull, Paulist Press, Nueva York, 1978, 116 pp.

—————, *Obras literarias: Libro de Caballería. Blanquerna. Félix. Poesías.* [Católica], Madrid, 1948, 1147 pp. (Biblioteca de Autores Cristianos.)

—————, *Obra escogida. Vida coetánea. Libro de maravillas. Arbol ejemplifical. Desconsuelo.* (Bilingüe.) *Canto de Ramón.* (Bilingüe.) Intr. Miquel Batllori. Tr. y notas Pere Gimferrer. Alfaguara, Madrid, 1981, 617 pp. (Clásicos Alfaguara.)

Magdalena Nom de Deu, José Ramón, *Libro de viajes de Benjamín de Tudela.* Versión castellana, intr. y notas. Ríopiedras, Barcelona, 1982, 127 pp. (Nueva Sefarad, vol. VIII.)

Maimónides, Moses, *The Guide for the Perplexed,* 2ª ed. Tr. del árabe M. Friedländer. Dover, Nueva York, 1956, 414 pp.

Majzor shaaré rajamim le Iom Kipur, Impr. Venecia, México, 1984, 529 pp.

Menéndez y Pelayo, Marcelino, *Historia de los heterodoxos españoles. Erasmistas y protestantes. Sectas místicas. Judaizantes y moros. Artes mágicas.* Pról. Arturo Farinelli, Porrúa, México, 1982, 447 pp. (Sepan Cuantos, 370.)

—————, *Historia de los heterodoxos españoles. Regalismo y enciclopedia. Los afrancesados y las Cortes de Cádiz. Reinados de Fernando VII e Isabel II. Krausismo y apologistas católicos.* Pról. Arturo Farinelli, Porrúa, México, 1983, 546 pp. (Sepan Cuantos, 389.)

—————, *Historia de las ideas estéticas en España,* 14 vols. Glem, Buenos Aires, 1942.

—————, *Calderón y su teatro,* Emecé, Buenos Aires, 1946, 325 pp. (Sección IV, Ensayo y Crítica.)

Menéndez Pidal, Ramón, *De primitiva lírica española y antigua épica,* 2ª ed., Espasa-Calpe, Madrid, 1968, 154 pp. (Austral, 1051.)

Molho, Michael, *Literatura sefardita de Oriente.* Palabras prels. E. Correa Calderón, Instituto Arias Montano, Madrid, 1960, 426 pp.

Muñiz-Huberman, Angelina, *Huerto cerrado, huerto sellado,* Oasis, México, 1985, 101 pp.

—————, *Tierra adentro,* Mortiz, México, 1977, 177 pp. (Serie del Volador.)

—————, "Divinidad y razón del texto maimonidiano", en *Sábado* (supl. de *Unomásuno*), 8 de febrero de 1986.

—————, *La lengua florida. Antología sefardí,* Universidad Nacional Autónoma de México y Fondo de Cultura Económica, México, 1989, 302 pp. (Lengua y Estudios Literarios.)

—————, "La idea del exilio en la Cábala", en *Casa del Tiempo,* Universidad Autónoma Metropolitana, México, VIII, 84, abril de 1989, pp. 2-6.

—————, "La Cábala en los tiempos", en *Memorias de las Jornadas Culturales sobre la Presencia Judía en México,* Coordinación de Difusión Cultural de la Universidad Nacional Autónoma de México y Tribuna Israelita, México, 1987, pp. 63-68.

Muñiz-Huberman, Angelina, "Las *Artes* de Ramón Llull", en *Sábado* (supl. literario de *Unomásuno*), núm. 619, México, 12 de agosto de 1989, pp. 1-3.

——————, "Ramón Llull y el simbolismo de la Cábala", en *Acta Poética*, Instituto de Investigaciones Filológicas, UNAM, México, núms. 9-10, primavera-otoño de 1989, pp. 145-153.

——————, *De magias y prodigios. Transmutaciones,* Fondo de Cultura Económica, México, 1987, 101 pp. (Letras Mexicanas.)

——————, "De la nostalgia. De la añoranza. De la melancolía", en *Sábado* (supl. liter. de *Unomásuno*), 18 de junio de 1988, p. 7.

——————, "Las fuentes del amor: Lulio, León Hebreo y Cervantes", en *Guanajuato en la geografía del Quijote. (Tercer Coloquio Cervantino Internacional)*, Memorias, Guanajuato, 1990, pp. 47-64.

Nahmanide (Rabbi Moise ben Nahman), *La Dispute de Barcelone. Suivi du Commentaire sur Esaie 52-53.* Tr. del hebreo Eric Smilévitch. Archivos del texto tr. del latín Luc Ferrier, Verdier, París, 1984, 101 pp. (Les Dix Paroles.)

Novela picaresca española, 2ª ed. Estudio prel., selec. y notas Ángel Valbuena Prat, Aguilar, Madrid, 1946, 2051 pp. (Obras Eternas.)

Oberlander Niselkowska, Beatriz, "Relación entre la Cábala judía y el misticismo cristiano en España: *pardés y Shejiná"*, en *Actas de las Jornadas de Estudios Sefardíes.* Cáceres, 1980, pp. 169-175.

Otto, Rudolf, *The Idea of the Holy. An Inquiry into the Non-Rational Factor in the Idea of the Divine and its Relation to the Rational.* Reimpr. de la 2ª ed. Tr. John W. Harvey, Oxford University, Londres, 1957, 232 pp.

Panofsky, Erwin, *Meaning in the Visual Arts. Papers in and on Art History,* Doubleday and Co., Garden City, 1955, 364 pp. (Doubleday Anchor Books.)

——————, *Estudios sobre iconología,* 2ª ed. Pról. Enrique Lafuente Ferrari. Versión española Bernardo Fernández, Alianza, Madrid, 1976, 348 pp. (AU, 12.)

——————, *Renacimiento y renacimientos en el arte occidental.* Versión española María Luisa Balseiro, Alianza, Madrid, 1975, 338 pp. más 157 ilustrs. (AU, 121.)

Parkes, James, *Historia del pueblo judío.* Versión española Juan J. Thomas. Paidós, Buenos Aires, 1965, 274 pp.

Paz, Octavio, *Sor Juana Inés de la Cruz o las trampas de la fe,* Fondo de Cultura Económica, México, 1982, 658 pp.

Peers, E. Allison, *St. John of the Cross. And Other Lectures and Addresses, 1920-1945,* Faber & Faber, Londres, 1946, pp. 11-109.

——————, *Ramon Lull. A Biography.* Reimpr. Burt Franklin, Nueva York, 1969, 454 pp. (Selected Essays in History, Economic and Social Science, 84.)

Peláez del Rosal, Jesús (comp.), *Los judíos en Córdoba. De Abrahan a Maimónides (siglos X-XII),* El Almendro, Córdoba, 1988. (Estudios de Cultura Hebrea, núm. 3, Judaísmo Hispano-Medieval.)

Pérez Galdós, Benito, *El caballero encantado*, en *Novelas y miscelánea*. Intr. Federico Carlos Sáinz de Robles, Aguilar, Madrid, 1971, pp. 1013-1131.

Pico della Mirandola, Giovanni, *De la dignidad del hombre. Con dos apéndices: Carta a Hermolao Bárbaro y Del ente y el uno*. Ed. Luis Martínez Gómez, Editora Nacional, Madrid, 1984, 191 pp. (La Literatura y el Pensamiento Universales.)

Platón, *Diálogos*, 14ª ed. corr. y aum. Estudio prel. Francisco Larroyo, Porrúa, México, 1973, 733 pp. (Sepan Cuantos, 13.)

Rattey, B. K., *Los hebreos*. Tr. M. Hernández Barroso, Fondo de Cultura Económica, México, 1956, 185 pp. (Breviarios, 111.)

Reese, W. L., *Dictionary of Philosophy and Religion. Eastern and Western Thought*, Humanities & Harvester, Atlantic Highlands (N.J.) y Hassocks (Sussex), 1980, 644 pp.

Renaissance Reader, The Portable, 12ª ed. Ed. e intr. James Bruce Ross y Mary Martin McLaughlin, Viking, Nueva York, 1967, 756 pp.

Ríos, José Amador de los, *Historia social, política y religiosa de los judíos de España y Portugal*, 3 vols., Turner, Madrid, 1984. (Núms. 92, 93, 94.)

Rivas, Enrique de, *El simbolismo esotérico en la literatura medieval española. (Antología)*, Trillas, México, 1989, 232 pp. (Linterna Mágica, 13.)

Robertson Smith, W., *The Religion of the Semites. The Fundamental Institutions*, 2ª ed. Meridan, Nueva York, 1957, 507 pp. (Meridan Library, 4.)

Rodríguez Marín, Francisco, "Felipe II y la alquimia". Conferencia leída en el salón de actos de la Real Academia de Jurisprudencia, Madrid, 1927, 32 pp.

Romano, David (comp.), *Antología del Talmud*, Plaza y Janés, Barcelona, 1982, 404 pp.

Rosenau, Helen, *Vision of the Temple. The Image of the Temple of Jerusalem in Judaism and Christianity*, Oresko, Londres, 1979, 192 pp.

Rossi, Paolo, *Clavis universalis. El arte de la memoria y la lógica combinatoria de Lulio a Leibniz*. Tr. Esther Cohen, Fondo de Cultura Económica, México, 1989, 275 pp. (Filosofía.)

Roth, Cecil, *Historia de los marranos*, 2ª ed. Tr. Aarón Spivak. Israel, Buenos Aires, 1946, 289 pp. (Biblioteca Israel, vol. XIII, Serie 1941.)

―――――, *The Jews in the Renaissance*, Harper & Row, Nueva York, 1965, 378 pp. (Harper Torchbooks, The Temple Library/TB 834 N.)

Santa Biblia. Antiguo y Nuevo Testamento. Antigua versión de Casiodoro de Reina (1569), rev. Cipriano de Valera (1602) y cotejada posteriormente con diversas trs. y con los textos hebreo y griego, Sociedad Bíblica Americana, Buenos Aires, Nueva York, 1946.

Schallman, Lázaro, *León Hebreo*, Congreso Judío Mundial, Buenos Aires, 1968, 31 pp. (Biblioteca Popular Judía, 25.)

Scholem, Gershom, *Origins of the Kabbalah*. Ed. Zwi Werblowski. Tr. del alemán Allan Arkush, The Jewish Publication Society & Princeton University Press, Princeton, 1987, 487 pp. (Bollingen Series XCIII.)

Scholem, Gershom, *Kabbalah*, Keter, Jerusalén, 1988, 492 pp. (Library of Jewish Knowledge.)

—————, *Le Nom et les Symbols de Dieu dans la Mystique Juive*. Tr. Maurice R. Hayoun y Georges Vajda. Les Éditions du Cerf, París, 1983, 205 pp. (Patrimoines-Judaisme.)

—————, *On the Kabbalah and its Symbolism*. Tr. Ralph Manheim. Schocken, Nueva York, 1969, 216 pp. (Schocken Paperback SB 235.)

—————, *Zóhar. The Book of Splendor*, 9ª ed. Sel. y ed. Schocken, Nueva York, 1976, 125 pp. (Schocken Paperback SB 45.)

—————, *Zóhar. El libro del esplendor*, Selec. y ed. Tr. Pura López Colomé, Universidad Autónoma Metropolitana, México, 1984, 123 pp. (Cultura Universitaria, Serie/Documentos.)

—————, *The Messianic Idea in Judaism and Other Essays on Jewish Spirituality*. Tr. Michael A. Meyer y Hillel Halkin, Schocken, Nueva York, 1971, 376 pp.

—————, *Major Trends in Jewish Mysticism*, 8ª ed. Schocken, Nueva York, 1974, 460 pp. (Schocken Paperback SB 5.)

—————, *Sabbataï Tsevi, le Messie Mystique. 1626-1676*. Tr. del inglés Marie-José Jolivet y Alexis Nouss, Verdier, París, 1983, 425 pp. (Les Dix Paroles. Essais.)

Schwab, Gustav, *Las más bellas leyendas de la antigüedad clásica*, 2ª ed. Tr. de la 4ª ed. alemana Francisco Payarols. Rev. de los textos griegos y latinos Eduardo Valenti, Labor, Barcelona, 1974, 792 pp. (Obras Clásicas.)

Secret, F., *La Kabbala cristiana del Renacimiento*. Tr. Ignacio Gómez de Liaño y Tomás Pollán, Taurus, Madrid, 1979, 392 pp.

Séfer ha-Bahir. El libro de la claridad. Tr. Mario Satz, Obelisco, Barcelona, 1985, 160 pp. (Tradición Hermética.)

Séfer yetsirá. Intr., tr. y notas J. Mateu Rotger, Obelisco, Barcelona, 1983, 63 pp. (Tradición Hermética.)

Sicroff, Albert A., *Los estatutos de limpieza de sangre. Controversias entre los siglos XV y XVII*. Versión española Mauro Armiño, rev. por el autor, Taurus, Madrid, 1979, 377 pp. (La Otra Historia de España, 5.)

Sontag Reader, A Susan. Intr. Elizabeth Hardwick. Farrar/Straus/Giroux, Nueva York, 1982, 446 pp.

Spitzer, Leo, "Sobre la cantica 'Eya velar' de Berceo", en *Nueva Revista de Filolofía Hispánica*, IV, 1950, pp. 50-56.

Steinsaltz, Adin, *The Essential Talmud*. Tr. del hebreo Chaya Galai. Bantam, Nueva York, 1976, 296 pp. (Basic Books.)

Teresa de Jesús, Santa, *Libro de su vida*, 2 vols., Atlas, Madrid, 1943. (Cisneros.)

—————, *Obras completas*, 11ª ed. Estudio prel. y notas explicativas Luis Santullano. Ensayo "El estilo de Santa Teresa", Ramón Menéndez Pidal, Aguilar, Madrid, 1970, 1348 pp. más 6 láms. (Obras Eternas.)

Tillyard, E. M. W., *The Elizabethan World Picture*, Random House, Nueva York, s/f., 116 pp. (Vintage Book.)

Torre, Alfonso de la, *Visión delectable de la filosofía y artes liberales, metafísica y filosofía moral*. (Biblioteca de Autores Españoles, vol. XXXVI.)

Torri, Julio, "Epílogo", en Luis Rius, *Canciones de vela*, Segrel, México, 1951, 84 pp.

Touaiti, Émile, *La Doctrine du judaïsme d'aprés Maïmonide*, Maillons, París, 1985, 80 pp. (Comptoir du Livre du Keren Hasefer.)

Valbuena Prat, Ángel, *Historia de la literatura española*, 3 vols., 4ª ed., Gustavo Gili, Barcelona, 1953.

Valentiner, W. R., *Rembrandt and Spinoza. A Study of the Spiritual Conflicts in Seventeenth-Century Holland*, Phaidon, 1957, 87 pp. más ilustrs.

Vives, Juan Luis, *Obras completas*, 2 vols. Tr. Lorenzo Riber. Aguilar, Madrid, 1948. (Obras Eternas.)

Vossler, Carlos, *Fray Luis de León*, 3ª ed. Tr. del alemán Carlos Clavería, Espasa-Calpe, Madrid, 1960, 151 pp. (Austral, 565.)

Wardropper, Bruce W., *Introducción al teatro religioso del Siglo de Oro. Evolución del auto sacramental antes de Calderón*, Anaya, Salamanca, 1967. 339 pp. (Temas y Estudios.)

Werblowsky, R. J. Zwi, *Joseph Karo. Lawyer and Mystic*, Oxford University, Oxford, 1962, 315 pp. (Scripta Judaica.)

Wiesel, Elie, "Testament of a Jew from Saragossa", en *Legends of Our Time*, Avon, Nueva York, 1970, pp. 91-102. (Bard Book.)

——————, *Célébration Biblique. Portraits et Légends*, Du Seuil, París, 1975, 203 pp.

Xirau, Joaquín, *Vida y obra de Ramón Llull. Filosofía y mística*, Orión, México, 1946, 186 pp.

Yates, Frances A., *La filosofía oculta en la época isabelina*. Tr. Roberto Gómez Ciriza, Fondo de Cultura Económica, México, 1982, 331 pp. (Colección Popular, 232.)

——————, *El iluminismo rosacruz*. Tr. Roberto Gómez Ciriza, Fondo de Cultura Económica, México, 1981, 325 pp. (Colección Popular, 209.)

——————, *Giordano Bruno y la tradición hermética*. Tr. de Doménec Bergadá. Ariel, Barcelona, 1983, 529 pp. (Filosofía.)

——————, *Lull & Bruno. Collected Essays*. Vol. I, Routledge & Kegan Paul, Londres, 1982, 279 pp.

——————, *Theatre of the World*, Routledge & Kegan Paul, Londres, 1987, 218 páginas.

——————, *Shakespeare's Last Plays. A New Approach*, Routledge & Kegan Paul, Londres, 1975, 140 pp. [Hay edición del Fondo de Cultura Económica.]

——————, *Astraea. The Imperial Theme in the Sixteenth Century*, Routledge & Kegan Paul, Londres, 1985, 233 pp. (Ark Paperbacks.)

——————, *The Art of Memory*, University of Chicago, Chicago, 1966, 400 pp. (Phoenix Book, P 615.)

Yerushalmi, Yosef Hayim, *Zakhor. Jewish History and Jewish Memory*, 2ª ed. University of Washington, Seattle y Londres, 1983, 144 pp.

Zohar, The, 2ª ed., 5 vols. Tr. Harry Sperling y Maurice Simon. Intr. J. Abelson, Soncino, Londres-Nueva York, 1984.

ÍNDICE ANALÍTICO

Godwin, Joscelyn, *Robert Fludd: Hermetic Philosopher and Surveyor of Two Worlds,* Thames and Hudson, Londres, 1979, 95 pp.

Goldin, Judah, *The Living Talmud. The Wisdom of the Fathers and its Classical Commentaries,* 2ª ed. Selecc. y tr. con un ensayo. New American Library, Nueva York, 1957, 247 pp. (MD, 199.)

Gombrich, E. H., *"Icones Symbolicae:* The Visual Image in Neo-Platonic Thought", en *Journal of the Warburg Institute,* XI (1948), pp. 163-192.

González Ollé, F., *Lengua y literatura españolas medievales. Textos y glosario,* Ariel, Barcelona, 1980, 586 pp.

Grayzel, Solomon, *A History of the Jews. From Babylonian Exile to the Present. 5728-1968,* New American Library, Nueva York y Scarborough, 1968, 768 pp. (Mentor Book, 1746.)

Green, Otis H., *Spain and the Western Tradition. The Castilian Mind in Literature from "El Cid" to Calderón,* 4 vols. The University of Wisconsin, Madison, 1963.

Halevi, Z'ev ben Shimon, *Adam and the Kabbalistic Tree.* Rider and Co., Londres, 1974, 333 pp.

————, *Kabbalah. Tradition of Hidden Knowledge,* más 127 illustrs. Thames and Hudson, Londres, 1979, 96 pp. (Art and Imagination.)

Handelman, Susan A., *The Slayers of Moses. The Emergence of Rabbinic Interpretation in Modern Literary Theory,* State University of Nueva York, Albany, 1982, 267 pp. (Suny Series on Modern Jewish Literature and Culture.)

Harper's Bible Dictionary, Ed. Paul J. Achtemeier *et al.,* Harper & Row, San Francisco, 1985, 1178 pp.

Hayoun, Maurice-Ruben, *Maïmonide,* Presses Universitaires de France, París, 1987, 127 pp. (Que sais-je?, 2378.)

Hebreo, León, *Diálogos del amor.* Tr. Inca Garcilaso de la Vega, Espasa-Calpe, Buenos Aires-México, 1947, 340 pp. (Austral, 704.)

Hertzberg, Arthur, "The Return of Maimonides", en *The New York Review,* 25 de septiembre de 1986, pp. 58-61.

Hillgarth, J. N., *Ramon Lull and Lullism in Fourteenth-Century France,* Oxford University Press, Oxford, 1971, 185 pp. (Clarendon.)

Holtz, Barry W. (comp.), *Back to the Sources. Reading the Classic Jewish Texts,* Simon & Schuster, Nueva York, 1984, 448 pp. (Summit Books.)

Huarte de San Juan, Juan, *Examen de ingenios para las ciencias,* Espasa-Calpe, Buenos Aires, 1946, 216 pp. (Austral, 599.)

Idel, Moshe, *Kabbalah. New Perspectives,* Yale University, New Haven y Londres, 1988, 419 pp. (Judaic Studies/Religion.)

————, "Lenguaje, Torah y hermenéutica en Abraham Abulafia", en *Acta Poética,* Revista del Seminario de Poética del Instituto de Investigaciones Filológicas, Universidad Nacional Autónoma de México, núms. 9-10, primavera-otoño de 1989, pp. 63-77.

Irwin, W. A. y H. A. Frankfort, *El pensamiento prefilosófico.* T. II: *Los hebreos.* Tr. Eli de Gortari, Fondo de Cultura Económica, México, 1954, 227 pp. (Breviarios, 98.)

ÍNDICE GENERAL

Este libro se terminó de imprimir y encuadernar en el
mes de agosto de 1993 en Impresora y Encuadernadora
Progreso, S. A. de C. V. (IEPSA), Calz. de San Lorenzo,
244; 09830 México, D. F. Se tiraron 2 000 ejemplares.

La edición, cuya tipografía y formación
elaboró *Gabriela López Olmos* en el
Taller de Composición del Fondo de Cultura Económica, estuvo al cuidado de
Manlio Fabio Fonseca